抗战时期的西南联合大学校门

抗战时期的西南联合大学校舍

抗战时期的西南联合大学图书馆

西南联大博物馆／供图

西南联合大学校务委员会常委、
清华大学校长梅贻琦

西南联合大学校务委员会常委、
北京大学校长蒋梦麟

西南联合大学校务委员会常委、
南开大学校长张伯苓

清华大学校长梅贻琦为南迁至昆明的师生致欢迎词

张伯苓

汤用彤

闻一多

西南联大名师课

人文精神

西南联大博物馆 编
张伯苓 等 著

人民东方出版传媒
People's Oriental Publishing & Media
东方出版社
The Oriental Press

图书在版编目（CIP）数据

人文精神/西南联大博物馆编；张伯苓等著.——北京：东方出版社，2025.8
（西南联大名师课）
ISBN 978-7-5207-3708-1

Ⅰ.①人… Ⅱ.①西…②张… Ⅲ.①中华文化—文化精神 Ⅳ.①G02

中国国家版本馆CIP数据核字（2023）第200937号

人文精神
RENWEN JINGSHEN

作　　者：	西南联大博物馆编　张伯苓等著
责任编辑：	杜　烨
责任校对：	孔　僖
出　　版：	东方出版社
发　　行：	人民东方出版传媒有限公司
地　　址：	北京市东城区朝阳门内大街166号
邮　　编：	100010
印　　刷：	三河市龙大印装有限公司
版　　次：	2025年8月第1版
印　　次：	2025年8月北京第1次印刷
开　　本：	880毫米×1230毫米　1/32
印　　张：	10.5
字　　数：	215千字
书　　号：	ISBN 978-7-5207-3708-1
定　　价：	59.80元
发行电话：	（010）85924663　85924644　85924641

版权所有，违者必究

如有印装质量问题，我社负责调换，请拨打电话：（010）85924602　85924603

丛书编委会

主　编：李红英
副主编：朱　俊　铁发宪

编　委（按姓氏笔画为序排列）：
马艺萌　王　欢　朱　俊　李红英　李　娅
张　沁　祝　牧　姚　波　铁发宪

序

致敬，怀抱薪火者

走进西南联大旧址，很多人，包括我自己，浸润其中经常是情到深处泪自流。这所在抗战烽火中诞生的高等学校，在短短的8年多时间里，创造了中国乃至世界教育史上一个苦难而又光辉的奇迹：

8年中，在战火纷飞、衣食难继的条件下，联大师生中走出了2位诺贝尔奖获得者、8位"两弹一星"功勋奖章获得者、5位国家最高科技奖获得者、175位院士、9位党和国家领导人以及大批蜚声中外的杰出人才。联大的师生经历了革命、建设、改革的各个历史时期，走过苦难却为历史留下丰碑，为今人留下启迪。

一

西南联大，为国立西南联合大学的简称，是抗战烽火中由国立北京大学、国立清华大学和私立南开大学在云南昆明合组而成的一所综合性大学。

1937年卢沟桥事变发生后，平津沦陷。为保存中国教育的火种，沦陷区高校纷纷内迁。1937年8月，上述三所高校迁至长沙，组成国立长沙临时大学。然而，日军铁蹄步步进逼，长沙很快又岌岌可危。于是，长沙临大师生又分三路奔赴昆明。其中一路由近300名师生组成的"湘黔滇旅行团"，横跨湘、黔、滇三省，历时68天，行程3500里。在这支队伍中，有黄钰生、闻一多、曾昭抡等11名教师。联大师生"刚毅坚卓"的品格，于此可见一斑！

1938年4月，师生陆续抵昆，长沙临时大学改称"国立西南联合大学"，5月4日正式开课。1946年5月4日，西南联大宣告结束，三校胜利复员北返，留师范学院在昆明独立设置，定名国立昆明师范学院，1950年改名昆明师范学院，1984年更名为云南师范大学。

这是一所在一无所有基础上结茅立舍的大学！"昆明有多大，联大就有多大"。联大教授任之恭在《一位华裔物理学家的回忆录》中写道："这个大学在昆明最初创立时，除了人，什么也没有。……过了一些时间，都有了临时的住地，或靠借、或靠租。……一旦有了土地，便修建许多茅草顶房屋，用作教室、宿舍和办公室。"

这是一所在躲空袭、"跑警报"中完成教学的战时高校！昆明虽是大后方，但1938年9月后屡遭日本飞机的空袭，"跑警报"成了联大师生的家常便饭。华罗庚在敌机轰炸中差点丧命，金岳霖在"跑警报"中丢失了几十万字的手稿。为了安全，教授们不得不疏散到昆明周边的城郊居住。

即便在如此极度简陋和艰难的环境中，西南联大师生精诚团结,和衷共济,坚持教书救国、读书报国,坚持为国育才,鼎力治学研究,服务抗战救国,引领风气之先,为赓续中华民族的文化血脉创造了中国乃至世界教育史上的奇迹。

梅贻琦、闻一多、朱自清、郑天挺、陈寅恪、钱穆、罗庸、冯友兰、潘光旦、汤用彤、沈从文、唐兰、陈梦家、叶企孙、吴有训、华罗庚、陈省身、吴大猷、王竹溪、赵忠尧、曾昭抡、施嘉炀……大师云集、名家荟萃,真可谓山河破碎时,群星正闪耀。

回望这一个个载入中国教育史、文化史、科学史的名字,他们既是有杰出学术造诣、启迪学生智慧的学问之师,更是操守高洁、能以伟岸人格力量砥砺学生心灵的品行之师。他们以杰出的学识、伟岸的人格力量,以及爱国、科学、民主的精神,影响着那些胸怀读书报国之志的年轻人:杨振宁、李政道、邓稼先、朱光亚、黄昆、郑哲敏、汪曾祺、穆旦、许渊冲、马识途……

大学之"大",在大师之"大"。西南联大的实际主持者梅贻琦先生有句名言:"所谓大学者,非谓有大楼之谓也,有大师之谓也。"西南联大秉持的正是这样的办学理念,凝聚当时的一众教育精英。大师,是大学的灵魂所在。师之所存,道之所在;道之所在,人之所向;英才聚焉,故成其大。

"多难殷忧新国运,动心忍性希前哲。"是爱国主义精神,支撑着联大师生在危难之中能够弦歌不辍,在战火之下依然桃李芬芳。

"千秋耻,终当雪。中兴业,须人杰。"是教育救国的信念,激励他们为国育才,为民族复兴治学,为后人留下了一座座不朽的科学、人文成果的丰碑。

2020年1月20日，习近平总书记考察调研西南联大旧址时指出："国难危机的时候，我们的教育精华辗转周折聚集在这里，形成精英荟萃的局面，最后在这里开花结果，又把种子播撒出去，所培养的人才在革命建设改革的各个历史时期都发挥了重要作用。"

是的，只有教育"精英荟萃"，才有科学与文化"播撒种子、开枝散叶"的可能。有了西南联大的一众名师，才有了国难当头之际，科学与文化的薪火在中华大地上传承不绝的壮观一幕！

致敬，怀抱薪火者！

二

国之大事，在祀与戎。

西南联大旧址及博物馆是西南联大在昆明办学8年的重要物质载体，蕴含着丰厚的历史文化资源，她记载着联大师生的艰难与困苦、成就与辉煌，体现着西南联大在特定的抗战历史条件下为赓续中华民族的文化血脉坚韧不屈的担当与责任。

祀，既是纪念，更要传承。

我们传承和弘扬联大精神，不仅要对西南联大历史文化遗产进行保护，更要通过展陈、宣传、教育、课堂教学等多元、立体方式还原、呈现西南联大的历史，作时代阐释。现在，呈现在读者面前的这套"西南联大名师课"丛书，就是我们整理、编纂和研究西南联大知识分子群体的作品,用各种形式传播他们在极端困难下取得的、至今仍不过时的各种成果。丛书共10册,分为《中国历史》、《中国文学》、《中国哲学》、《诸子百家》、《诗词曲赋》、《文化常识》、《人文精神》、《科学精神》、《世界文学》、《世界哲学》10个主题。编纂这套反映西南联大名师学术思想和精湛教学水平的课程讲义,是为了向大师们致敬,也是为传承和弘扬好西南联大精神,讲好西南联大教育救国故事的一个新成果。

丛书在文章编选上,遵循以下原则:

择师重"名"。丛书精选的名师有52位,他们多为影响力较大、在一个或多个学术领域中富有专长的名师,基本上代表了一个时代的学术文化高峰。

选文重"精"。为尽可能展现名师的学术风貌,丛书文章的收录范围,并不限于联大8年时间。丛书所选文章共300余篇,编辑团队用过的备选底本数量则在此10倍以上,以确保能从这些名师的著述中,筛选出具有通识性、思辨性和时代价值的经典文章。

阅读重"易"。丛书立足于让读者读得精、读得懂,尽量精选联大名师著述中通俗易懂、具有可读性和易读性的文章,让读者能获得更好的阅读体验,更加方便地受到优秀文化的滋养。

按照以上编选原则,我们在尊重并保持原作风格与面貌的基础上,进行了仔细编校,纠正了个别讹误。

历史,是最鲜活的,因为它总能给当下的人带来智慧和启迪。因此,我们认为,本丛书的编选,既是对历史的留存,也是为时代讲述。相信，本丛书的出版，能对大家感知西南联大名师课堂的魅力，感受他们的学术风范、家国情怀和人格魅力，有所助益。

　　是为序。

西南联大博物馆馆长　李红英

编纂说明

"西南联大名师课"丛书，是为了彰显西南联大学术成果、传承和弘扬西南联大精神而编写。在编纂宗旨上，我们借鉴西南联大"通识为本，专识为末"的教育理念，精选多位西南联大名师留下的经典名篇，编为10册，分别是《中国历史》、《中国文学》、《中国哲学》、《诸子百家》、《诗词曲赋》、《文化常识》、《人文精神》、《科学精神》、《世界文学》、《世界哲学》。

何谓"名师"呢？编者认为，所谓名师，就是指在西南联大工作或学习过的"西南联大知识分子群"中比较有代表性的人物。这些人，既有在西南联大任教时，就已经是其所属学术领域的知名学者，如梅贻琦、陈寅恪、朱自清、闻一多、冯友兰等，又有在西南联大任教时间不长，但名字也保存在"国立西南联合大学教职员录"中，还包括获得西南联大聘任而未到任，但名字印刻在"国立西南联合大学教授名录"上的著名学者，如顾毓琇、胡适等。为了体现西南联大文化薪火的传承不绝，本丛书还收录了在西南联大毕业后留在西南联大任教、后来成为各自领域的名家，如历史学家丁则良、古典文学家李嘉言、哲学家任继愈、翻译家王佐良、诗人和翻译家查良铮（穆旦）等人的作品。

在编纂体例上，丛书采用专题讲述的形式。每一册根据主题分为若干篇，每篇下又分为若干讲，均围绕本篇主题讲授。

丛书所选作品有的来自作者的课堂讲义或演说（如在昆明广播电台的广播演说），有的来自作者较为经典的文章或著作。丛书统一以"课"名之，一是凸显作者的"名师"身份，二是体现本丛书所选内容比较通俗易懂，就像他们课堂授课一般娓娓道来。但不可否认，由于时代原因，文中某些字词的用法，与现今略有差异，同时，每位名师在讲述风格、行文习惯等方面，以及作品的体例、格式等方面，也有所不同。为保证本丛书的可读性、准确性和连续性，以及文字、标点符号用法的规范性，我们按照国家有关编校规程，对入选内容作了仔细编校，纠正了个别讹误，并对原文进行了统一体例的处理。

具体编校方式如下：

1. 坚持尊重原作的原则，确保编校工作只是进行技术性处理，不损害作品的原意。

2. 编者所加注释，均以脚注形式出现，并在结尾处标明"编者注"加以区分；作品的出处及参考文献，以尾注形式出现。

3. 入选的部分作品，编者进行了节选。对节选内容，均在作品标题尾部注明"（节选）"字样，加以说明。

4. 文中表示纪年的数字，皆改为阿拉伯数字。为保持全书体例一致，原作正文中表示公元纪年的名称如"西元"、"纪"、"西"、"西历"等，统一为"公元"。同时，编者对表示公元纪年的方法也进行了统一处理，皆以"公元××××年"表示。文中表示时段的数字，统一为"××××—××××年"形式。

5. 为确保作品原貌，对因语言习惯变迁造成的部分文字差异，除确为硬伤、错别字外，对不影响理解作品原意的文字、半文半白的表述中的中文数字，均未作修改，如"的"、"地"、"得"、"底"的用法，"那末"（今作"那么"）、"长三十公尺"等。

6. 作品中出现的译名，与现今通用译名有不尽一致之处，为忠实原作原貌，皆未作改动。

7. 因各年代版本的不同，有些引文与现今版本文字略有出入。在忠实于作者表述的基础上，依据权威版本进行了核对修改。

8. 为更清晰地表达文章内容，本丛书对部分作品，进行重拟标题和分节的处理。

9. 为保障读者的阅读体验，对原作中的标点符号，在不改变原作内容的前提下，本丛书根据2012年开始实施的《标点符号用法》，对部分作品的标点符号进行了规范。

总之，编者希望本丛书能让广大读者从民族危亡时期这些名师的著述中，窥见那一代学人的奋斗与风貌，传承西南联大师生们铸就的优良传统，汲取增强自身文化基础、提升自我认知水平的有益养分。

编　者

目 录 | contents

第一篇 文明以止

人文精神二讲

钱　穆：中国的人文精神 / 003

潘光旦：中国人文思想的骨干 / 017

第二篇 家国情怀

文化认同四讲

钱　穆：怎样做一个中国人 / 035

闻一多：伟大的事实，不朽的意义
　　　　——给教导团诸君致敬 / 042

杨振声：今日中国文学的责任 / 047

朱自清：我是扬州人 / 056

第三篇 自强不息

自强奋斗三讲

钱　穆：中国民族之克难精神 / 065

冯友兰：论抗建 / 072

闻一多：是原始，还是野蛮？
　　　　——《西南采风录》序三 / 086

第四篇 厚德载物

道德理想四讲

钱　穆：中国传统文化中之道德修养 / 093

潘光旦：纪念孔子与做人 / 100

朱自清：论气节 / 105

钱锺书：谈教训 / 111

第五篇 学以致用

求知力行四讲

胡　适：为什么读书 / 119

钱　穆：学术与心术 / 126

汤用彤：理论之功用 / 136

冯友兰：论知行 / 139

第六篇 和而不同

文化会通六讲

蒋梦麟：谈学问 / 147

钱　穆：中西文化接触之回顾与前瞻 / 151

刘文典：怎样叫做中西学术之沟通 / 158

汤用彤：评近人之文化研究 / 170

罗常培：从文艺晚会说起 / 175

闻一多：美国化的清华 / 180

第七篇 人生境界

人格修养二讲

钱　穆：如何完成一个我 / 187

雷海宗：人生的境界——释大我 / 198

第八篇 生生不息

人文创新四讲

蒋梦麟：中国文化的新陈代谢 / 209

闻一多：复古的空气 / 217

杨振声：我们要打开一条生路 / 222

陈　铨：盛世文学与末世文学 / 226

第九篇 大学之道

大学精神六讲

梅贻琦：大学一解 / 235

张伯苓：学行合一 / 249

胡　适：赠与今年的大学毕业生 / 253

雷海宗：大学之使命 / 259

傅斯年：贡献大学于宇宙的精神 / 265

吴　晗：联大精神 / 270

第十篇 人文楷模

践履笃行四讲

郑天挺：梅贻琦先生和西南联大 / 277

胡　适：张伯苓先生传 / 283

吴　晗：闻一多先生传 / 295

李广田：最完整的人格——悼朱佩弦先生 / 300

第一篇
文明以止
人文精神二讲

1937—1946

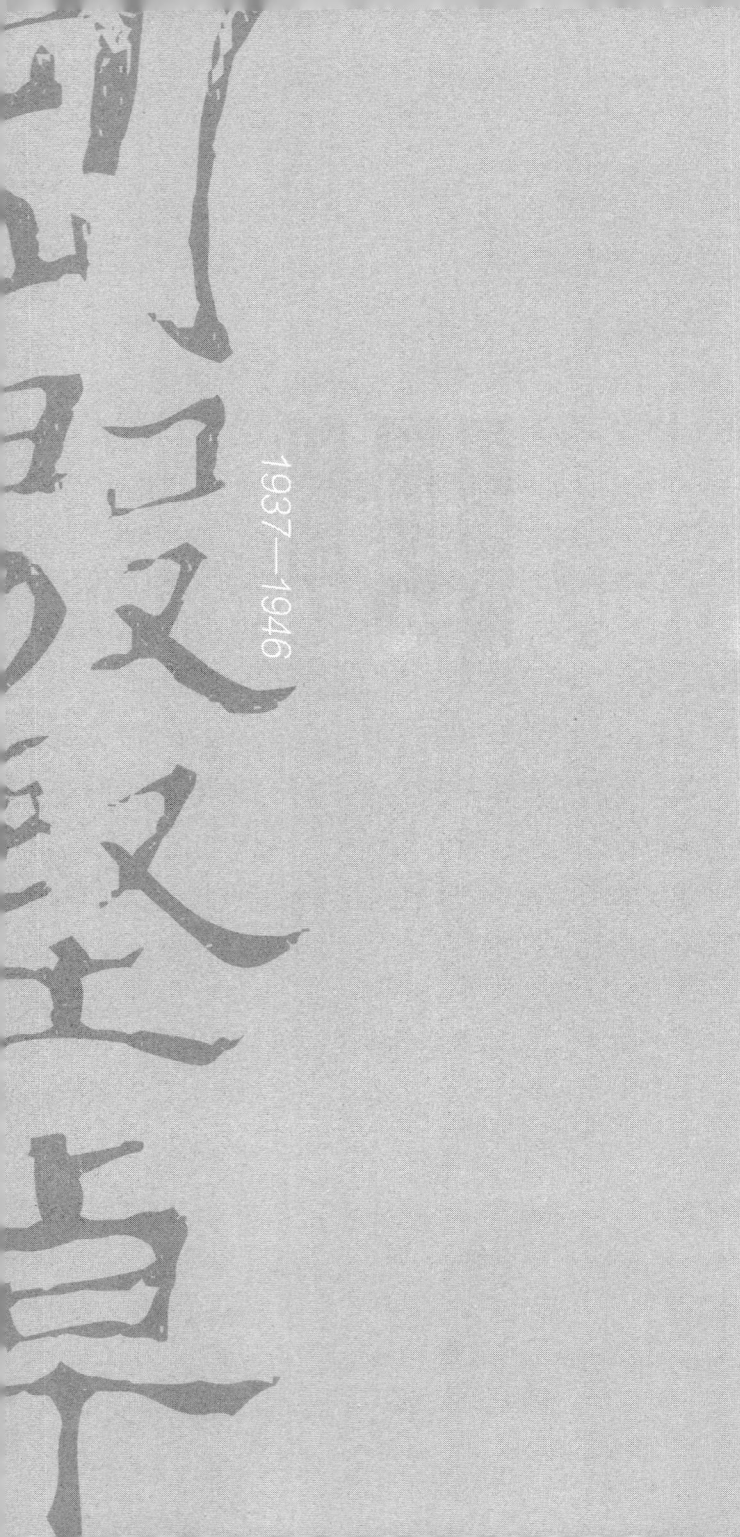

1937—1946

钱穆：中国的人文精神

一

今天的讲题是"中国的人文精神"，这个题目对我们当前来讲，非常重要。

我们中国文化，是以人文精神作中心的一种文化。所谓"人文"，就是人类的文化。我现在讲中国的人文精神，实际上就是讲中国的文化精神。首先我来谈一谈对"人文"的一般观点。

现在一般的讲法，"人文"与"自然"是对立的，譬如说人文第一，或自然第一，好像人文就不是自然，自然就不是人文，人文、自然二者，互相对立。实际上人文与自然是相通的、合一的。因为我们人的本身就是从自然中来的，是自然中的一部分。人类的文化虽表现于科学、艺术、宗教、道德、法律、风俗、习惯各方面，其要项不外人的生活。就拿衣、食、住、行来讲，试想我们穿的衣服，吃的食物，住的房子，交通工具，哪样不是由自然中来的？不过我们在自然之中，加了一番人工进去罢了。人的生活，离不开自然，换句话说：人文是不能脱离自然的。我们可以讲，人文就在自然之中，不过今天我们所处的自然环境，已经不是自然的本来面目了。因此我们也可以说，自然就在人文之中。譬如我们在热闹都市住久了，天天所见到的，都是熙来攘往的人，觉得自己所处的，只是个"人"圈子，要跑到外面去活动活动，到田野，到海边，到山上去旅行，以多接近自然，这当然是对的，不过不要忽略这外面的自然，都是已经加了人工的，只是比闹市的人工少一点而已。这一切自然，并未脱离人文的范围。所以说：自然就在人文之中。如果一定要找没有人文的自然，恐怕只有回到洪荒时代去找，因为没有人文的自然，山不是今天的山，水也不是今天的水，甚至原野、草木、鸟兽都和今天所能见到的不一样。洪荒时代以后到今天的自然，凡属我们人所接触到的，都经过了我们人类文化的陶冶，可以说这是一个文化的自然。

今天文化与自然，已难严格划分。至少在我们今天所居的地球这一范围之内，二者是相通的，合一的。将来人类跳出这一范围，跑到月球上去了，那么月球也就随着被人的文化所改造，会失去其本来面目。以后人类在月球上所见到的自然，又是加了人工的自然了。虽然宇宙无穷尽，自然不可限量，文化是从自然中来，而逃不出这个自然。但绝大多数人所见的自然，都是经过改造，从文化中来的，故自然与人文，始终是相通合一。

人文的最大效能，改造了自然。"人文"一词的来历究竟如何？今天在大学里读书的同学，不论是读哲学的、历史的或文学的，都知道有所谓"自然主义"和"人文主义"，"人文"一词，被用得很广泛，或许有人以为是从西方翻译过来的。其实中国很古的典籍《易·贲卦》里面，就有"观乎人文，以化成天下"的记载，"人文"

一词，便是从《易·贲卦》里面出来的。我们中国人把天、地、人称为三才，"三才"一词，也是出自《易经》，《易·系辞》称天道、人道、地道为三才，人道就是人文精神的重点，由此可见我们中国讲人文，实际上已经是很早的事情，比起西洋来，要早多了。

我们对"人文"一词的来历已经明白，接着来谈"人"、"文"二字的意义。人为万物之灵，是具有理性的动物，在座的诸位和我都是人，其意义比较容易明白，不必多讲。"文"字究竟怎么讲？《易·系辞》里面有句话"物相杂故曰文"，由此我们可以了解，有两件或两件以上的东西夹杂在一起便成文；反之，仅是一件东西不能成文。譬如一张纸，仅是白的，或仅是黑的，一种颜色便不能成文。至少要有白的，又有黑的，两种颜色相间才能成文。文也有"理"的意思。我们中国人管文叫"花样"，夹杂在一起的东西，颜色愈多，花样也就愈多，道理也就愈细密。换句话说，"文"就是两件以上的东西，相杂在一起而成的花样。物有花样，人的花样更多，人与物、人与人之间，都有花样。天地生人，有男有女，这就是所谓的"物相杂"。人除男女之外，还有老少、彼我等等区分，每个人都只承认这世界上仅有一个"我"，别人都是"彼"。丈夫觉得妻子不是我，妻子也觉得丈夫不是我；父母觉得子女不是我，子女也觉得父母不是我。又如兄弟、朋友、师生，黄种人、白种人、红种人、黑人等等，分别愈多，夹杂也愈多，花样也更繁复。

二

宇宙的奥妙，诚不可思议，试想这世界上如果只有男人，或者只有女人，那会是个什么世界？不仅不能成文，没有花样，简直是太单调、太枯燥，会使人活不下去了。天地既生男女，男女相杂产生了夫妇。夫妇是男女相杂成文，人类有了文化之后，所"化"出来的，并不是天地生的。人以外的其他动物，也有雌雄，却不成夫妇。人有了夫妇，生儿育女，又有了父母、子女。有夫妇而后有父子，夫妇、父子等人伦关系，都是由人的文化所化出来的，并不是天生的。夫妇、父子也就是人的文化中的一部分，"文化"二字的意义并不深奥，不是很明显吗？

人文的效能很大，改造了自然，又化成了夫妇、父子等人伦大道，但始终没有化出自然的范畴，同时自然与人文也始终不相违背。凡此种种，都是人文与自然相通合一的事实。夫妇、父子、兄弟、朋友、师生等之外，文化所化出来的人的花样还多，如家庭、社会、民族、国家等等都是。今天的联合国，有"天下一家"的远大目标，这一世界性的组织，更是由于人的文化所化出来的，这一事实，全世界的人都得承认。

男女既成夫妇，就当有夫妇之道；老少既成父子，就当有父子之道；既有人、我之分，就当有人与人相处之道，即所谓"人道"。如果人人都只顾自己的利害，无视别人的生死，结果岂不是要"人将相食"，变成禽兽世界？因此讲人文精神，必须着重于"人道"这一点上，要人人都知道彼虽不是我，我也不是彼，但大家都是人，都应该要讲人道。

三

　　人类文化，因产生的时代背景不同，种类不一，今天有所谓人文主义的文化，又有所谓自然主义的文化；有中国文化，还有西洋文化，究竟哪一种最好？重视哪一种才对？我觉得哪一种都有好处，都有值得重视的地方。太偏重哪一种，都不对。因为只偏重一种太单调，好像这世界上只剩了男人或女人，一样太枯燥无味了。人文主义有人文主义的好处，自然主义也有自然主义的好处，我们应当兼容并包，使"物相杂"以成文。中国人当然应该重视中国文化，尽可能发扬光大中国文化的优点，使列祖列宗所留给我们的宝贵遗产，能与世长存。也应该重视西洋文化，吸收西洋文化的长处，使中西文化和男女一样，两相配合起来，以求产生一更完善，更优美的新文化。

　　我常对我所见到的一些现象，颇为担心，好些人似乎根本就不知道有中国文化，甚至忘记了自己是中国人，平常讲的都是外国话，看的都是外国书，好像他是外国人，只有外国才有文化。我想：假使中国人都如此，不久的将来，中国文化消灭了，中国人都人无文，世界上只剩下一种西洋文化，物不杂，人无文，岂不是太单调了？

　　外国人对文化的态度，也曾有过不好的表现，不过他们所表现的，与我们某些中国人不同，他们都只认为自己国家才有文化，因此英国人瞧不起法国人，法国人又瞧不起德国人，德国人同样只瞧得起自己，瞧不起别人。然而他们现在都改观了，已不复有那些不良现象，他们除了重视自己国家的文化，对外国文化也发生兴趣，不但研究他们西方邻国的文化，并且不远千里，甚至万里而来东方，学习我们的中国文化。我颇以此为慰。因为中国文化总算没有完全被人遗弃，不过还是有点抱杞人之忧，担心将来中国人想学中国文化如果要跑到外国去留学，太麻烦了。这些算是题外的话，不多谈了。

四

现在来谈另一新问题，谈"自然界"与"人文界"的不同看法。在自然界看来，这个世界上全都是东西，都是物，不是有生物，便是无生物；有生物之中，分植物与动物，动物又有天上飞的，地上走的，及水中游的。人是动物中的一种，照自然界的看法，人与人也不过是物与物。而就人文界的看法，人与人则不是物与物，而是心与心的问题了。譬如一个男人和一个女人在一起，假使不心心相印，怎么会结成夫妇呢？也许诸位要说，从前的婚姻，都是父母之命，媒妁之言，秉花烛入洞房之前，恐怕不一定都会心心相印吧？固然不错，可是诸位也不要忽略男女双方秉花烛入洞房以后，心心相印，育女生男，同甘共苦，才有夫妇之实。倘若他俩永远心不相印，始终尔为尔，我为我，那不过徒有夫妇之名而已。又如诸位同学在学校读书，老师对你们讲课，一定得用心才行，要经过大脑才能讲课，你们听讲也必须用心才行。老师讲话的声波虽可刺激你们的耳膜，也得经过你们的大脑，你们才能接受，这样师生之间，心与心相通，教学才会成功。如果说，老师与学生只是自然界的物与物，心与心不相通，那么不过徒有师生之名，那能谈什么教学？总之，人与人是心与心的问题，因为"语言"是人与人间最重要的交通工具，所有正常人的讲话和听话，都是要用"心"的，讲话的人在用心讲，听话的人在用心听，彼此间心相通，故能交换意见。或许有人问，无线电并没有人所谓的心，它怎么也可以接受人的讲话，和对人讲话呢？无线电不过是人所用心制造出来的一种能突破时空限制的机器，只是传话的工具，其本身不会讲话，这也就是心与物的区别。人文界与自然界的最大不同处，就是心与物的不同。诸位不要以为我在讲唯心论，唯心论是哲学，我没有讲。我也不讲唯物论，我在此所讲的，只是些普通常识。

人类文化有所谓自然主义的文化，与人文主义的文化，自然主义的文化，比较偏重于自然，是向外的，外为物；拿人来讲，便偏重讲人外表的躯壳身体。人文主义的文化，比较着重于人文，是向内的，内为心；拿人来讲，则着重于讲人身内最重要的部分心。这两种文化虽有倚重倚轻之不同，彼此应该是相通的，合一的，就像是我们人的身心，必须协调一样。这两种文化有三大产物"宗教"、"道德"与"科学"三者。

首先讲宗教，最早的宗教，其实就是自然，不过我们现在不这么讲，但宗教是向外的，向上的，向人类的开始。根据耶稣教的说法，人是我们人以外的神上帝所造的。最初，上帝只造亚当、夏娃两个人，后来亚当、夏娃在伊甸园中不守清规，偷食禁果，才繁衍绵延有今天这许多人，这许多人都是上帝的儿女。或许有人，尤其是中国人在乍听之下，不免惊骇，以为大家都是上帝的儿女，不论男女老少，都是兄弟姐妹，那么岂不是社会上无复长幼尊卑之分，家庭中父子之道就此消灭，况且兄弟姐妹结婚，有悖伦常道理，那还得了！其实不用怕，万能的上帝，早有安排，在座的诸位当中，我想一定有好些人读过《圣经》，《圣经》里面不是有过"神爱世人"、"你应当把上帝对你的爱去爱你的父母"一类的记载吗？我想就是亲生儿女信了上帝，做父母的，因为沾到上帝的光，还是不会太被冷落的了。至于结婚，只要对象不是直系血亲、直系姻亲，及旁系血亲旁系姻亲八亲等以内的人，都可以，我国民法亲属编有此规定，也不必担心。这里倒是有两桩事情，我们需要了解：其一，我爱我的父母是人文精神。其二，我如果拿上帝的爱去爱我的父母便是宗教精神了。西方人到中古时期才讲灵魂、讲天国、讲上帝，这是他们的人文主义。他们的人文主义兴起很迟，与我们的人文主义不同。

其次我们讲科学，科学是讲物的，科学家终年在研究物质的组织，探讨物质的性能，希望物质能被人作最有效的利用。他们作研究工作时，会把人与物二者等量齐观。譬如想了解兔子的脏腑组织，就找一只兔子来开肠破肚。要明白猫狗的身体情形，便拿猫狗来解剖。要研究人的生理状况，也会解剖人体。从前我有个亲戚去学医，没有学好久，就跑回来不想学了，我问他为什么？他的答复是不忍解剖人的尸体，我说你不要把那尸体当人看就好了，后来他再去学，并且学成功了。实则就纯科学的眼光看来，世界上存在的都是物质，这世界就是物质世界。原子专家、核子专家，他们研究制造原子弹、核子弹，我想他们的存心，只在研究原子或核子由分裂而连锁爆炸后，所产生的能量有多大，不会想那颗原子弹或核子弹能使多少无辜的人遭殃。今天太空科学家所潜心研究的登陆月球问题，他们的着眼也只在如何能把人由地面送到月球上去，也没有顾虑人登陆月球以后，将否利用月球为作战基地的其他种种。他们都只是在研究这世界上的物质能量，在为科学而科学，这也就是所谓之科学精神。大概讲来，西方文化偏重于自然主义，最重要的有宗教与科学。中国文化偏重于人文主义，最重要的是道德。

最后我们就讲道德问题。夫妇之间，彼此应该怎样？父子之间，又当如何？这些都是道德问题。也许有同学要问，道德既然重要，为什么我们学校里面有宗教、有科学而没有道德这门课呢？诸位要知道，我们现在所讲的是西洋文化，所开课程是从外国学来的，假如讲中国文化，我们的大学里面就当有"道德"这一科目。如果有人说，上帝最了不起，应该信仰；科学最重要，最实用。我都同意，我既不劝人不信上帝，更怕我们的科学老是不如人家，不过我也觉得一个人不当忘本，生为中国人，就应当看看中国书，研究研究中国文化，不要盲目武断，认为中国文化不如人家的好，没有什么价值。我今天讲中国的人文精神，重点就在"道德"二字，恐怕有人要说，现在中国一般人的道德并不见得比外国人高，我也颇以为然,这是中国文化衰落的原因。不过我所讲的是指我们过去四千年的悠久文化,而不是指的当前,今天的中国文化,已经衰落到极点,在世界上是没有地位,不足道的。说到这里,我认为凡是我们中国人,都应当深自惕厉才对。

五

现在我想将宗教、科学、道德三者,再拿我们中国人惯用的词汇,综合起来谈谈。我认为宗教就是我们所常说的"天",因为宗教讲上帝,上帝不就是天吗?科学就是我们所常说的"地",因为科学讲物,而地就是物,一切有生物、无生物都包括在地里面。道德就是"人",因为人与人相处必须讲道德,不道德的,大家都认为他不是人。这样看来,宗教、科学、道德三者,不就是我们中国人所惯说的"三才"吗?诸位不要以为我在牵强附会,二者的意义,确是相通。

现在我们再看看宗教、科学、道德三者的讲求,有何共同之处。先看道德,就拿前面所提过的夫妇之道来讲,夫妇之所以有道,乃是由于他们彼此之有心,能够两心相通的结果。夫妇之道是如此,一切道德也莫不如此,故讲道德必先讲"心"。次看宗教,宗教讲信仰,信仰靠什么?也靠心。再看科学,科学重实验,从事实验,更得用心。故宗教、科学、道德三者的讲求,都得靠"心"。宗教家的心、科学家的心及一切人的心,宗教家、科学家及一切人都是人,而人最重要的部分就是心,因此人文主义者拿"心"作文化的中心这一点，非常重要，我们当特别注意。天地生人，只生了人的身体，两手空空，没有带来任何东西；人为了生存，要自己用心想办法生活，饿了找东西吃，渴了找水喝，冷了找衣服穿，经过一段长时间，待身心完全成长之后，才算成人。诸位同学由小学而中学而大学，过去不知费了多少心思，经过若干奋斗努力，才有今天，有的并准备将来再由学士而硕士而博士，付出更多的心力，深造自己，成为一个更完全的人，最后，各人将所得的各方面的如科学、艺术、宗教、道德、法律等等成就，贡献给社会，促成人类社会更高的文化，这都是由于人之有"心"，这也就是人的最伟大处。

中国文化，是人文主义的文化，讲人文精神，重点在道德，"心"又是道德的发源地，已如上面所讲，下面我们来谈一谈人与人相处的道理。

人与人相处，古今中外，似乎人人各有一套，我觉得放之四海皆准，百世以俟圣人不惑的，是孔子的"忠恕"之道，和孟子所讲的"爱"、"敬"，合起来讲，也就是仁义道德的"仁"字。试想人人如果能够凡事尽己，并推己及人，既能自爱，又能爱护别人；既知自重，又能敬重别人，彼此之间，还会有相处不好的道理吗？忠、恕、爱、敬，发之于心，照常理来讲，人人都应做到，天下应该太平，何以事实并不如此？天下老是大乱？那是由于好些人心有所蔽，心理变态所致。那些人心目中，只有自己，没有别人，他们只会要求别人对自己忠、恕、爱、敬，不知道也应该忠、恕、爱、敬别人。他们实在应该多想想，社会上人与人的关系，都是相对的，绝不该自私自利。如果没有夫，便不会有妇；没有妇，也不会有夫。没有父，既不会有子；没有子，也不会有父。没有老师，当然不会有学生；没有学生，谁又能称什么老师？凡此种种，都可以说明，没有别人，哪会有自己呢？一人之所需，百工之所为备，世界上如果真正只有一个自己，没有了别人，那么自己也别想活了。因此，任何人都应具有"仁民爱物"的精神，尽量服务别人，贡献社会。

也许有人怀疑，如此人生劳碌一辈子，岂不是只做了社会上的一件工具而已？当然不，我们是人，《论语》说："君子不器。"我们不作工具，也不只限于某一作用。《易·系辞》里有句话："形而上者谓之道，形而下者谓之器。"我们做人，于形上形下，宜兼筹并顾。尽唱形上的高调固然不必；一味的妄自菲薄，只认自己是形而下者，也不应该。天地生人，有道有器，道与器就是心与身。世间事情，兼具形上形下二者。就以当教员来说，拿聘书薪水，养家活口，是形而下者，因为我们的五官四肢，变成了教学生读书写字，传授学生知识，及自己家小谋生的工具。不过教学相长，我们也可因此研究学问，求得更多的知识，这应该属于形而上的了。人的独立意义与价值，就由此表现出来，否则我们与没有受过文化陶冶的自然人与物，难于区别。所以我们人如果不能形而上，但知形而下，则表面虽不完全像工具，实际上已完全等于工具了。不知道的人，或以为由形而下变为形而上会很难，其实天下没有比这更容易的事，因为形下形上完全由一个人的"存心"来决定，如以仁存心，以礼存心，便是君子，君子是形而上者。若是存心不良，存心刻薄，就全属形而下的了。譬如父亲渴了，要喝茶，儿子立即恭恭敬敬的端茶送到父亲面前，请父亲喝，儿子把握送茶的机会，在父亲面前尽了作儿子对父亲应尽的一番孝道，这当然是形而上者。如果儿子为父亲送茶时，心不恭敬，甚至还对父亲嘀咕着说：你自己就不会拿，一定要我给你送？则儿子虽也同样送了茶，不过是送茶的工具，是形而下的了。由此可见形上形下，同一件事，同一个人，其分别只系于人的一念之间。故讲人文主义，讲人文精神，全靠人的"存心"，我们应当存心忠恕，存心爱敬，要把别人当人看。凡属人，都有他独立的人格、价值与意义。我自己是人，别人也是人；丈夫是人，妻子是人；父母是人，儿女是人；老师是人，学生是人。讲人文精神最重要的一句话是："不要把别人当工具，要把别人当人，当我自己同样的人。"所谓"将心比心"，中国人讲道义最高之处也就在此。

有些人虽也会把别人当人，但附有条件，如要同一教堂的人，才是和他们同样的人，我们中国人讲人文精神不当如此。说到这里，我再声明一句，我虽时刻提醒自己是中国人，我并不敢自我陶醉，说我们中国文化比外国好。事实上，今天西洋人的科学比我们进步。我们今天可说是处在真空之中，如果不甘堕落，就要努力复兴中国文化，要复兴中国文化，就要讲人文精神，要重道德，将心比心，把别人当人看，要承认自己是个中国人。为什么还在"人"上加"中国"两个字？因为中国人有中国人的特质，不可能变成外国人，我们的眼睛、鼻子、头发、皮肤都和外国人不同，我们的皮肤上没有毛，外国人有毛，如果想伪装外国人，怎么办？难道硬把毛插上去不成？这还只是就"身"一方面来讲，就"心"来讲，中国人有中国人的思维方法，外国人有外国人的思维方法，彼此的想法，有时会相差得太多。我提这些，当然不是说要把外国人不当人，但我们亦不宜把外国人太当人看，而把中国人不当人，因为过与不及都不好。

今天这一席话的内容，虽是我多年来从好些书本上所看到，并且曾加思考过的，但其中难免有认识尚未透彻之处，没有讲清楚的地方，请原谅。

（原载钱穆：《中国文化丛谈》，九州出版社2011年版）

1899—1967

潘光旦：中国人文思想的骨干

一个国家或一个时代的文化，必有其重心所寄，必有其随时随地不忘参考的事物，必有其浸淫笼罩一切而大家未必自觉的一派势力。这种重心、事物或势力，归纳起来，大率不出欧美所称神道、人事、自然三大范围，或中国所称天、地、人三才的范围。中西相较，天可以对神道，地可以对自然或一切物质环境，人可以不用说。

就西洋文化史而论，希伯来文化是重神的，希腊文化是比较重人的，中古时代的文化和希伯来的相像，文艺复兴时代的文化和希腊时代的相像。所以英人安诺德（M. Arnold）有"西洋文化，无非为希伯来主义与希腊主义互为消长"之说。降至近代，神道的地位固已日就衰落，但西洋文化之究为人的，抑为物的，则论者颇不一其辞。我们隔江观火，也许比较清楚，不妨认为名为是人的，而实际则是物的，面子上是人本，骨子里是物本，因为我们随时随地可以观察到物质以人为刍狗的事实。不过我们也觉得，物本的文化，在一部分思想界里，现在已经发生一种反响，所以近年以来，在那里力求解脱的，也大有人在。

就中国文化史而论，在各个方面我们也都能找出一些代表来。春秋战国是各派思想孕育得比较成熟的时期，那时候真是什么都有。讲天道的有墨子，重自然的有老庄，以人事为本位的有孔孟。战国以后，各派盛衰消长之迹，大体上也很显明。墨子最先销歇，儒家最受推崇，道家除在两晋六朝与唐代之际一部分因统治人物的提倡有过一度振作外，平日的势力并不十分具体。汉以后佛教势力日渐扩大，至六朝而臻极盛，但是它的性质并不划一，大率平民所崇拜的是它的神道的部分，而知识分子所注重的是修身养性的部分，多少不脱人道的意味。

但全部中国文化史终究是一个重人道的文化史。各派思想中，比较最有线索、最有影响的也终究是儒家。春秋战国以前暂且不说。秦重用法家，排斥以古非今的儒生，固然是儒家遭逢厄运的一个时期，但这时期并不长久。汉代以后，儒家的地位便已根深柢固。三国、两晋、六朝和唐的时期里，儒、释、道三家并育不悖，但主体依然要推儒家；六朝与唐代的四五百年间，佛家虽盛，但也曾再三受政府的压迫，出家人被勒令还俗之事，屡有所闻，无非是儒家不肯放弃它主体的身份的表示。五代以后，儒家地位的牢不可破，也是无须说得的。

儒家思想的对象是人道，所以人文思想和儒家思想两个名词往往可以通用。所谓人道并不是很笼统的一种东西。西洋文艺复兴时代里所盛称的人道（humanity）似乎目的专在对付历代相传而畸形发展的神道（divinity），近时西洋人文主义者所盛称的人道（law for man），又似乎专门对付物道（law for thing），两者都可以说是很笼统的。中国儒家的人道却并不笼统，它至少可以有四个方面，四方面缺一，那人道就不完全。①

第一方面——对人以外的各种本体。

第二方面——对同时存在的别人。

第三方面——对自己。

第四方面——对已往与未来的人。

这四方面合拢来，就成为题目中所称中国人文思想的骨干。现在分别说一说：

（一）第一方面当然是最基本的。所谓各种本体，可以包含许多东西，概括着西洋的神道与物道或中国三才中的天、地两才所指的一切事物。一切自然的物体当然在内。但人道范围以内的事物，

---

① 此文作于十六年前，抗战避地，旧存印稿完全损失，最近再经觅得，酌加订正，辑入本书。十六年来，我对于人文思想的了解，大体上没有变动。骨干的四部分或四方面，以及贯串此四方面的分寸的原则，自省均可以任其存在。不过在此期间，在骨干上也曾添上不少的筋肉，即另外写出这一些补充的文字，可供参阅。

属于第一方面者：《说本》；《说"文以载道"》。

属于第二方面者：《明伦新说》；《论品格教育》；《说伦》（天津《益世报·社会研究》副刊）。

属于第三方面者：《类型与自由》；《散漫、放纵与"自由"》。

属于第四方面者：《悠忽的罪过》；《所谓"历史的巨轮"》；《优生的经验的适用》（《人文生物学论丛》，第六辑，《环境、民族、制度》，印刷中）。[此文原名《优生学的应用》，见《潘光旦文集》第8卷。《人文生物学论丛》第六辑《环境·民族·制度》一书未见出版，稿佚。——编者注]

以上各篇，除另行注明者外，分别见《自由之路》及《人文生物学论丛》第七辑《优生与抗战》二书中。

或人为的事物，无论抽象的所谓精神文化，或具体的物质文化，如一派信仰、一种制度、一件器用，也往往会畸形发展到一个尾大不掉的程度，使人不但不能驾驭，反而被驾驭，不特无益于人，反有害于人，原以辅助人道始者，反以危害人道终。这样的一种事物就俨然取得了本体的身份，可与人道对抗，驯至人道无法抵抗而至于衰微寂灭。

　　我们不妨举几个例。欧洲中古时代神道抹杀人道的事实，是谁都知道的。近代文化中物道抹杀人道的种种情势，近来也逐渐受人公认，都可以不说。但历史上与目前和人道不相成而相害的事物固远不止神道与物道而已。国家主义的只认国家不认人，社会主义的只认阶级或社会而不认人，家族主义的只认家族不认人，金钱主义的只认金钱不认人，何尝不是很显著的例证。这些主义自然也有用得到人的地方，但他们所见的并不是人，而只是公民，只是社会或阶级的一分子，只是家族的一员，只是父亲的儿子，是生产财富的一分势力而已。就在个人主义所认识的也并不是人，而只是一个个人！就在近代教育所注意与期望的也并不是人，而是一些专家、一些不通世事的学者罢了。人道之在今日，事实上已经被宰割、被肢解。

　　人利用了自然的事物创造了文物的环境。他自己应该是主体，文物的环境终究是一个客体。但结果往往会喧宾夺主，甚而至于反客为主。人也创造了全部的意识的环境，包括宗教、道德观念、社会理想等等在内。他自己应该是一个主体，而意识的环境是一个客体；他自己的福利是一个常，意识环境的形式、内容与组织是一个变，应执变以就常，不应强常以就变。但结果也往往弄得常变倒置、主客易位，这种局面，是讲究人文思想的文化所最犯忌的局面，因为充其极，人类在天地间的地位，可以根本发生动摇，至于立脚不住。所以在希腊的人文文化里，便有"任何东西不宜太多"（nothing too much）的原则，太多了就有积重难返、尾大不掉的危险。中国的儒家思想在这方面比希腊人还要进一步，它以为就是这一条"任何东西不宜太多"的原则也不宜太多，即不宜运用得过火。孟子不有过一段评论子莫的话么？杨子为我，墨子兼爱，子莫执中，孟子说："执中为近之。执中无权，犹执一也。所恶执一者，为其贼道也，举一而废百也。"所以儒家的人文思想里，于"经"的原则之外，又有"权"的原则。执中无权，犹且不可，其他不执中的种种执一的例证，也就不必举了。

（二）中国人文思想的第二方面的对象是与本人同时存在的人；换一种说法，它所要考虑的是人与人之间彼此应有什么一种分别，和应有什么一种关系。在这一方面，中国文化可以说是最在行的，就是希腊文化也没有它那样见得清楚、说得了当。

说来也是谁都知道的。中国人文思想里又有一条极简单的原则，叫作"伦"的原则。但这条原则虽然简单，虽只一个字，却有两层意义，一层是静的，一层是动的。静的所应付的是上文所说人与人之间的分别，动的所应付的是人与人之间的关系。所谓静的人伦，指的是人的类别、人的流品。类别事实上既不会不有，流品也就不能不讲，因为人是一种有价值观念而企图上进的动物。《礼记》上说"拟人必于其伦"，那"伦"字显而易见是指的流品或类别。历代政治最注意的一事是人才的遴选，往往有专官管理，我们谈起这种专官的任务来，动辄说"品鉴人伦"，那"伦"字显而易见又是指的类别与流品。近来我们看见研究广告术的人，讲起一种货物的优美，也喜欢利用"无与伦比"一类的成语，那伦比的"伦"字当然又是静的类别而不是动的关系。

明白了静的人伦，才可以谈到动的人伦，因为动的是建筑在静的上面的。这动的人伦便指父子、君臣、夫妇、兄弟……之间分别应有的关系。静的人伦注意到许多客观的品性，如性别、年龄、辈分、血缘、形态、智慧、操行之类，如今动的人伦就要用这种品性作依据，来研求每两个人之间适当的关系，即彼此相待遇的方式来。静的人伦所重在理智的辨别，动的人伦则在感情的运用。

这静的伦与动的伦是相辅相成、缺一不可的。仅仅有静的伦，仅仅讲流品的辨别，社会生活一定是十分冷酷，并且根本上怕就不会有社会生活，历史上也就不曾有过此种实例。仅仅有动的伦，仅仅谈人我的应如何相亲相爱，完全不理会方式与程度上的差别，结果，不但减少了社会进步的机缘，并且日常的生活流入了感伤主义一途。这种被感伤主义所支配的社会生活，历史上却很有一些例子，在今日的西洋例子尤其是多。我们在这里，就可以看出"人文思想"和常人所乐道的"人道主义"的不同来了。同一重人道，同一注重道的和同，而后者所见的"同"等于"划一"，等于"皂白不分"，所见的"和"，等于和泥土粉末之和，而不是和调五味之和；前者所见则恰好相反。荀子在《荣辱》篇所说的"斩而齐，枉而顺，不同而一"，最能代表这一层精意。前者并且其同与和之间，特别着重和，认为与其同而不和，毋宁不同而和。

西洋希腊以后的文化是不大讲伦的，即使讲，也十分偏重动的一方面。最近自生物学与遗传学发达以后，静的一方面才受到优生学、心理学与教育学者的充分的注意。不过在日常生活里这方面的影响还很有限。在中国，以前是动静二者并举的，现在治伦理学与人生哲学者讲起"伦"字，却十有八九只讲动的伦，而不讲静的伦。但我们相信以前所谓"彝伦攸叙"或学宫中明伦堂上的"明伦"二字决不单单指人与人的感情关系，殆可断言。

（三）中国人文思想的第三方面的对象是一个人的自己。人是一个总称，所指是一般的人性、人道、做人的标准、完人的理想等。但每一个个人也是人。一个人应付一个人固属很难，应付自己却也不易。人是一种动物，动物皆有情欲，在演化过程中的地位越高，情欲的种类与力量也似乎越多越大。在别种动物的生活里，情欲变化既少，随时又受自然的限制与调节。例如性的冲动吧，在大多数的高等动物里，一年中只有一个时期以内是活跃的，即自有其季候性的，但到人类就不同了，唯其不同，于是就发生了自觉与自动应付的问题。情欲之来，放纵既然不利，禁绝亦非所宜。于是怎样在两个极端中间寻出一条适当而依然有变化的途径来，便成为历代道德家以至于生理与心理学家所努力的一大对象。但努力的人虽多，而真能提供合乎情理的拟议来的似乎只有人文思想一派。别的派别的目的似乎专在防止放纵的一个极端，防止越严，便越与另一极端相接近，就是形同禁绝。旧时基督教对于性和其他物欲的观念，便是一例。佛家的也是一例。但物极必反，好比时钟的摆一般，基督教的禁欲主义便终于造成了文艺复兴时代以及后来的自然放纵主义。此在当时虽也有人把它看作人文主义的一部分，其实它和人文思想的标准相去的距离和禁欲主义的毫无分别，不同的只是方向罢了。

1932年的夏季，我有烟台之行，在轮船上遇见一件很有趣的事。在头等舱的饭厅里，我发现在一只四方桌上，坐着四个女子，东南两边的两个，是天主教里的"嬷嬷"，南方人叫作"童身姑娘"，她们除了面部和两只手以外，其余的身体是包扎得几乎不透风的。西北两边的却是两个白俄的娼妓，她们不但袒胸露臂，并且连鞋子、袜子都没有穿，只穿上拖鞋。她们四个每餐都这样的坐在一起，自然只有两搭角说话，两对过之间则横着一道无底的鸿沟，到"审判的末日"，还是通不过去。

在受人文思想支配下的中国文化里，这道鸿沟是没有的，至少就大体而论，没有这么广阔深邃。我们平日应付自己的情欲时，所持的大体上是一个"节"的原则，既不是"纵"，也不是"禁"。我们把男女和饮食同样看作人生的大欲，本身原无所谓善恶。诗人论一代的风气制度，首推《周南》《召南》之化，甚至于把"内无怨女，外无旷夫"看作良好政治的一个基础和一个表识。讲禁欲主义的佛教虽在中国有很大的势力，但佞佛的人平日既有"做居士"、"带发修行"一类的假借的方法，而遇到做和尚、做尼姑的风气太厉害的时候，政府也会出来干涉，影响所及，便远不如基督教对于中古欧洲的深刻。在性以外的其他方面，亦复如是。例如饮酒，我们的原则是"不饮过量"、"不及乱"，如大战以来美国民族所开的那种玩笑，在中国是从没有发生过的。但近时也很有人把"节"与"禁"混为一谈，例如妇女节制协会对于烟酒的态度，名为节制，实际上却主张禁绝。

"節"字从竹，指竹节，有分寸的意思，凡百行为要有一个分寸，不到家不好，过了火也不好。不但情欲的发出要有分寸，就是许多平日公认为良善的待人的行为也要有个分寸。所以《论语》上有"恭近于礼"则远耻辱、"克己复礼"始得谓仁一类的话。"礼"字原有两层意义。教育修养的结果，使人言动有节制、有分寸，便是合礼，这是第一义，是多少要人内发的。凡属可以帮生活的忙，使言动合乎分寸的事物工具，也是礼，是第二义，是由社会在环境中加以安排的。后来的人似乎但知礼的第二义，即仅仅以"仪"为"礼"，而忘了礼的第一义。积重难返，最后便闹到了"礼教吃人"的地步。如今"恭近于礼"与"克己复礼"的礼，显而易见是第一义的礼。恭也要恭得有分寸，克己也要克己得有分寸，所以"摩顶放踵利天下"的宗教家与侠客，在人文思想家的眼光里，并不是最崇高的典型人物。

中国人文思想在第四方面的对象是已往与未来的人与物。人文思想者心目中的人是一个整个的人、囫囵的人。他认为只是一个专家、一个公民、一个社会分子……不能算人；人虽是一个有职业、有阶级、有国、有家……的东西，他却不应当被这许多空间关系所限制，而自甘维持一种狭隘的关系或卑微的身份。这是在讨论第一方面时已经提过的。如今我们要更进一步的说，一个囫囵的人不但要轶出空间的限制，更要超越时间的限制。换一种说法，他现在那副圆颅方趾的形态，他的聪明智慧，他的譬如朝露、不及百年的寿命，并不能自成一个独立的单位，不能算是一个囫囵的东西。真要取得一个囫囵的资格，须得把已往的人类在生物方面与文化方面所传递给他的一切，统统算在里面。不但如此，他这承受下来的生物的与文化的遗业，将来都还得有一个清楚的交代。约言之，他得承认一个"来踪"，更得妥筹一个"去路"。认识了来踪，觅到了去路，这个人才算是相当的完整。

在中国人文思想里，这一点是极发达的。在文化的传统方面和生物的传统方面我们都轻易不肯放松。师道尊严，创述不易，所以叙一个大师的学问时，我们总要把他的师承与传授的关系叙述一个明白，甚至于要替他编列出一张道统或学统的世系表来。但尤其要紧的，毕竟是生物的传统。若有人问什么是儒家思想最基本的观念，我们的答复是：就是本的观念，或渊源的观念。所以说道：万物本乎天，人本乎祖，孝悌是为人之本，君师是政治之本，乡土是一人根本之地，一个人无论如何不长进，只要不忘本，总还有救。所以要尊祖敬宗，所以要慎终追远，所以要有祠堂，要有宗谱。既恋恋于既往，又不能不惴惴于未来。所以便有"有后"之论，所以要论究"宜子孙"的道理；有了有价值的东西，总希望"子子孙孙永保存"。更进而把已往与未来相提并论，于是祠堂与宗谱里便充满了"源远流长"、"根深叶茂"、"继往开来"、"承先启后"、"光前裕后"……一类标语式的笔墨。记得唐朝有一位文学家替人家做墓志铭，劈头就是两句："积德垂裕之谓仁，追远扬名之谓孝。"追远扬名之所以为孝，是谁都了解的，但积德垂裕之所以为仁，却早经后人忘却，反而见得新颖可喜。

这一方面的人文思想，在西洋是很不发达的。近日始有一派的思想稍稍的谈论到它，就是讲求淑种之道的优生学。美国有一位优生学者说，我们要提倡优生学，我们先得提倡一种"种族的伦理"。又有一位说，我们应该把"忠恕"的金科玉律推广到下代子孙的身上。试问这种见地和我们"垂裕后昆"、"庆钟厥后"的理想又有什么分别？所谓"种族的伦理"与下逮子孙的"忠恕"又岂不就是上文那位唐代的文学家所提的"仁"字？不过我们却要忝居先进了。

我们到此，便可以把上面所讨论的人文思想的四个方面并在一起说一说。这四个方面都受一个原则的节制。就是分寸的原则或节制的原则。在第一方面，我们要防人以外的本体或俨然有本体资格的事物出来喧宾夺主，以至于操纵我们的生活。换一种说法，就是人和它们各个的关系都得有一个分寸。"敬鬼神而远之"、"虽小道，致远恐泥"一类的话，所指无非是一些分寸的意思。甚至于我们把人看作中心、看作比其他本体都要重要的时候，也还得有个分寸，决不能目空一切、唯我独尊。所以孔子对于鬼神、天道、死，始终保持一个存疑的态度，不否认，也不肯定。所以至少在董仲舒的眼光里，通天、地、人三才的人才配叫作儒。所以至少儒者平日对人接物的态度要居敬，要自谦，要虚己。这便是"人文思想"与"人本主义"根本不相同的一点了。西文中"儒门业士盟"（humanism）一字，有人译为人本主义，也有人译为人文主义。但若就中国儒家的思想而论，那确乎是人文而非人本。目下美国流行的想取基督教而代之的那一派信仰，才不妨叫作人本主义。他们那种超过了分寸的自负心理与自信心理，以为一切一切都在人自己的手里，要如何，便如何——以前中国的人文思想家便不能接受。我也以为不相宜，我不但不能接受人本主义，并且觉得人文主义中的"主义"两字就不妥当，有执一的臭味，所以本文始终只说人文思想而不说人文主义。

　　人文思想的第二方面也不免受分寸观念的节制，是最显明不过的。静的人伦，一壁以自然的变异作基础，一壁以价值的观念来评量，自然是讲分寸的。动的人伦所承认的最大的原则，不外用情要有分寸，满足一种欲望时要有分寸。所以亲亲有杀、尊贤有等，所以孟子有亲亲、仁民、爱物的论调。讲到用情要有分寸，岂不是就和人文思想的第三方面衔接了起来？一个人情欲的外施，有的是比较限于自身的，例如饮酒，有的却迟早要影响到别人的休戚利害，例如性欲。不论为了自己的福利讲分寸，或为了别人的福利讲分寸，以至于为了节省物力讲分寸，结果总是一般的福利的增加，一般的位育程度的提高。这种福利的增加与位育程度的提高,以前的人文思想学者就叫作"和"。所以说:"发而皆中节,谓之和。"又说:"礼之用,和为贵。"

其实平心而论,除了在情欲上讲分寸以外,社会生活就再也没有可以发生"和"的途径。如其走放纵的那条路,结果自然到处是权利的冲突,虽不至于到道学先生所说的"人欲横流"的地步,至少那种骚扰纷乱的局面——例如目下的国际情势与大都市里的工商业状况——是无可避免的。如其走禁绝的那条路,修道的修道,念佛的念佛,理论上,在人与人之间便根本不发生和不和的问题,因为和的局面是先得假定有两个不同的东西发生接触。如今因禁欲的教条的关系,两个人既同在一种紧缩与收敛状态之中,调和不调和的问题当然不会发生。但事实上,这禁绝的路,却往往是产生更大的不和的一个因缘。在个人方面,近代精神病学所告诉我们的种种的病态已经是够明白了。而此种个人的内部的不和迟早亦必不免形诸生活造成社会的不和而后已。

其在第四方面,这分寸的原则也是一样的适用。无论哪一方面,我们都发见由三个据点所构成的一个格局,两点是静的两极,一点是动的中心,就是人自己或人所立的一个标准。第一方面是天、地与人道之人。第二方面是社会、个人与能兼筹并顾到社会需要与个人需要的人。第三方面是情欲的放纵、禁遏与适当的张弛操守,也就是节制。第四方面呢?两极端指的是既往与未来,而中心之点是现在或当时。三点之中对人最有休戚关系的当然是现在,理应特别加以措意。但若我们过于注意现实，只知讲求所谓现实主义，置以往的经验成效与未来的理想希望于完全不闻不问之列，那我们也就犯了执一的弊病，不鉴戒于前车的得失，则生活的错误必多，无前途的瞻望希冀，则生活的意趣等于嚼蜡，这便是弊病之所在了。反之，如果一味依恋着过去，或一味憧憬于未来，则其为执一不悟，更自显然；至其弊病之所在，在前者为食古不化、故步自封的保守主义，在后者则为不知止与不知反的进步主义或维新主义。方之于水，前者等于不波的古井、不流的腐水死水，后者则有如既倒的狂澜、横流的沧海，奔放而靡所底止，两者都失去了水的效用。但若我们一面把握住现在，一面对已往与未来又能随时与以适当的关注，无论前瞻后顾，脚步始终踏实踏稳，这些弊病就不至于发生了。一样的执中，这执中是有权衡的。有权衡也就是有分寸。

人文思想的四个方面很早就在中国儒家哲学里打成了一片，有如上文所述。西洋的思想界，自文艺复兴以来，也不时以人文主义相号召，最近二十余年间，且骎骎乎有成为一种运动之势。上文所叙的四个方面，也随时有人谈到，但不是举一遗二，便是主甲的人与主乙的人互相攻讦。例如近来美国流行的宗教人文主义便始终没有越出第一方面的范围，并且始终没有摆脱狭隘武断的人本主义的臭味。白璧德（Irving Babbitt）教授一派的人文主义是以第三方面做重心的，其涉及第一方面时，则谓与神道主义携手可，与自然主义携手则万万不可。议论往往有不能自圆之处，且对于任何事物的深恶痛绝，本身便不是一个人文思想应有的态度。他们也承认人与人间的关系，应适用差等的原则，但于伦的观念，所见尚欠真切。至于第四方面，他就几乎完全没有提到。至优生学者，则一面接受狭隘的人本主义，认为人类对于自己的前途演化，即自己的运命，可以完全控制，一面根据变异、遗传与选择的理论，自亦特别注意到第二方面类别与流品的部分，第三方面则几乎完全不问。英国哲学家席勒（F. C. S. Schiller）一派的人文主义最初几完全致力于智识与逻辑的"人文"化，后来和优生学者携手以后，范围始较前扩大。总之，在近代的西洋，我们还找不到一派比较完备的、可与中国儒家哲学相比拟的人文思想。

（原载《人文》第 5 卷第 1 期，1934 年 2 月 15 日；辑入潘光旦：《政学罪言》，观察社 1948 年版）

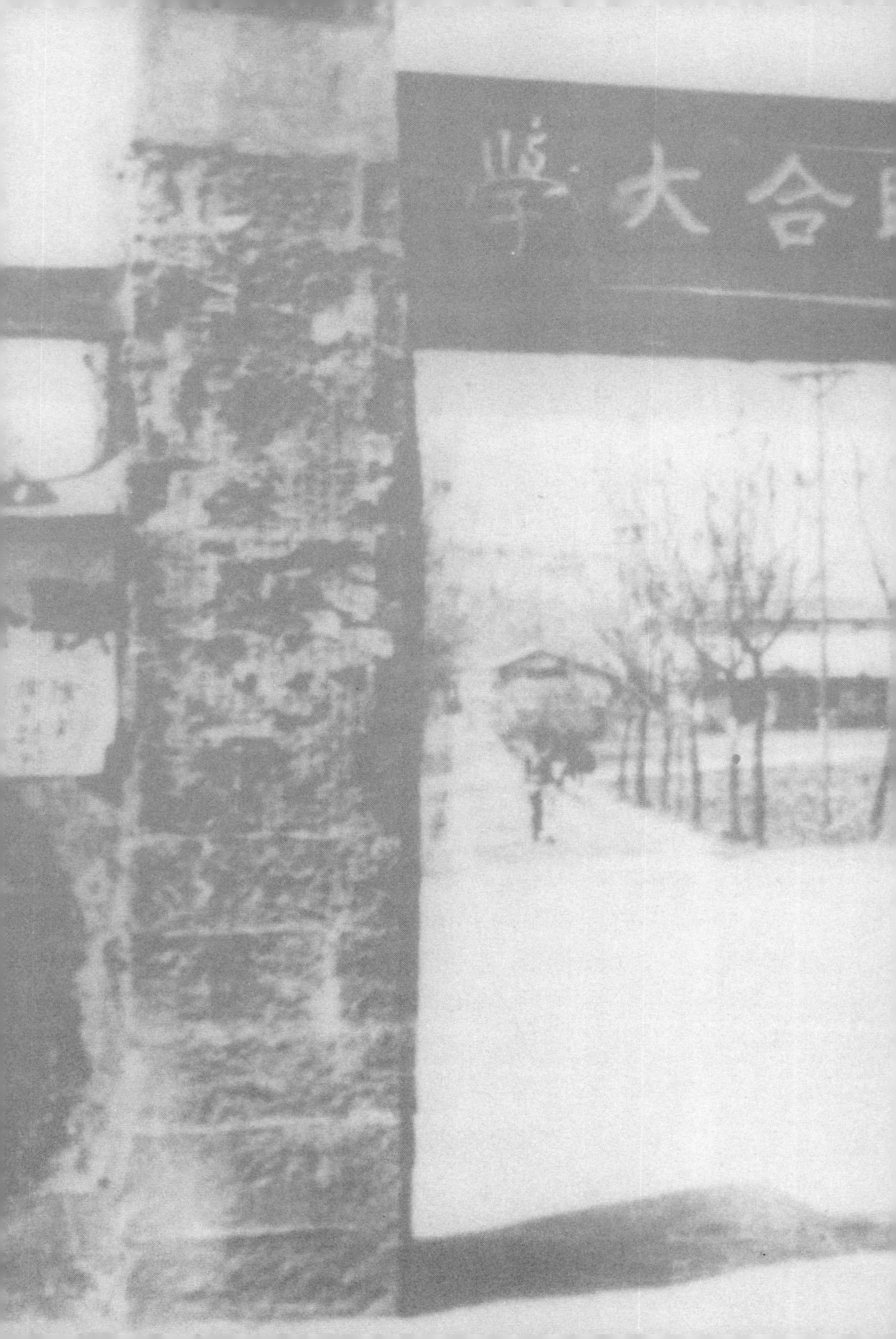
合大学

第二篇 家国情怀
文化认同四讲

1937—1946

1937—1946

钱穆：怎样做一个中国人

因杂志的编辑人，特地造访，要我写一篇"怎样做一个中国人"的文章，我因他出题正大，于心有感，一口答应了。却不料下笔又再四踌躇，觉得要说的话太多，苦在说不尽。同时又感无话可说，说来全是废话，不如不说好。下面所说，还望读者先能了解其心情，再来体谅其作意，若能当作没有说则更好。

诸位或许会问，我们都已是人了，何以还说要做人。但做人是人的本分。天地生人，只生男女，不生夫妇，夫妇由人自做。所以中国古人说："君子之道，造端乎夫妇，及其至也，察乎天地。"中国古人又说："人之异于禽兽者几希。"人类有文化，所以异于自然界其他生物者，都是人自己做来。

或又会问：要做人何以定要做中国人？犹忆对日抗战时，在成都，曾和一位颇负时誉的中国思想家某氏，公开辩论过此问题。我主张要教我们中国人好好做一个中国人，他说：此时代已过了，我们该教人做一"世界人"，不该再教人做一中国人。我问他：不先做一个中国人，如何去做世界人？他当时无话回答我，但我也知他心里不服，只是有话不说罢了。

直到目前，世界上已有一百以上个国家，但尚不见有一个无国籍的世界人。你生在中国，长在中国，自然已是个中国人。论道义，也该做一个中国人。但论各人内心，做一中国人，似乎不自满足的太多了。总觉得，做一中国人，不如做一美国人或其他外国人，比较值得满意或光荣。这样的人，我敢说决不在少数。或则存在心里不肯说，或则存在心里而不自知。

我家曾来一女佣，她爱看电视机上的美国电影，遇到中国节目，便离去不看了。她只是小学毕业，不懂英语，凭借几行中文字幕，对电影中情节，我想她未必清楚。或者是只看些伸拳打架，拔枪杀人，拥抱接吻等镜头，觉得够刺激紧张。或则她也已感到月亮是外国的圆，不幸她不能升学，不能有出国留学机会，否则就她目前态度，当下心情言，将来她也必是一个崇洋蔑己，很时髦的人物了。但在此刻，若和她讲上面这番话，根本上如牛头不对马嘴，谈不上。此正可见时下风气，深入人心，她不过是其中微小已极不值提起的一例。

所以我们要说怎样做一个中国人，在此时，还是一个不应该成为问题的大问题。此一问题，像可不说话，而又不该不说话，说又说不尽，而又会感到无话可说，那真是当前一大难题。难在各人心里有一套，却不肯真实说出来，作真实的讨论。

要说怎样做一个中国人，并不要你早餐定吃豆浆烧饼，不吃面包牛奶。也不是要你只穿中服，不穿西装。讲到做人，本不重在那些物质条件上。但如我上举那女佣，你若带她进夜总会，上跳舞厅，她定会高兴。中国一切旧花样，她准不会生趣味。此乃牵涉到社会风气、时代心理，又可由此引申到政治教育各项大问题上去。违逆人心总是难，而开导人心又不易。因此我举此小女佣为例，请大家莫忽视。

我曾去美国，一位美国朋友托他一朋友在夏威夷机场接候。他那位朋友是一虔诚的基督徒，在夏威夷当一私立教会学校的校长。他为我夫妇定妥了旅馆，又约某晚赴一盛大音乐会，他在那里作东道主。我夫妇在旅馆中几天早餐，常遇到一位白发满头的老太太，气貌慈祥，说来此看她六七年未见的子和媳。那晚宴席上，老太太也来了，始知今天的东道主，正是她老人家之儿与媳，她今晚也是同席一来宾。我夫妇席散告辞，回到旅馆，适有来客在客室中坐候，我们留在客室中谈话。客室一头是上楼电梯。少顷，门外车声，那晚的东道主扶着老太太进客室来，亲了一下她的面颊，道声晚安，那老太太独自进电梯上楼，她儿媳则留在车上未随其夫同进旅馆来。翌晨早餐，那位老太太万分兴奋，说她儿媳还约她去家中吃一次午餐，她此下即离此返纽约了。

上之所述，不关物质事，只是讲做人。若我们要学外国人做人，实也不简单。上述三人，学老太太最易，只要不对儿子抱存什么希望便得。媳妇也易学，只要是一新女性，谁也奈何她不得。学儿子最难，至少一点是社会不许其如此。人人羡慕外国人，但又不许人真做像一外国人。其中理由很难说，好在其事人人易知，也可不烦再说了。

我在美国，又熟识一美国青年，他亦是一虔诚基督徒，大学毕业后进神学院，那时已是一位传教士。言下屡以婚事萦虑。我说："以前中国社会竭力宣扬美国晚婚风气好，教中国人学步。现在你们又急得要早婚。"他说："那也没法，我到此年龄，再交不上女朋友，此下愈困难。"我也认识他父母，我说："你父母只你一子，又是对你很好，你独身生活感孤寂，何不时时回家省亲，好获得家庭之乐。"他说："美国家庭情形，你有所不知。若我携着妻子回家，我父母把我当作宾客看待，因我已是独立成人了。此刻没有结婚，纵有职业，回家还是一儿子，父母不能以宾客待我，我心终有不安，不如少回家较好。"

上一事在美国早是一种普遍风俗，到处皆然，下一事则属一种心理习惯。中国古人说："非我族类，其心必异。"若非经他诉说，我们那里得知。

从前中国青年出洋留学，短短三五年，埋头学校中，回来尽说外国好。我那次去美国，滞留在外的多出十年以上，我听他们讲美国便不同。最主要是在外国做一中国人，其事究多不自然，而且也不称心。年老的更怕儿子娶进洋媳妇，女儿嫁了洋女婿，把家庭气氛全变了。中年人怕儿女一进学校，回家便不肯讲中国话，累得心里焦急，也没法。只有年轻一批无所谓，但住久了，也得成家，也得生儿女，到后还不免要有中年老年人心理。

因此我再进一层讲，中国人在外国，存心要做一个外国人的纵使不能说没有，还是极少数，而且少之又少。但在国内又不然。看人去外国，一如登天般。能久留不归，总是有办法，令人生羡。其病根则在我们这一代的中国人，实也做得不像样，不健全，不光荣，所以总想变。我因此想，若我们这一代的中国人，能彻头彻尾变，能大家变做一个像样的中国人，皆大欢喜，不好吗？

既要大家彻头彻尾变做一像样的中国人，便该提倡中国道理，宣扬中国文化，使人有所适从。但又有人在此上怀疑，说：当前已是原子时代，哪能让你关着门来做一中国人。这又回到三十年前我和那位负时誉的思想家所辩论的老问题上去。因此造成了这一时代的中国人常在思想苦闷中，左不是，右不是，无出路，无作为，大家随波逐流，过得一天是一天，做人道理搁一旁，不要谈，这不是我们社会今天一番真情实况吗？

如若我们要来谈怎样做一个中国人，那便应该提倡中国已往的做人道理，阐扬中国已往的传统文化，好教人有一套做人榜样。但如此说下，又牵涉到文化问题、历史问题上去，又牵涉到思想问题、哲学问题、道德问题上去，并且又会牵涉到当前政治问题、教育问题、社会问题、经济问题、种种问题上去。做人问题在眼前，该当下立刻做。但此种种问题，尽讨论十年二十年，五十年一百年，也会讨论不得一终了。其实在今以前一百年来，也已讨论到此等问题，只是徒增纠纷，不见解决。其症结正在人的问题上。只因我们这一百年来人不像样，所以种种问题会愈搅愈坏，若使人像样了，那些问题也就易得解决了。问题由人来解决，不是要待问题解决了才做人。中国古人说："人能弘道，非道弘人。"又说"道不虚行"，"苟不至德，至道不凝焉"。这正是一切全由人。做人则只是做人，且莫转移目标，故意把此问题放开去。

　　现在单就怎样做一个中国人之主题言，当前中国社会，究竟不得谓无人。人的好坏，人人易知，也不得谓当前中国社会无好人。若我们决心要学做一中国人，便当在中国社会中国人身上去学。当前即可，不必远求。孔子说："三人行，必有我师焉。"三人之中去了一人是我，其余只有两人。纵使在行道匆促中，不怕不识货，只怕货比货，只要客观一比较，此两人之高下优劣，自属显然易见。我只择其善者而从之，其不善者而改之，则自见师有余而学不足，自能下学而上达。所以中国古人又说："使我不识一个字，也将堂堂地做一人。"当知做人无条件，只要有志做人，连教育条件也可不必要。不识字，不阻碍我做好人。多识字，也不能阻挡我做坏人。

　　中国历史上第一大人物是舜，自古称他为"大舜"。但舜未尊显时，居深山之中，与木石居，与鹿豕游，其所以异于深山之野人者几希。及其闻一善言，见一善行，沛然若决江河，莫之能御。但当知，舜之所闻所见之善言善行，其实最先亦只是在深山野人中间之一些善言善行而已。众人学贤人，贤人学圣人，圣人何所学？圣人则只学于"众人"。舜之居深山，孔子之三人行，皆是中国古代大圣人教人如何做人之绝大道理。故曰："待文王而后兴者，凡民也。若夫豪杰之士，虽无文王犹兴。"今天的中国社会，纵使你说没有一文王，但只要是豪杰之士，也会卓然兴起，做一像样的人。否则我们又要问，文王又是如何兴起的呢？中国文化最着精神处，便在教做人。只要我们莫多作怪论谬论，认为中国人根本要不得，在此时代绝不该再做一中国人，此等怪谬论消退失势，单单由我们回头来讨论怎样做一个中国人，则中国古人对此问题讨论已久，全部文化传统，最紧要最精彩处便在此。礼失而求诸野，中国文化，还多在今天中国人身上。好榜样的中国人，还是存在于今天的中国社会上。只要我们肯立志要做一中国人，更请诸位能学大舜之隐恶扬善。则当前中国社会，仍不失为一个善的社会，我和你自然该可做一中国善人，循而至于做一中国圣人也不难。所以此一题目，还在各人立志，到底可以不说话。无志而空说，全是废话，不如不说好。

（原载钱穆：《中国文化丛谈》，九州出版社 2011 年版）

1899—1946

闻一多：伟大的事实，不朽的意义
——给教导团诸君致敬

正如日前天空中有一个人一生见不到一次的"白虹贯日"的异象显现，我却在屋子里乱忙，没有看见，我们也常常让伟大的历史从我们身边过去，当时漫不经心，却等事后再去追怀，向往，去悬旗，放假，在纪念会中慷慨陈词，溢洋赞叹。假如我们能将那份热情，就在当时，亲手献给那些活生生的历史英雄，说不定那对于他们更是一个实惠，他们带着那份慰藉与同情，在艰辛困苦的搏斗中，说不定会更有勇气，更有力量，能创造出更瑰伟的奇迹来。这次由青年知识分子组成的教导团第一团第一二三营诸君过昆飞印的壮举，无疑是伟大历史中最伟大的一页。它应当是这几日报纸上最大的标题，甚至号外的资料，它应该在举国若狂的欢呼与流泪中，接受更多的热，好叫它自己的成就发出更大的光。然而我们这生活在八股传统里的民族，只会在粉墙上写"好男儿，要当兵"一类的官样文章，等真正的"好男儿"露了面，反让他们悄悄地自来自去，连一个招呼也没有。试想这是一个什么国度！没有同情，没有热，是麻木不仁？还是忘恩负义？不过也许唯其如此，"好男儿"们才更觉可敬，可佩。伟大的永远是孤寂的。让千百年后流着感激的泪，腾起赞美的歌声，但在他们自己的岁月中，悄悄地自来自去，正是他们的风度。

　　旧式的营伍训练，目的只在教士兵的心理上消除恐惧，鼓起勇气，增加忿怒，盲目地服从长官。这些为旧式的战争，是足够的，但对于使用新式武器的新式的战争，就不适合了。据说机械化的进步产生了一种新的训练方法的需要，一个新式士兵必须知道如何同一小队士兵合作，如何作临机应变的决定，如何用自己的眼光来判断。只是听人指挥，受人驱策，说打就打，说死就死，像诗人邓尼孙在《六百壮士冲锋歌》里所说的一般，在九十年前行，今天在坦克车上，在装配机关枪的摩托车上，士兵也会打，也会死。但也要了解为何而打，为何而死。这种战争的变质，已够说明了为应付现阶段战争，我们兵员的来源应该在哪里。仅仅具有奋勇与耐劳等美德的从农民出身的战士，可以担当前几期抗战的任务，那便是消极的使我们少败一点的任务。但目前的工作，是与盟邦合作，运用真正近代的战术来积极地争取胜利，我们知道能担当这样工作的战士，除了上述诸美德外，还需要知识与机警。所以最有资格充当这种战士的，无非是青年知识分子。情势不许我们再弥留在少败一点的局面中，我们得赶紧攫取胜利，时机已经来到，我们非拿出"最后一张牌"不可，为了民族的永生，我们不能再吝惜我们最宝贵的血。果然知识青年认清了时代的使命，站起来了，承受了他们的责任，谈胜利，这才是我们最确切的胜利的保证。然而教导团的意义，还不止此。在建国的工作中，如同在抗战的工作中一样，他们也享有不朽的光辉，因为我们知道战术的近代化不只在器械，也包括了运用器械的人，而人究竟比器械更重要，所以他们又实在代表了我们国防近代化的开端。

　　以上关于教导团在抗战与建国工作上双重的军事意义，是比较显而易见的，现在我们还要指出另外两种也许更深远的意义。在二千年君主政治之下，国家的土地和与土地不能分离的生产奴隶——人民，都是帝王们的私产。奴隶照例得平时劳力，战时卖命，反正他们是工具，不是"人"。只有那由部分的没落的贵族，和部分的超升的奴隶组成的士大夫阶级，因为替帝王当管家，任官吏，而特蒙恩宠，他们才享受"人"的权利，既不必十分劳力，也不需要卖命。只是遇到财产的安全发生了问题，管家这才有时不能不在比较没有生命危险的"运筹帷幄"的方式之下，尽其捍卫之责，那便是所谓儒将了。这种工作其实并不是他们的职责，他们只是以"票友"的资格来参加的。至于那真正需要卖命的士卒的任务，自然更不在他们分内。所谓"好人不当兵"，便等于说"管家不管卖命"。本来管的是旁人的家，为旁人的事卖自己的命，"好人"当然不干，所以自古只闻有儒将（数目也不太多），不闻有"儒兵"之称。这一切的症结只在国家的主人是帝王，在管家的看来，谁做主人都不是一样？犯得上为新旧主人间的厮杀，卖自己的命吗？但是如果谁自己想当主人，那情形就不同了，那他就不妨把自己的家族变成子弟兵，而自身也得身先士卒，做个卖命的表率。这一来，问题的真相便更明白了，要"好人"当兵，便非允许他做自家的主人不可。在原则上，辛亥革命以后，每一个中华民国的国民，已经取得了主人的资格，但打了七年仗，为什么直到最近，才有真正的"儒兵"出现呢？这可见我们的"好人"一向只以得到主人的名为满足，而不顾主人的实，所以他们既不愿意尽主人的义务，也不大关心于主人的权利。今天成千的青年知识分子，为了一个神圣的呼唤，站起来了，准备以他们那宝贵的"好人"的血捍卫他们自己的"家"，这是二千年来"好人"阶级第一次决心放弃"管家"的职业，亲身负起主人的责任。我们相信义务与权利之不可分离，有其绝对的必然性，所以我们看出成千的尽义务的身手，也就是讨权利的身手，正如那数目更为广大的在各级学校里尽义务的唇舌，也就是索权利的唇舌一样。

不要忽略知识青年从军的政治意义，这是民主怒潮中最英勇的急先锋。先尽义务，不怕权利不来，人民进步了，政府也必然进步！

至于在君主政治下，那不属于管家阶级的不会想，不会讲的人群，在主人眼里原是附属于土地上的一种资产，既是资产，就可被爱惜，也可供挥霍，全凭主人的高兴，所以卖命几乎是这般人不容旁贷的责任。所谓"寓兵于农"，便等于说："劳了力的还要卖命，卖命的也要劳力。"

为什么没听说"寓兵于士"呢？是否"好人"既不屑劳力，更说不上卖命呢？好了，君主政治下是谈不到平等的，所以，我们要民主。但是中华民族抗战了七年，也还一向是某一种出身的人单独担任着"成仁"的工作，这是平等吗？姑无论在哪种不平等的状态下，胜利未见真能到手，即令能够，这样的胜利，与其说是光荣，不如说是耻辱。因此我们又得感谢这群青年，耻辱已经由他们开始洗清了，他们已正式加入了伟大的行列，分担着艰难的责任。为了他们的行动，从今天起，中国人再无须有"好人"与"非好人"的分别，反正大家都可以当兵，如果国家真需要他。这平等精神的表现，又是知识青年从军所代表的重大的社会意义，这一点也是我们不应忽略的。

知识青年从军运动刚在发轫的期间，它的规模还不够广大，但它的意义是深远的，而且丰富的。如何爱护，并培养这个嫩芽，使它滋生，长大，开出灿烂的花，结成肥硕的果，这是国家，社会，尤其是该团各位长官的责任！但是可爱的孩子们！你们脚下是草鞋，夜间只有一床军毯，你们脸上是什么？风尘，还是菜色？还有身上的，是疮疤，还是伤痕？然而我知道，你们还没上过战场！长官们，好生看着你们的孩子吧！他们的父母会心疼的，何况这些又是国家的光荣，民族的命脉呢！

（原载昆明《正义报》，1944年6月4日）

杨振声：今日中国文学的责任

这是春天在清华中国文学会的讲演。当时曾由耕羊先生记录，载于《世界日报》。唯记录稍有出入，是极平常的事。而手记尤多错误。故为自录于此，意思亦稍有修正。

我来讲演的时候，第一个念头便是国家到了现在，已经没有文学的舞台了，还有什么可讲！政治的腐败，军阀的割据，经济的破产，民族的堕落，内乱的无办法，外患的不抵抗，都表示一个国家的末运，甚至不是几个人或几部分力量所能挽回的末运！文学亦何能为！就使有方法想，也一定在政治与经济的改造，外交的运用与武力的修整，也还说不到文学身上去，所以，文学之在今日，不但是不急之需，简直要寿终正寝了！

但是，第二个念头——我们许多事要靠第二个念头的，试问中国何以乃有今日？除了种种因素外，文学是不是也负了一部分责任？假使是，我们要创造一个新中国——这似乎是唯一的希望，文学当然的也要负一部分责任。这责任关系存亡，其重要使我们不能再行忽略。

说中国之有今日，文学得负一部分责任，也许有人不以为然。

不以为然，并不是看重了文学，而实是看轻了文学。以为文学者，不过几个文人墨客，花朝月夜，大发其牢骚而已，何关乎国家的存亡！殊不知唯其如此，才把国家闹到今日，才正是文学的责任呢。

试看以往文学之影响于国民者：

外患紧急的时候，国内的丑态便一切暴露了，这是日人侵略我们得到的第一个大教训，不但证明政府无能，武备不修，就是一般人民，除少数例外，直至国快亡了，大家还是只知道自己而不知有国家！川滇的土酋，借外患而私谋拼伙，一部分党人，借抗日而利用攻击。这且不足提，最痛心的是一般民众的麻木不仁，我们看到抵制日货的成绩，就足以证明中国没有国民了！真有国民资格的倒是少数例外；我们真是个人民最多而国民最少的国家呀！再看看那般汉奸有多容易就把自己的民族卖了，这叫人痛哭，叫人发狂！我们知道在今日的战争，非全国总动员不可，现在也正喊着这口号。但我们要动的员在哪里，有多少？所谓全国者，可是精神能联合！可是意志能联合，还是能力能联合！这真是像魔鬼一般可怕的事实，而又不容隐讳的事实。

但何以造成这事实？政治的不良，军阀的割据，帝国主义的侵略，酿成了全国的经济破产，因经济的破产，演成道德的堕落，这诚然是一个很大的原因，但不是整个的原因。国民的懒惰、颓唐、放诞、卑污、苟且，不能尽委罪于穷。军阀官僚不穷，又何尝不懒惰、颓唐、放诞、卑污、苟且来？我们再想下去，不能不想到中国人一般的做人的观念，也有人叫作人生哲学，精神生活。随便你叫它个什么名字，总之人人都有个人生观念，有意识或无意识，肯告诉人不肯告诉人，都无关系，总之他是有的。他对于用钱，是受这个观念支配，对于朋友、家庭、国家、社会，也莫不受这个观念支配，而这个观念的造成，除了经济状况占重要一部分外，而更重要的是精神环境。所谓精神环境者，别于物质环境而言之，也是人人都有的。分开来说，虽可分为家庭教育、学校教育、朋友的切磋等等，简括地说，是"字"的影响，识字的人受读品的影响，不识字的人又受识字人的影响。我们只看看读品如何地影响一般青年，以及一个乡下识字的人，得到一般民众对于他的迷信，这一切都可以明白了。

我们又知道支配人类的行为与思想最有力的是情感（情感支配行为，是不待证而自明的；情感领导思想，记得是卢梭的话），而读品中刺激情感最有力的是文学。如此我们就可以谈到一般国民的文学。大概可以分为几类：

（一）谈神怪剑侠（剑侠亦半人半神之类）的，大概自《山海经》以至《封神演义》、《西游记》、《七侠五义》、《火烧红莲寺》等等，中国一部小说史，说来惭愧，除了有限的例外，简直是一部妖书发达史！这一类书的影响，产生了种种迷信，怕鬼媚神，卜卦，白莲教，义和团，红枪会，以至于学徒的逃亡，要去峨眉山修道：它的力量大极了。但这力量只能产生妖怪，而不能产生国民。然而我们需要的是国民！

（二）黑幕大观与侦探小说。这类书起源于近代城市生活的复杂，一般人对近代社会组织无了解能力，遂至发生恐怖与误解，至刺探他人之隐私，又为一般劣性根所同好，故此类小说得以应运而生。其影响造成人类不相信任，互刺阴私，误解愈多，黑暗愈甚。并且给绑票拆白的一种教科书去做实验！这类书会制造黑幕与恶魔，也不会制造国民。然而我们所需要的是国民！

（三）技能上进乎此的是奸险小说。如《三国演义》骗术奇谈之类，本来一切物类，总是生存竞争的，为竞争而感觉智术的不足。所以此类小说大为一般低能儿所崇拜。这是他们的孙吴兵法，其影响是社会的尔诈我虞、钩心斗角地抢地盘与饭碗。以至于军阀之割据、政客之挑拨，也都是从《三国演义》学了不少的法宝！假若说今日的军阀政客比三国那时候，不见得进化了多少，也许不算过分的刻薄吧？这类书会制造不少使心眼的人，但使心眼是为他们自己的利益，而不是为国家社会的，或者说是破坏国家社会的利益更妥当些，所以不能养成国民。然而我们所需要的是国民！

（四）更进乎此者便是柔情文学，如《红楼梦》、《西厢记》等等，我们不能不承认在艺术上这些书是第一流的著作，也许是中国最好的文学作品，假如我们能单只欣赏其艺术而不受其影响，那便最好；但非有超人之力，是不容易不受其影响的。所以就在那红软尘中，制造不少的多愁多病身与倾国倾城貌。在生活充足，世界太平的时候也好。无奈我们大难临头，生死不保。要多愁多病身去执干戈以卫社稷是不可能，即使倾国倾城貌去看护伤兵也不中用；因为伤兵的气息，会把她们不是吹倒了，就是吹化了，所以不能养成健全的国民。然而我们所需要的是健全的国民！

（五）请言更进于此者，当是中国诗了。诗感化人的力量更大，因为诗里每含一种人生较深的感情，而抒发情感的诗，又加以音乐与图画的魔力，便更易动人了，所以西洋人常把"诗与民族"（poetry and nationality）合起来讲，正为它是民族情感的表现。中国的诗，美是美了，但我总不忘一位外国朋友的谈话。他说："中国诗好是好，只是差不多有一种普遍气息：'夕阳无限好，只是近黄昏'。而西洋的诗总是比较的有力量，有生气。"这个批评虽然包括不了一些例外，但大体差不多，中国民族的精神是老了！比如现代的国民，很需要冒险与卫国的精神，但在中国诗里，顶多的是里乡闺怨，与伤别。他若从军，不是说"自从身逐征西府，每到花时不在家"（张祜《邮亭残花》），就是说"可怜无定河边骨，犹是春闺梦里人"（陈陶《陇西行》）。他的朋友呢？在那里"一曲离歌两行泪，不知何地再逢君"（韦庄《江上别李秀才》）。又道是："凭君莫话封侯事，一将功成万骨枯"（曹松《己亥岁》）。他的夫人呢。在那儿"一行书信千行泪，寒到君边衣到无？"（王驾《古意》），又道是"浪子久不归，空床难独守"（《古诗十九首》）。这些诗都是好诗，理也是至理，无奈敌人已经进了大门，头窥卧榻，你还在那里"最是仓皇辞庙日，教坊犹奏别离歌，挥泪对宫娥！"中国诗人嫌这些尚不够，再加上那耽乐派的诗人，在那里摇头摆尾地吟哦："浩浩阴阳移，年命如朝露……（怎么办呢？）不如饮美酒，被服纨与素"罢。以上各类的诗，差不多占了中国诗的中心，再加上词，词中除了苏、辛少数人外，所谓词的正统，总是来之吴歌与宫词。差不多是些什么"划袜步香阶，手提金缕鞋……奴为出来难，教郎恣意怜"，这些文学又是不会产生健全国民的。然而我们需要的是健全的国民！

我想这些例子已经够了。自妖书、黑幕、奸险，以自儿女柔情骚人短气，看了这些文学作品，也可以知道中国今日的文弱，中国文学不能不负一点责任；同时更可以知道，文学的影响如此，是产生不出近代国民的；没有近代国民，也不会有近代国家的，不是近代国家，也不能在这世界立足的。

中国的前途，分明只有两条路：创造新的生命或是死。不甘死则只有向新的生命挣扎。文学在这方面，不能不负起它的责任来。其责任为何：

（一）为破除那般妖书与黑幕。我们的态度得像太阳，像电光，像照妖镜，像斩妖剑（让我们也用用他们的名词），勇敢地放开眼认清宇宙，认清世界，认清社会，认清自己，根据于彻底的了解来造成我们文学里的人生观念，我们知道文学里，无论你承认不承认，是处处露出作者的人生观念的，读者也不知不觉地受这种人生观念的影响。

（二）为破除那种奸诈的文学，我们得承认人类的互助，为求人类互助，不能不求合作的道德。所谓道德，就是大家相见以诚，相爱以义。本来大家可以坦白相处的，为什么必要尔诈我虞，心劳日拙？我们知道在近代的社会里，一个团体不能合作，则一事无成，一个国家不能合作，必至于破碎衰弱以至于灭亡，近代事业成功的秘诀，无他，合作而已。

（三）为挽救那种柔性文学，骚人习气，我们得提倡点勇敢的冒险的，不畏强御，不怕牺牲的精神。我们并不希望造成个帝国主义的国家去侵略旁人；但为旁人侵略时，我们不可没有抵抗能力。这在立国与做人两方面，都不能缺乏这点骨头。人生最大的耻辱不在战败，是在战败了，人家还骂你不是敌手，他们打了胜仗，还在感觉不痛快，不舒服！

（四）文学得负责记载下它生长的时代。这是一个什么时代？外侮凭凌，失地丧师；虎狼四郊，民命如草！战场上的血渍，闾闬间的眼泪，这些都无记载，是谁的责任？平时的横征暴敛，临时的水旱天灾，流民遍地，饿莩横野，这些都无记载，又是谁的责任？思想的矛盾，时代的冲突，牺牲了多少有志的青年？经济凋敝，事业不兴；粥少僧多，失业者众。流离痛苦，遍于全国。这些都无记载，又是谁的责任？

（五）近代人类关系的进步，其基础是建筑在了解上；而了解又是建筑在同情上，今人比之古人，知识方面分明是占了不少的便宜。中外书籍的流传，交通往来的方便，交游范围的扩大，男女交际的开放，都能使人类知识与了解得到更大的发展机会。但文学里的轻薄气息，嫌猜风味，犹是旧日文人的积习。这分明是缺乏了点东西来作人类互相了解的基础。若是批评人可以联上人家的父母妻子，这不是旧日诛及三族的办法吗？描写人又专从人家的私事小节着眼，甚至造点不痛不痒的谣言，开个玩笑。这与乡间老婆婆们传瞎话，又有什么分别？我想文学若走到这条轻薄的路上，恐怕负不起它今日沉重的责任！

（六）近代的社会组织，人的思想与情感，都比以前复杂点，因之记载这个社会的生活也自然困难点，这里就发生个技术问题。技术的参考，只读中国今日的作品，决乎不够。中国的旧文学与西洋的新文学，必须在我们身上找到接头的链环，新文学才有滋养与生长，现在还有些人相信意思好可以不顾技艺的，那便成了 Cyrano de Bergerec① 戏里的 Christion 同 Roxane 了。

R　（闭上她的眼睛）对我讲爱罢。

C　我爱你。

R　那是题目！变个花样。

C　我……

R　变个花样！

C　我这样爱你！

R　噢！那无疑问！还怎么样？

…………

C　我爱你！

R　（起身）还是那句话！

---

①　贝尔久拉克（1619—1655年），法国诗人，哲学家，代表作有《月界旅行记》。——编者注

C （急捉住她）不，不，我不爱你！

R （坐下）这还有点意思。

C 但是我崇拜你！

R （起身离开他）噉！

瞧！讲爱情都得要艺术，何况文学呢？

总之，我们对外，不怕物质的屈服，只怕精神的屈服！对内也不怕物质的破产，只怕精神的破产！今日的文学得负起一部分责任来寻求中国的新生命。打破旧日一切的迷信，奸险与轻薄，创造一个勇敢，光明健壮的新国魂。我们有了这个国魂，哪怕物质方面怎么的失败与破碎，我们总能挺起腰来说一句："你不能战胜我的灵魂！"

这便是"楚虽三户，亡秦必楚"的精神！

（原载《国闻周报》第11卷第1期，1934年1月1日）

1898—1948

朱自清：我是扬州人

有些国语教科书里选得有我的文章，注解里或说我是浙江绍兴人，或说我是江苏江都人——就是扬州人。有人疑心江苏江都人是错了，特地老远的写信托人来问我。我说两个籍贯都不算错，但是若打官话，我得算浙江绍兴人。浙江绍兴是我的祖籍或原籍，我从进小学就填的这个籍贯；直到现在，在学校里服务快三十年了，还是报的这个籍贯。不过绍兴我只去过两回，每回只住了一天；而我家里除先母外，没一个人会说绍兴话。

我家是从先祖才到江苏东海做小官。东海就是海州，现在是陇海路的终点。我就生在海州。四岁的时候先父又到邵伯镇做小官，将我们接到那里。海州的情形我全不记得了，只对海州话还有亲热感，因为父亲的扬州话里夹着不少海州口音。在邵伯住了差不多两年，是住在万寿宫里。万寿宫的院子很大，很静；门口就是运河。河坎很高，我常向河里扔瓦片玩儿。邵伯有个铁牛湾，那儿有一条铁牛镇压着。父亲的当差常抱我去看它，骑它，抚摩它。镇里的情形我也差不多忘记了。只记住在镇里一家人家的私塾里读过书，在那里认识了一个好朋友叫江家振。我常到他家玩儿，傍晚和他坐在他家荒园里一根横倒的枯树干上说着话，依依不舍，不想回家。这是我第一个好朋友，可惜他未成年就死了；记得他瘦得很，也许是肺病罢？

六岁那一年父亲将全家搬到扬州。后来又迎养先祖父和先祖母。父亲曾到江西做过几年官，我和二弟也曾去过江西一年；但是老家一直在扬州住着。我在扬州读初等小学，没毕业；读高等小学，毕了业；读中学，也毕了业。我的英文得力于高等小学里一位黄先生，他已经过世了。还有陈春台先生，他现在是北平著名的数学教师。这两位先生讲解英文真清楚，启发了我学习的兴趣；只恨我始终没有将英文学好，愧对这两位老师。还有一位戴子秋先生，也早过世了，我的国文是跟他老人家学着做通了的。那是辛亥革命之后在他家夜塾里的时候。中学毕业，我是十八岁，那年就考进了北京大学预科，从此就不常在扬州了。

就在十八岁那年冬天，父亲母亲给我在扬州完了婚。内人武钟谦女士是杭州籍，其实也是在扬州长成的。她从不曾去过杭州；后来同我去是第一次。她后来因为肺病死在扬州，我曾为她写过一篇《给亡妇》。我和她结婚的时候，祖父已死了好几年了。结婚后一年祖母也死了。他们两老都葬在扬州，我家于是有祖茔在扬州了。后来亡妇也葬在这祖茔里。母亲在抗战前两年过去，父亲在胜利前四个月过去，遗憾的是我都不在扬州；他们也葬在那祖茔里。这中间叫我痛心的是死了第二个女儿！她性情好，爱读书，做事负责任，待朋友最好。已经成人了，不知什么病，一天半就完了！她也葬在祖茔里。我有九个孩子。除第二个女儿外，还有一个男孩不到一岁就死在扬州；其余亡妻生的四个孩子都曾在扬州老家住过多少年。这个老家直到今年夏初才解散了，但是还留着一位老年的庶母在那里。

我家跟扬州的关系，大概够得上古人说的"生于斯，死于斯，歌哭于斯"了。现在亡妻生的四个孩子都已自称为扬州人了；我比起他们更算是在扬州长成的，天然更该算是扬州人了。但是从前一直马马虎虎的骑在墙上，并且自称浙江人的时候还多些，又为了什么呢？这一半因为报的是浙江籍，求其一致；一半也还有些别的道理。这些道理第一桩就是籍贯是无所谓的。那时要做一个世界人，连国籍都觉得狭小，不用说省籍和县籍了。那时在太学里觉得同乡会最没有意思。我同住的和我来往的自然差不多都是扬州人，自己却因为浙江籍，不去参加江苏或扬州同乡会。可是虽然是浙江绍兴籍，却又没跟一个道地浙江人来往，因此也就没人拉我去开浙江同乡会，更不用说绍兴同乡会了。这也许是两栖或骑墙的好处罢？然而出了学校以后到底常常会到道地绍兴人了。我既然不会说绍兴话，并且除了花雕和兰亭外几乎不知道绍兴的别的情形，于是乎往往只好自己承认是假绍兴人。那虽然一半是玩笑，可也有点儿窘的。

还有一桩道理就是我有些讨厌扬州人；我讨厌扬州人的小气

和虚气。小是眼光如豆，虚是虚张声势，小气无须举例。虚气例如已故的扬州某中央委员，坐包车在街上走，除拉车的外，又跟上四个人在车子边推着跑着。我曾经写过一篇短文，指出扬州人这些毛病。后来要将这篇文收入散文集《你我》里，商务印书馆不肯，怕再闹出"闲话扬州"的案子。这当然也因为他们总以为我是浙江人，而浙江人骂扬州人是会得罪扬州人的。但是我也并不抹杀扬州的好处，曾经写过一篇《扬州的夏日》，还有在《看花》里也提起扬州福缘庵的桃花。再说现在年纪大些了，觉得小气和虚气都可以算是地方气，绝不只是扬州人如此。从前自己常答应人说自己是绍兴人，一半又因为绍兴人有些戆气，而扬州人似乎太聪明。其实扬州人也未尝没戆气，我的朋友任中敏（二北）先生，办了这么多年汉民中学，不管人家理会不理会，难道还不够"戆"的！绍兴人固然有戆气，但是也许还有别的气我讨厌的，不过我不深知罢了。这也许是阿Q的想法罢？然而我对于扬州的确渐渐亲热起来了。

扬州真像有些人说的，不折不扣是个有名的地方。不用远说，李斗《扬州画舫录》里的扬州就够羡慕的。可是现在衰落了，经济上是一日千丈的衰落了，只看那些没精打采的盐商家就知道。扬州人在上海被称为江北佬，这名字总而言之表示低等的人。江北佬在上海是受欺负的，他们于是学些不三不四的上海话来冒充上海人。到了这地步他们可竟会忘其所以的欺负起那些新来的江北佬了。这就养成了扬州人的自卑心理。抗战以来许多扬州人来到西南，大半都自称为上海人，就靠着那一点不三不四的上海话；甚至连这一点都没有，也还自称为上海人。其实扬州人在本地也有他们的骄傲的。他们称徐州以北的人为侉子，那些人说的是侉话。他们笑镇江人说话土气，南京人说话大舌头，尽管这两个地方都在江南。英语他们称为蛮话，说这种话的当然是蛮子了。然而这些话只好关着门在家里说，到上海一看，立刻就会矮上半截，缩起舌头不敢哼一声了。扬州真是衰落得可以啊！

　　我也是一个江北佬，一大堆扬州口音就是招牌，但是我却不愿做上海人；上海人太狡猾了。况且上海对我太生疏，生疏的程度跟绍兴对我也差不多；因为我知道上海虽然也许比知道绍兴多些，但是绍兴究竟是我的祖籍，上海是和我水米无干的。然而年纪大起来了，世界人到底做不成，我要一个故乡。俞平伯先生有一行诗，说"把故乡掉了"。其实他掉了故乡又找到了一个故乡；他诗文里提到苏州那一股亲热，是可羡慕的，苏州就算是他的故乡了。他在苏州度过他的童年，所以提起来一点一滴都亲亲热热的，童年的记忆最单纯最真切，影响最深最久；种种悲欢离合，回想起来最有意思。"青灯有味是儿时"，其实不止青灯，儿时的一切都是有味的。这样看，在那儿度过童年，就算那儿是故乡，大概差不多罢？这样看，就只有扬州可以算是我的故乡了。何况我的家又是"生于斯，死于斯,歌哭于斯"呢?所以扬州好也罢,歹也罢,我总该算是扬州人的。

(原载《人物杂志》第 1 卷第 10 期,1946 年 10 月)

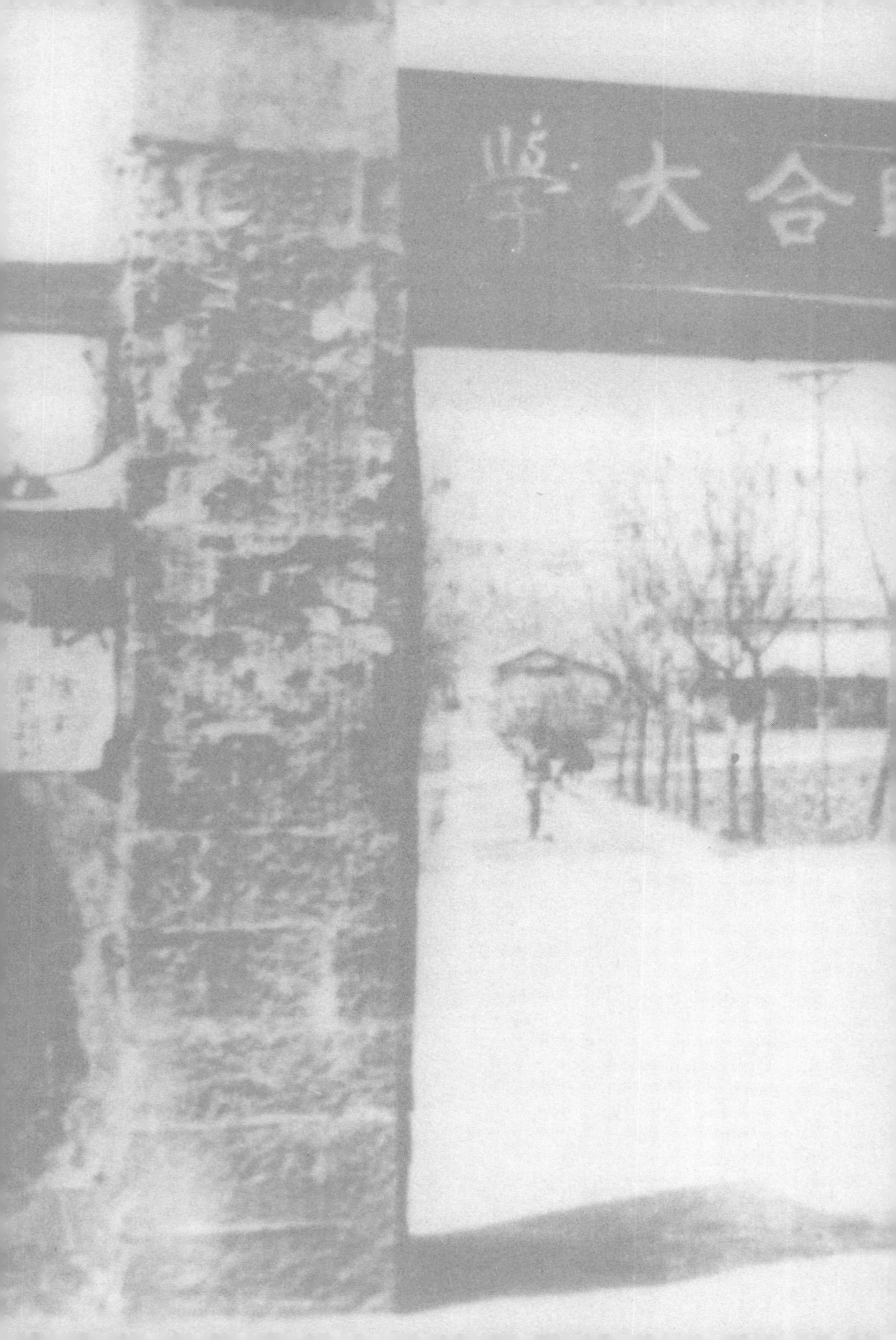
合大學

第三篇 自强不息
自强奋斗三讲

1937—1946

1937—1946

1895—1990

钱穆：中国民族之克难精神

中国文化绵延四千年，在全世界各民族中，拥有最悠久的历史，因此其所经艰难困苦，亦特丰富，远非其他短演民族可比。由此养成了中国民族特有的克难精神，常能把它从惊险艰难的环境中救出。在中国历史上，这种事例，举不胜举。夏少康有田一成，有众一族，中兴夏业，可算是中国史上最先的一位克难英雄。此下如春秋时卫文公，大布之衣，大帛之冠，复兴卫国，又绵延了它五百年的国运。其次如春秋末越王勾践，十年生聚，十年教训，终灭强吴。稍后到战国，如燕昭王用乐毅，复兴燕国，卒报齐仇，而齐亦有田单，困守即墨孤城，终亦收复失地。如此之类的历史实例可称俯拾即是。但这些尚都在中国民族还未凝成一大统一的国家之前，比较是偏于地方性的小范围以内事。下到秦始皇创建统一政府，此后中国所经内忧外患，两千年来，种种惊涛骇浪，更属艰险，更属巨大，但中国民族终能逐步加以克服，直到今天，依然在全世界各民族所有历史中完整依然，屹立无恙，所以说到克难精神，中国民族之伟大表现，就今天而论，可说是举世无匹。

现在要问的，上文所谓"克难精神"，究竟是哪样一种的精神？换言之，中国人惯常凭借着何种样的精神来克服诸艰？我们可以直截了当地说，主要的是凭仗着一股气。气不壮，气不足，非难亦难；气壮气足，难亦非难。旧说称之为一股气，新说则称之为一股精神。我们要克服困难，最重要的还是凭仗这一股气。人生也只凭仗一口气，没有那一口气，又如何克得难？宋末文天祥国亡被俘，在牢狱中写了一首《正气歌》，中间列举许多历史人物，全是在极度艰难的处境下发扬正气，虽然在当时只是大节不移，临危受命，但天地间只要有正气流行，自然邪不克正，一切艰难只是由邪恶之气所鼓荡，所激成，正气发扬了，邪气自然消散。这一种天地正气，在《孟子》书里则称之为"浩然之气"。浩然之气由积义所生，至今在中国社会上还流行着"义气"二字，我们可以说，义气便是我们今天所要提倡的克难精神。

何以说义气便是克难精神呢？这里便应该先明白"义"字的界说与内涵。要明白义字的界说和内涵，先该明白得"义"、"利"之辨和"义"、"命"之辨。本来人的本性，全都是希望舍害趋利、舍失趋得、舍危趋安、舍死趋生的。但有时却外面环境不许我们有利、有得、有安、有生，四面八方、满眼满身，所遭所遇，只有害、有失、有危、有死。这一种局面，正是我们之所谓难。最难的在于只见害不见利，只见失不见得，只见危不见安，只见死不见生，使人无可趋避无可抉择。在此环境下，叫你转身不得，无路可走。我们一旦遇此环境，一切利害得失安危死生的计较与打算，全用不上，那时则只有另作计较，再不在利害得失安危死生的抉择上用心，因为在这方面用心也全成白费，于是我们只有另辟一道起，另作别一种的打算，只问我对这事该不该如此做，却再不去问如此做了是利是害是得是失是安是危是生是死。这该不该如此做，便是一个"义"的问题。我该如何做即如何做，至于做了是利是害是得是失是安是危是生是死，那是外面环境的力量，现在则此种力量压迫得太紧缩太严重了，使我无从努力，无可用心，则只有诿之于命，说这只是一种外在的"命"，根本容不到我去考虑，这里便是所谓义、命之辨。义只是尽其在我，只是反身内求，我究该如何做，至于做了后的外面影响，我只有置之不问，说这是命，非人力所预。《列子》书中曾有一篇题名"力命"。命是外在的，我一时奈他不得，力量在我的，我只问这番力该如何使便如何使。所以中国传统教训，特别看重"知命"。《论语》二十篇的最后一句，便说"不知命无以为君子"。君子知命，便可不顾外面一切利害得失安危死生，把一切打算，一切计较，搁置一旁，专问此事该不该，义不义，如此心归一线，更没有多打算，多计较，自然气壮气足，外面一切困难，也不觉是困难了。困难的在于谋利而不得利，转反得害；喜得而不易得，转反易失；求安而不得安，转反得危；贪生而不见生，转反见死，那才是为难的局面。若我能把这一局面根本推在一边，不去多理会，专一反身来问这刻的我究该如何，这便是所谓义命之辨，内外之辨。人能如此用心，自然只见有我不见有外面，只有我没有外面，自然唯我所欲，更无困难可以阻挡，那外面尽多困难，也自然克服了。

但这是说到极端的话。外面环境很少遭遇到只见有害不见有利，只见有死不见有生的境界。唯其有利害可别，有得失可较，有安危可商，有生死可择，人人遂一意在此上用心打算计较，却忽忘了该不该，义不义。然而外面环境究竟是复杂的、变动的，我见为利而转成为害，我见为得而转成为失，我见为安而转反是危，我见可生而转反得死，随时随处有之。人的聪明有限，外面变化，那里能全部预见，全部肯定？如是则转增惶惑，转多顾忌，本来并不难，却见荆棘丛生，寸步难行。何如你在并不十分困难的处境下，早当作十分困难的环境看。你早就不要在利害得失安危死生那些并无十分确切把握的计较上计较，那些并无十分确切凭据的打算上打算。你早就心归一线，只问我此事该不该，义不义，更不要计较外面那些利害得失安危死生，岂不更单纯、更直接、更简单、更痛快。如此你气自壮自足，外面真实有难也不见难，何况外面真实并不甚难，你自多计较，多打算，心乱气馁，反而不难也见其难。现在则心定气足，义无再虑，义不反顾，那样则转而不谋利而自得利，不求安而自得安，不欲得而自无失，不惜死而自有生。这是所谓义利之辨。义利之辨，并不叫人舍利求害，只是指点人一条真正可靠的利害别择的正道与常规。

　　人若明白得义利之辨、义命之辨，一切事都问个该不该，义不义，更不问利害得失安危死生，如此积而久之，自然心定气壮，便见有所谓浩然之气。孟子又说："浩然之气，至大至刚，以直养而无害，则塞于天地之间。"何以说浩然之气是"至大"呢？因为利害得失安危死生的计较打算，是人人而殊的，你见为利，别人或许是害。你见为得，别人或许是失。这些打算全是小打算，这些计较全是小计较。只有义不义，该不该，你如此，我亦如此，任何人都如此，这是大计较大打算。你一人在计较，不啻是为大众计较。你一人在打算，不啻是为大众打算。任何人处此环境，遇此事变，也只该如此计较，如此打算。心胸大气魄大，面前的道路亦大，所以说是至大。何以又说是"至刚"呢？因为你若专为得失利害安危死生打算，本来如此打算见有利，若觉无利有害，你岂不要再作计较，再有打算？你若专为该不该义不义着想，不论前面利害得失安危死生种种反复，种种变化，你早打算定了，该做即做，不该做即不做，勇往直前，再也不摇惑，不游移，岂不是刚吗？何以又说是"至直"呢？唯其心归一线，面前只有一条路可走，便是义，四围的利害得失安危死生全不顾，那条路自然直的，不是曲的邪的了。

利如此，害来也如此。得如此，失来也如此。安如此，遇危也如此。生如此，临死还是如此。你如此，我如此，任何人到此境界，遇此事变全该如此，所以说塞于天地之间，正见其无往而不如此。若为私人利害得失安危死生打算，即一人一打算，一时一打算，你的打算与我不相关，此刻的打算与前一刻后一刻不相关，那真是渺小短暂之极，又何能塞于天地之间呢？试问那渺小短暂的打算处处隔阂，时时摇动，岂不要不难亦难。那种至大至刚以直而塞乎天地之间的大打算，岂不可以难亦非难，克服一切困难而浩然流行呢？

这种义气，亦可说是公道，这是一条人人都该如此走的道路。照着这一条公道走路的人，便是有义气的人。只有这种人才可克服一切困难。换句话说，正因人不肯照这一条公道走，没有义气，所以才有种种困难发生。可见只要人人照此公道走，人人知重义气，一切困难也就自然消散，自然克服了。中国人的传统文化，中国的社会风尚，正因为一向就看重这一种公道与义气，所以遂养成了举世无匹的一种克难精神。

但这一种气，却贵能"养而无害"，个人如是，全社会更如是。此刻我们的国家社会正遇到空前大难，这一种大难之来临，正为人人先失掉了正义感，人人不照公道走，人人都从自己个人利害得失安危死生上计较打算，社会没有公道，没有正义，各个人的利害得失安危死生，那能一致？人人为自己打算，不为公正道义打算，人人在目前环境上计较，人人认为自己可以创造自己的命运，把握自己的前途，结果则前途愈窄，命运愈惨，大难当前，莫之奈何。那些全是邪气，非正气；全是私道，非公道。此刻要回头克难，只有大家觉悟，大家莫再在个人利害得失安危死生上打小算盘，作私计较。大家崇奉公道，奖励正义。历史上那些守死善道激扬正气的人物，像文天祥《正气歌》中所举，皆当衷心崇拜，刻意推敬。社会上朋辈中只要是守公道奉正义的人，吾们都该竭力敬重，加意阐扬。只有大的刚的直的可以发生力量，打破难关。一切小计较，阴柔气，歪曲相，都该扫除。如是由一人推到十人百人，由一团体推到十百团体，社会正气日张，公道日宏，一切难关，无不可以打破，无不可以克服。人心感召，极快速，极坚强。舍此之外，更无其他妙法奇计。命运永远将摆布人、捉弄人，人人只得在面对着害的、失的、危的、死的路上一步步的挨近。这是当前事实，明白告人，还不值得我们的警觉吗？

这不是一人两人的责任，却是大家的责任，所谓"天下兴亡，匹夫有责"。我们要提倡克难精神，只有发扬民族正气。

（原载钱穆:《中国文化丛谈》，九州出版社2011年版）

1895—1990

冯友兰：论抗建

在第三篇《辨城乡》里，我们说：中国人的城里人底资格，保持了一二千年，不意到了清末，中国人遇见了一个空前底变局。中国人本来是城里人，到此时忽然成为乡下人了。这是一个空前底变局，这是中国人所遇到底，一个空前底挫折、一个空前底耻辱。

我们又说，在现在底世界中，英、美及西欧等处是城里，这些地方底人是城里人；其余别底地方大部分是乡下，别底地方底人大部分是乡下人。这些乡下地方有些已为某城里人底国家所管。此受某城里人底国家所管底乡下地方，即是某城里人底国家的殖民地。有些乡下地方，虽不特别为某城里人底国家所管，但在经济上是附属于，至少是靠城里人底国家。这些地方即所谓半殖民地，或次殖民地。中国即是这些乡下地方。在现代世界里，中国的地位是半殖民地或次殖民地底地位。这是一个行以家为本位底生产制度底社会与行以社会为本位底生产制度底社会相遇时不可避免底结果。

在《辨城乡》里，我们只在经济方面，说做殖民地底国家与有殖民地底国家的区别及关系。专在经济方面说，做殖民地底国家与有殖民地国家的区别及关系，是如城里与乡下的区别及关系。但若就别方面说，则其区别与关系，又不仅是如此。在一个社会里，有法律道德可讲，城里人虽可在经济上统治乡下人，但他不能用武力底或政治底方法压迫乡下人，使他永远做乡下人。在中国以前"天高皇帝远"底地方，有些土豪劣绅，也可做这些事，但这总是例外。不过这例外在国家与国家之间却是一个原则。因为国之上并没有一个更高底社会，所以国与国之间亦没有道德法律可讲。所以城里人底国家不但可在经济上统治乡下人底国家，而且可用武力底或政治底方法压迫它，使它永远当乡下人底国家。近代城里人底国家对付它的殖民地，并不要"毁其宗庙，迁其重器"，而还要使其"钟虞不改，庙貌如故"。还要使其故君，安坐在小朝廷里，依然"称孤道寡"。它只要抓着它的殖民地底人的矿产工业，叫它的殖民地底人安于不进步底经济状况，永远一方面为它生产原料，一方面为它推销货物。这样底福就足够它享了。这样底罪也就足够它的殖民地底人受了。

中国最早对付西洋经济势力底办法，是所谓闭关政策。这种政策虽为以后人所讥笑，但专就经济方面说，这政策并不失为一种政策。在经济方面说，关于衣食住等必需品，中国都是自给自足底。外洋来底东西，都是些"奇技淫巧"，人有之亦可，无之亦可。中国只要把那些外国商人，一律驱诸大门之外，扑通一声，把大门关上，则一切问题不都解决了吗？中国在经济上不与西洋发生关系，西洋何从在经济上统治中国？在现代我们亦常看见，某国禁止某国货物或某国某种货物入口，或虽不完全禁止其入口，而提高其税率，或限制其数量。这些都是一种经济上底自卫办法。中国以前所谓闭关政策，专就经济方面说，亦是这一种底性质，所以亦不失为一种政策。不过这种政策虽不失为一种政策，但如何能行呢？老鼠想在猫项上挂铃，以便于猫来底时候，先得到"警报"。这亦不失为一种办法，但是这铃如何挂上呢？清朝中叶底人想闭关，虽亦是一种政策，但这关如何闭上呢？在讲法律道德底社会里，我们可以说：这是我们的大门，我们愿关就关，谁也没奈我何。但国际间是不讲法律道德底。我们的门关一次，人家就派打手来撞开一次。到后来简直不能再关，亦不敢再关了。门既不能关，而我们的生产制度，又是以家为本位底生产制度，因此遂自然地成为半殖民地底国家了。

在现代世界中，中国的地位是半殖民地或次殖民地。这一句话近十几年来大家常说，不过说这句话底人，亦间或不十分明了这一句话的确切意义。亦间或有人以为这一句话未免言之过甚。不过我们若回看清末民初时候底中国，我们知道这一句话是不折不扣底真理。我们须回看清末民初时候底中国，因为自这个时候以后，中国的地位是一天一天在改善之中。现在中国与日本打仗，是中国在近代处境最危底时候，但不是中国在近代地位最劣底时候。中国在近代地位最劣底时候，已经在二十年前过去了。我们的时代是中国中兴的时代，而不是中国衰亡的时代。旧说"否极泰来"，在近代，中国否极的时候是在清末民初，现在已是泰来的时候了。这并不是我们强为此说，的确事实如此。

在清末的时候，在政治方面，我们虽说是独立自主，这是我们所以只是半殖民地或次殖民地的缘故，但是这个独立自主亦是很可怜底。几个外国公使的意见可以影响朝政。几个强国如有所要求，只要叫他们的公使，到总理各国事务衙门，拍一拍桌子，发一点脾气，即可如愿以偿。在经济方面，不但铁路邮政等均在外国人手里，而且社会上流通底货币，亦是外国底。上海通用底是墨西哥的鹰洋，北方通用底是俄国的站人洋。到现在还有人不说银几元而说洋几元者。洋者，洋钱也。洋钱者，鹰洋及站人洋也。

在安南旅行，我们看见，坐头二等火车底，大都是法国人，而安南人都挤在四等车上，与猪狗在一起。在河内、海防，我们看见洋式楼房，大都是法国人的住宅。我们看见坐汽车底都是法国人，而安南人顶好亦只坐洋车。我们说，这是殖民地的情形。这真是殖民地的情形。但是在清末民初的时候，中国亦是这样。不过在中国，在那时候，坐头等车，住洋房底人，不必定是法国人而已。

在那时候，中国人的心理，亦是殖民地人的心理。所谓殖民地人的心理者，即殖民地人因为常受压迫，久而久之，即有一种自卑心结，认为自己本来是不行底。如刘姥姥认为贾府的人，天然都是聪明伶俐底，天然都是应该享福底；她自己同板儿，天然都是粗手笨脚底，天然都是应该受罪底。刘姥姥的心理，是乡下人的心理，亦即是殖民地人的心理。有人说：有人以为，美国的月亮也比中国的月亮圆。如真有人如此以为，这人的心理，是十足殖民地人的心理。

在清末民初，中国人的殖民地人的心理，可以从言语里看出来。例如西菜初本称为番菜，到后来则称为大菜。清中叶以前，中国人本以西洋人为夷狄，所以称其菜为番菜。到后来由鄙视西洋人，改为恐惧西洋人，由恐惧西洋人，改为崇拜西洋人。到崇拜西洋人的时候，番菜即成为大菜了。中国人本以西洋人为野蛮，到后来则以西洋人为文明，而自居为野蛮。所以在清末民初，凡西洋底东西，俱可以"文明"二字加之。如话剧称为"文明戏"、手杖称为"文明棍"、行新式婚礼称为"文明结婚"。又如长江及沿海轮船，其头等称"大菜间"，二等称"官舱"，三等称"房舱"。这些名称表示当时"百姓怕官，官怕洋人"的心理。以上所说各名称，所表现底心理，都是殖民地人的心理。

在以前，中国大多数人所认为最有希望底事是进京赶考，最光荣底成就是状元及第。到清末民初，中国大多数人所认为最有希望底事是出洋留学，最光荣底成就是博士回国。在以前，中国受过教育底人常引"孔子曰"，以作为他的言论的根据。凡是只要是孔子所以为是底，一定没错。清末民初，中国受过教育底人常引"某国某教授曰"，以为他的言论的根据。凡是只要是某国某教授以为是底，一定也没错。在以前中国受过教育底人，说话总要夹杂些文言，以表示他是"喝过墨水"。在清末民初，受过教育底人，说话总要夹杂些外国语，以表示他"吃过面包"。这些情形所表现底心理，都是殖民地人的心理。

在那时候，固然还有以西洋人为夷狄底人。不过这些人是"外强中干"底。在那时候，有些当时所谓"老顽固"者，终日骇叹"人心不古，世风日下"，视所谓欧化为洪水猛兽。不过这些人一听说西洋人亦有称赞孔孟者，亦有将四书五经，译成其国文字者，他们即马上觉得"受宠若惊"，见人称道不置。这亦是自卑心结的表现。这心理亦是殖民地人的心理。

有些人，亦常说：我们要发扬我们的民族精神，我们要恢复我们的民族自信力。但一说到此，他即说：我们必须有人学德国的费希特。这一句话即表示他自己没有民族自信力。这一句话所表示底心理，亦是殖民地人的心理。

这些情形，近二十年来，渐渐地改变了。我们不说西餐是番菜，也不说它是大菜，我们直说它是西餐而已。我们不说手杖是打狗棍，也不说它是文明棍，我们直说它是手杖而已。这些地方，表现我们对于西洋既不鄙视，亦不崇拜。我们对于西洋的东西，只如其实以称之。我们在国内各地旅行，看见头等车上，满坐些中国人，而这些中国人，昂然坐在沙发上，居之不疑，毫无自惭形秽底样子。这是一个很大底改变。这一方面证明中国人的财力，大有增加，一方面证明中国人的心理亦大有改变。

无论在什么方面，近二十年来，中国都有很大底进步。无论在什么方面，我们在现在返看清末民初时候的情形，都有如同隔世之感。关于这些，在我们这篇短文里，我们亦不能一一举例说明。我们只可概括地说：在近代，中国的厄运，至清末民初而极。我们现在底时代，是中国复兴的时代，而不是中国衰落的时代。

有许多人嫌中国进步得太慢。在过去几十年中，如果中国不走些冤枉路，中国的进步还可以快些，这是可以说底。不过我们说这话底时候，我们不可以忘记，中国的改变，是一个旷古未有底艰苦任务。这个任务，是要在短时期之内，把西洋各主要国家于几百年内所做底事，完全做了。而中国的人民，又如此底众多，土地又如此底广大，以前底历史又如此底悠久，行动起来，改变起来，当然特别困难。这种任务，是非常艰巨底。对于如此艰巨底任务，中国的进步不能说是不快。

日本何以进步比中国快呢？还有几个原因可说。就第一点说，日本的人民，比中国少得多。他的土地比中国小得多。所以在行动方面，便利许多。就第二点说，它的历史与中国不同，所以少了一次种族革命。中国的辛亥革命，是以种族革命始，而以政治革命终。我们在现在平心而论，清末当局在政治经济文化各方面所行底政策，并不能说是全盘地不对。如果没有所谓满汉种族问题，如果当时底皇室是姓刘底、姓李底、姓赵底，或姓朱底，辛亥革命，可以没有，国家的组织中心，不致崩坏，则中国的进步，即可少一番迟滞。一个组织的中心，破坏之甚易，而建立之甚难。中国比日本多经了一次革命，自然进步多受了一番迟滞，而让日本占先了。

无论如何，中国是进步了。在世界政治说，中国的进步是世界上一个大部分底人，要脱离殖民地底生活，是世界上一个大部分底乡下人，对于城里人底反抗。所以说，中国的进步有革命的性质，中国的进步是世界革命的一部分。所谓世界革命者，即全世界被压迫底人要求翻身也。中国是半殖民地底国家，中国人是被压迫底人，所以中国的进步是世界革命的一部分。

从这一方面看，中国的进步，是世界上已经是城里人底国家所不喜底。但是这种不喜，若不用力量以表示之，对于中国的进步是不能阻止底。在清末，一个强国对于中国，如有所不喜，只须派几只兵舰，开到中国，再叫它的使臣，到总理各国事务衙门拍一拍桌子，即可达到它的目的。但现在底中国，则不是当日底吴下阿蒙了。谁要想压制中国，叫中国永远当乡下人，他非派大量底军队不可。这又不是任何国家所皆能办到底。在现在底局面下，能如此办到者只有日本，日本既能如此办，它当然如此办。这就是中日冲突的根本原因。

日本与中国的关系，与别底城里人底国家与中国的关系又有不同。对于别底城里人底国家，中国成为城里人的结果，不过是使他们少了一块公共殖民地而已，对于他们本身的地位，并没有什么了不得底威胁。不但如此，而且中国在成为城里人的过程中，于开发资源、建立工业的时候，一定还要用许多机器及其他工业交通用品，他们还可以在相当底时期内，做大批底生意。譬如一个乡下底土财主，如要变为城里人，他必须先进城向城里人买许多东西。其终究将成为城里人，与现有底城里人并驾齐驱，虽为城里人所不喜，但就眼前说，他们亦并非无利可图。中国的成为城里人，对于别底城里人底国家，虽是如此，但对于日本却不是如此。在历史上、在地理上，或在文化上，无论就哪一方面说，中国本来是东亚的主人。因为欧洲早经过产业革命，所以整个底东亚，都一时沦为半殖民地或次殖民地。日本脱离半殖民地或次殖民地的地位较早，欧美国家又都不能在东亚取大规模底军事行动，"强龙不压地头蛇"，所以日本即以"东亚安定力"自命。所谓东亚安定力者，即东亚的主人也。日本之所以能有此地位，是因为中国尚未完全成为城里人。若中国完全成为城里人，则无论在何方面说，中国天然是东亚的主人。如此即与日本的现在地位，不能相容。所以别底城里人底国家，对于中国的完全成为城里人可以放过，而日本则必不能放过。这又是中日冲突的根本原因。

  日本当局口口声声说，日本对于中国，并无他求，只是要经济合作而已。所谓经济合作者，即中国为农业国，日本为工业国，中国的资源用日本的资本技术开发，如是互相辅助而已。这的确是日本的真意。这就是说，在东亚以日本为城里，以中国为乡下，日本人为城里人，中国人为乡下人。如此，日本在东亚可以长保其经济上政治上底主人的地位。如中国人承认这一点，随你用五色旗也好，青天白日旗也好，这些对于他都是没有关系底。

但是中国的进步，正是要脱离乡下底地位，脱离殖民地的地位。所以中国的进步与日本起了直接底冲突，而闹到现在底地步。这是历史的"势所必至"，而没有方法可以避免底。有些人以为，两国的交争，如同个人间吵架，只要一方客气一点，让步一点，即可大事化小，小事化无，这是完全错误底。

有人以为日本侵略中国，只是他们的军阀的意思，他们的财阀是不赞成底，或者是反对底。这种说法，亦是完全错误底。无论在何时何地，一个国家打了胜仗，军人所得底是虚荣，财阀所得底是实利。现在日本所占领底地方，跟着就有日本的商人来卖货，日本的工业家来开发资源，可知收"战果"实利者，还是日本的资本家。资本家冒险心不如军人大，所以他们有时不免替军人"捏一把汗"，这是有底。军人叫他们拿钱出来打仗，他们未免"善财难舍"，这也是有底。在战时军人的威权日大，他们恐怕将来"尾大不掉"，这也是有底。但说他们不赞成，或是反对军人的行为的最后目的，这是没有底，而且不会有底。

有些人以为，中国尚未进步到一个能与日本打仗的地步，不如暂时不打，等到进步到了一个地步再说。这些人不知道，这一次打仗，正是日本怕中国进步到一个地步，不可复制，所以先下手为强，他所谓"制于机先"。有人说：这一次打仗，对日本是迟了五年，对中国是早了五年。对中国早了五年，所以我们不能不忍痛后退。对日本迟了五年，所以它不能速战速决。不过无论如何，在现在底局面下，这个战事是中国进步中间所必经底一个阶段，必过底一关。"道高一尺，魔高一丈"，若怕魔高，即只好不修道了。不修道，魔自然亦没有了。假使中国现在表示愿永远当乡下人底国家，愿意同日本"经济合作"，一切问题自然都没有了，可是中国一切的前途自然亦没有了。

有些人看这次中日战争，总不知不觉地，用看两个平等国家的战争底看法。有些人虽知在这次中日战争中，中日两国的力量是不平等底，但以为所谓不平等者，不过是中国的飞机大炮少，日本的飞机大炮多等等。在这些方面，中日的力量，固然是不平等，但这些不平等，尚是枝节底。中日根本上底不平等，是日本是个城里人底国家，中国是个乡下人底国家。从城里人的观点看来，乡下人想变为城里人，等于想造反。从日本人的观点看来，中国近来底进步，即是中国造反的"逆迹昭著"。它派兵来，只是"扫荡"这些造反底人，而并不是与一敌国作正式底战争。所以它不说这次战争是中日战争或日支战争，而说这是"中国事件"。这固然是日本的狂妄，但这狂妄也是一种事实的反映。我们也常说"抗"战"抗"战，我们常说我们这次"抗"战有革命的性质。这话也是一种事实的反映。"抗"有以下违上的意思。乡下人与城里人争执起来，在经济上城里人是上，乡下人是下。战而曰抗，则其不是两平等底国家的战争可知矣。革命与造反，本是一件事的两个名字。被压迫者反抗压迫者，自压迫者的观点说，这是造反。自被压迫者的观点说，这是革命。

明白了这次战争的真正性质，我们即可以明白，这次底战争为什么是不可避免底，为什么是中国进步的一个必经底阶段，一个必过底关。知其是必过底关，则即非往前闯不可。闯过也要闯，闯不过也要闯。因为往前闯有闯过底希望，即使万一闯不过，其结果也不过与不闯一样。

在这一点，日本比中国走了好运。它在它将要脱离半殖民地的地位的时候，没有一国非压它不可，所以也没有一国压它。那时候的中国俄国都是腐败不堪，所以日本两战成名，立了成为"东亚安定力"的基础。中国没有这个好运，或者虽亦有这个好运，而自己让它空过了。不过这都是已往底事。空追悔已往，是没有用处底。

我们若知这次中日战事是中国的成为城里人的过程中的一个阶段，我们即可知，所谓抗战与建国，并不是两件事情，而只是一件事情的两方面。在这个阶段中，我们发现了一个真理，此即是：一面抗战，一面建国。从前我们总想着，抗战是抗战，建国是建国，一个是非常时的工作，一个是常时的工作。好像历史上底事情，能够拿钟表上底时间，于某一分某一秒，可以截然划断。好像是可以有一个时候，我们可以坐下，长叹一口气，说：哎呀，抗战完了，现在我们可以做建国的工作了。这一种见解，完全是错误底。我们常说"一劳永逸"。这句话对于一件比较简单底事情,是可以说底。一个人盖了一所钢骨洋灰底房子,一个人盖了一所草棚。钢骨洋灰底房子,可支持百年以上,草棚只可以支持一二年。比较起来,我们说,盖钢骨洋灰房子是一劳永逸,这是可以说底。但如较复杂底事情,其中包罗千头万绪,其错综如一波未平,一波又起,对于这些事,即不能有所谓"一劳永逸"。

办河工底人常用一个名词是"抢救"。人生里各种事都是以抢救底精神成功底。就一个人的生理方面说,他的身体时时刻刻都在与千百万底病菌争斗中。千百万各色各样底病菌,对于他时时刻刻,轮流攻击,而他的身体亦时时刻刻在那里一面抵抗,一面生长。这两方面,若有一方面有一时一刻底停息,这个人立刻即有性命之忧。这是生理学及医学上底常识,我们都知道底。

有一个人画了一幅讽刺画。画中有一道大河,河上有一条独木桥。桥上有许多人从一边往另一边走。桥下有许多像所谓魔鬼者流,抓着每一个过桥底人的腿,用力往下扯。桥上每一个人,都正在一面过桥,一面努力与魔鬼争斗,同时河里面也漂流些落下桥底人的死尸。这幅画旁边注说:"这就是人生。"这实在就是人生。

一个人就是这样活下去底。一个国家、一个民族,也就是这样活下去底。那个独木桥,总是走不完底。无论是一个人,或一个国家、一个民族,只要是在活底时候,即是在走独木桥与魔鬼争斗的时候。小说上有一句话是:"且战且走。"一面与魔鬼争斗,一面过桥底人，亦正是"且战且走"。不过这走不是向后走，而是向前走而已。中国现在一面抗战，一面建国，亦正是这一种底且战且走。

魔鬼固然是可恶底，但独木桥本身也就是不容易过底。即使没有魔鬼，而过桥底人，如果偶一疏忽，也会失脚跌在河里。所以我们先哲常说，人是"生于忧患，死于逸乐"。我们先哲最怕人说"一劳永逸"。我们先哲所说底，不是永逸，而是"无逸"。

所谓争斗的精神，中国以前是不讲底。中国以前所讲底，是无逸的精神。这与所谓斗争的精神，对于人过独木桥，有同样底功用。中华民族的四千年底生存，就是靠这种精神维持底。

（原载昆明《新动向》第 2 卷第 7 期，1939 年 4 月；
后修正辑于冯友兰：《新事论——中国到自由之路》，
商务印书馆 1940 年版）

1899—1946

闻一多：是原始，还是野蛮？
——《西南采风录》序三

　　正在去年这时候，学校由长沙迁昆明，我们一部分人组织了一个湘黔滇旅行团，徒步西来，沿途分门别类收集了不少材料。其中歌谣一部分，共计二千多首，是刘君兆吉一个人独力采集的。他这种毅力实在令人敬佩。现在这些歌谣要出版行世了，刘君因我当时曾挂名为这部分工作的指导人，要我在书前说几句话。我惭愧对这部分材料在采集工作上，毫未尽力，但事后却对它发生极大兴趣。一年以来，总想下番功夫把它好好整理一下，但因种种关系，终未实行。这回书将出版，答应刘君作序，本拟将个人对这材料的意见先详尽的写出来，作为整理工作的开端，结果又一再因事耽延，不能实现。这实在对不起刘君。然而我读过这些歌谣，曾发生一个极大感想，在当前这时期，却不能不尽先提出请国人注意。

　　在都市街道上，一群群乡下人从你眼角滑过，你的印象是愚鲁，迟钝，畏缩，你万想不到他们每颗心里都自有一段骄傲，他们男人的憧憬是：

快刀不磨生黄锈,
胸膛不挺背腰驼。(安南)

女子所得意的是:

斯文滔滔讨人厌,
庄稼粗汉爱死人,
郎是庄稼老粗汉,
不是白脸假斯文。(贵阳)

他们何尝不要物质的享乐,但鼠窃狗偷的手段,都是他们所不齿的:

吃菜要吃白菜头,
跟哥要跟大贼头,
睡到半夜钢刀响,
妹穿绫罗哥穿绸。(盘县)

那一个都市人,有这样气魄,讲话或设想?

生要恋来死要恋,
不怕亲夫在眼前,

见官犹如见父母，
坐牢犹如坐花园。（盘县）

火烧东山大松林，
姑爷告上丈人门，
叫你姑娘快长大，
我们没有看家人。（宣威）

马摆高山高又高，
打把火钳插在腰，
那家姑娘不嫁我，
关起四门放火烧。

你说这是原始，是野蛮。对了，如今我们需要的正是它。我们文明得太久了，如今人家逼得我们没有路走，我们该拿出人性中最后最神圣的一张牌来，让我们那在人性的幽暗角落里蛰伏了数千年的兽性跳出来反噬他一口。打仗本不是一种文明姿态，当不起什么"正义感"、"自尊心"、"为国家争人格"一类的奉承，干脆的是人家要我们的命，我们是豁出去了，是困兽犹斗。如今是千载一时的机会，给我们试验自己血中是否还有着那只狰狞的动物，如果没有，只好自认是个精神上"天阉"的民族，休想在这地面上混下去了。感谢上苍，在前方，姚子青，八百壮士，每个在大地上或天空中粉身碎骨了的男儿，在后方几万万以"睡到半夜钢刀响"为乐的"庄稼老粗汉"，已经保证了我们不是"天阉"！如果我们是一个乐观主义者，我的根据就只这一点。我们能战，我们渴望一战而以得到一战为至上的愉快。至于胜利，那是多么泄气的事，胜利到了手，不是搏斗的愉快也得终止，"快刀"又得"生黄锈"了吗？还好，还好，四千年的文化，没有把我们都变成"白脸斯文人"！

民国廿八年三月五日闻一多序

（原载刘兆吉编：《西南采风录》，商务印书馆1946年版》）

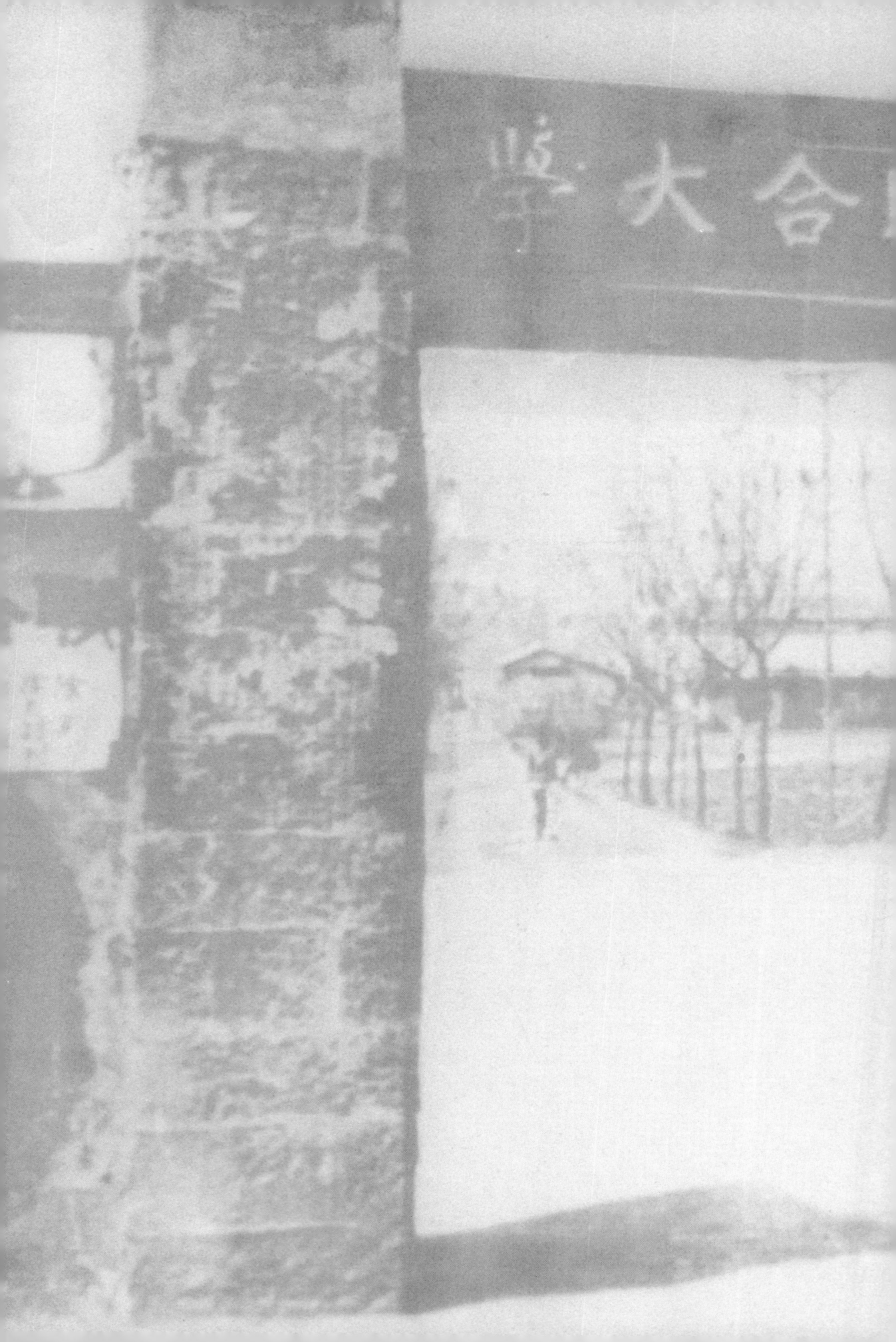
合大学

第四篇 厚德载物
道德理想四讲

1937—1946

1937—1946

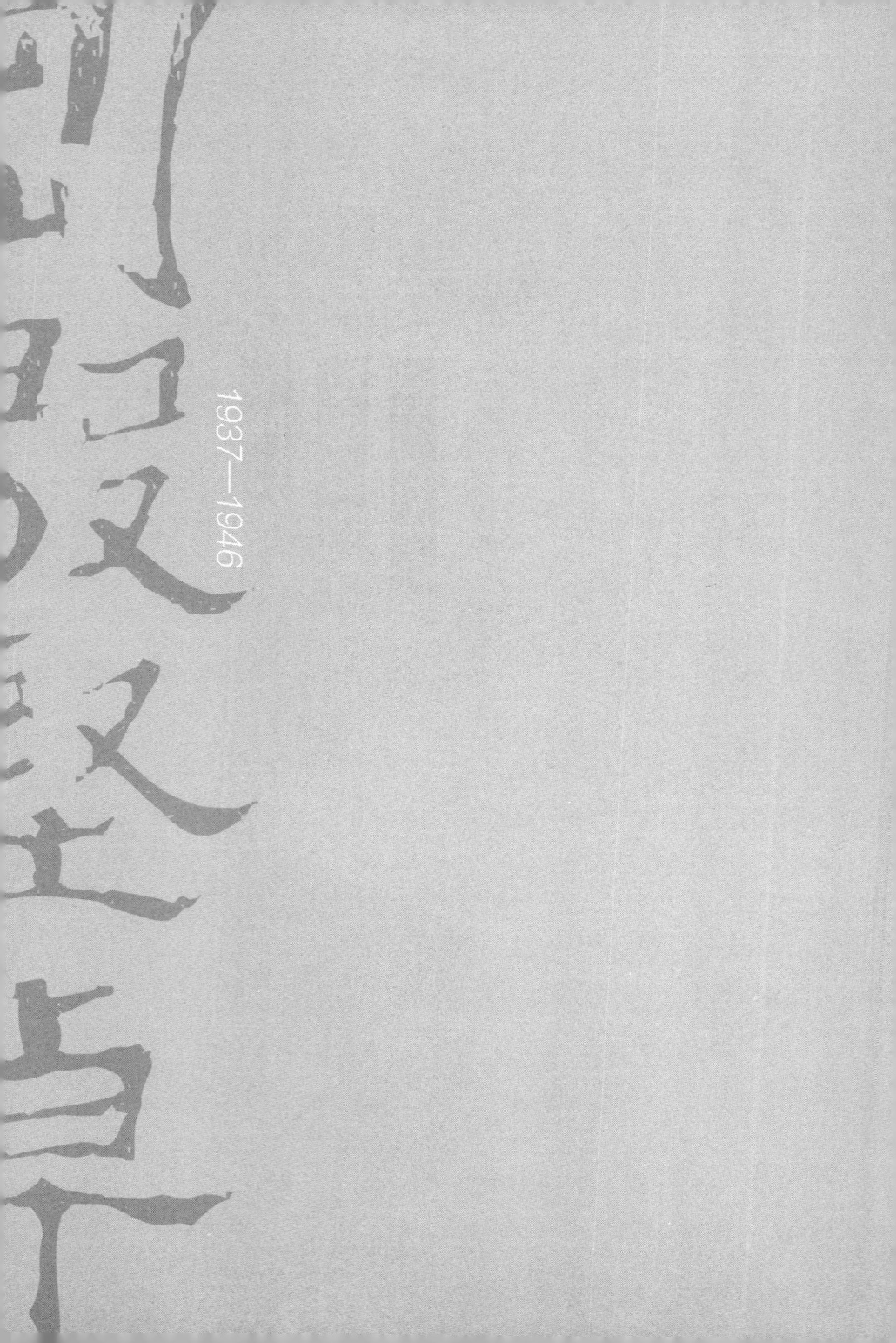

钱穆：中国传统文化中之道德修养

1895—1990

中国文化可一言蔽之，乃是一种"最重视道德精神之文化"。

"道"本指行由之路言。韩愈说："由是而之焉之谓道。"如我们此室，出入必由户。此即是道。跳窗爬墙皆非道。一切事，皆犹如出入此门般皆有道。故孔子说："谁能出不由户，何莫由斯道也。"人无道，则自会无出路。

"德"字犹如"得"字。一是赋于天而得于己，一是由己行之而得于己。韩愈说："足乎己，无待于外之谓德。"人生一切道皆由人之德性中自发，不待外求，故曰足乎己，无待于外。人之德行，对他人固可使之各有得，但在自己同时亦有得。如己行孝，在父母固有得，在自己亦有得。所得繄何？即使自己成为一孝子。此之谓品德。人有了一种好品德，自会感到内心一切满足，无求于外。所以韩愈那句话，应该从人己、内外双方去解释。

故中国人之"道德"二字，应作如下之说明：

（一）人性赋于天，由此而行之谓道。故人道亦即是天道。若违逆于人性，则决然不是道。

（二）人之行为，应本于己之内心以为最直接之出发点，亦应归宿到己之内心而有其最直接之收获。若不由己出发，又于己无得者，皆非德。

人类之生，本是赤裸裸地一丝不挂，除却一身体外，没有带什么到此世来。人类之死，除却那一身体外，一切身外之物，也全都带不走。而此身体，又必腐坏，不能保留。然则从整个人生言，岂不是到头一场空。抑且不仅无所得，反而有所失。试问人生意义何在，价值又何在？

但照中国人说法，则实不如此。人之生，除却此身体外，还带有他自己一个天性。人之死，什么也没有了，但他自己那个天性，却还存在，可以长留人世，长留天地间。

人之在世，行忠则为忠臣，行孝则为孝子，行善则为善人，行一切德则为一有德之人。

为忠臣、为孝子、为善人、为有德人，此之谓"成己"。不仅他之一己完成了，同时亦可完成他人，与一切外物。

自有人生，直到今天，一切完成，则皆由诸忠、孝、善、德来。若其人不忠不孝、不善无德，此人在世，绝对不能有所完成，而且必然会有破坏。破坏了他自己，也破坏了他自己以外之别人。若使人类全都是不忠不孝、不善无德，则不会有今天的人类。而且天壤间，亦不会有人类之存在。

只有忠孝善德，可以长留在人世间。只要此人世间存在，此诸忠孝善德，必然会存在。而且正唯此诸忠孝善德之存在，故使此人世间获得永久存在。

中国古人说："孝子不匮，永锡尔类。"人世间必然会有孝子不断产生。孝子与孝子为同类，后一孝子产生，正如前一孝子复活。前一孝子，锡与后一孝子以感召，后一孝子锡与前一孝子以呼应。中国文化中之道德精神，正要使此项道德精神长期永生与不断复活。文化绵延，实乃此项道德精神之绵延。文化光昌，实乃此项道德精神之光昌。每一人在实践此项道德精神而获得完成者，彼将在此人世间长期永生，与不断复活。

以上是指出了中国人所用"道德"二字之涵义及其用意所在。以下再略讲"修养"二字。

如在此桌上一盆花，须不断加以培养与修剪。虽有天然生机，仍须人工培养。纵得生机畅遂，仍须人工修剪。人之德性，亦复如是。

人世间自有文化演进，愈来愈复杂。人性亦有多方面。以多方面之人性，处此复杂环境中，遭遇随人不同，随时随地随事而不同，故人生道德修养，亦无一条死法，可以教人人都如此。但从大会通处来讲，总可找出其会通点。

《中庸》上说：

> 天下之达道五，所以行之者三。曰：君臣也、父子也、夫妇也、昆弟也、朋友之交也，五者，天下之达道也。知、仁、勇三者，天下之达德也。所以行之者一也。

人与人相交则不外五条大路，此五达道，中国人又称之曰"五伦"。即在无政府时代，仍有君臣一伦。如一工厂，有工程师必有工匠；如一医院，有医师，必有助手与护士；如一银行，有总经理，必有簿记会计出纳诸职员，此皆属君臣一伦。如昆弟，乃指长幼言。在家纵是一独子，出门必有长幼之分。其余三伦可不必言。故知人世间人群相交，必有此五伦。此乃是人生中五项共通大道。

在此五项共通大道中，每一项必有无穷不同之情节。但人要履行此五达道，实践此五伦之理，则必具三达德。所谓三达德者，乃谓此三德为人人共通所必备。

"知"更要是指智慧言，不指知识言。知识必从外取得，而且取之无穷，取之不尽。尤其是某项知识，则只供某项特殊应用。智慧在己，应属天赋，不待外求。有了智慧，自可应付一切。一切忠孝善德，皆必以智慧来履行，来实践。愚忠、愚孝、愚善、愚德，皆是要不得。

"仁"是人伦大道。中国古人说，"仁者相人偶"。人与人做搭档，必先具备一片仁心，必先奉行一番仁道。人而不仁，谁也不能和他做搭档，他也不能和谁做搭档。

有了仁和知，还须具备"勇"。有勇气，才能敢作敢为。世人遇道德关头，非是无知，亦非不仁，只是拿不出勇气。种种推诿，藏头掩尾，白落得内心苦痛。所以勇也成为三达德之一。

其实此三达德，皆由天赋，我所固有，不待向外面求取。然则何以说"所以行之者一也"。因一切忠孝善德，虽说情节万不同，总只是每一人自己称德而行，率性而行，遵天而行。五达道则只是一道，三达德亦只是一德。人则必要赤裸裸地做个人，身外一切分别如富贵贫贱皆可不计。不能说富贵了才能做人，贫贱的便不能做人。智愚也然，此智愚是指知识言。不能说进过大学，受过高等教育的才能做人，不是高级知识分子便不能做人。陆象山说："使我不识一字，也将堂堂地做个人。"人类祖先，都由不识字来。若我们祖先都不能做人，那里还有人类遗传到今天。

可知中国人讲道德，只是讲的"做人道理"，而此种做人道理，却是最自由，最平等，最博爱的。亦是最合自然的。自然生人，是一个赤裸裸的。人生道德，亦是一个赤裸裸的。绝无外面一切条件可言。唯有赤裸裸的人生，始是真人生。亦唯有赤裸裸的道德，乃始是真道德。

但人生与道德，却有同样一条件。即人生必在人与人之中，道德也在人与人之中。离开了人，便没有我，没有人生，没有道德。此是中国文化精义所在，也是中国人所讲道德之精义所在。

但话又说回来，人类有了道德，才有文化演进。自有文化演进，而人生日趋于复杂。人生日趋于复杂，而道德情节亦遂千差万别。若非有道德修养，道德实践乃成为非人人所可能。即如上述"知、仁、勇"三达德，试问人类中能有几人能具备此三达德而成为一完人。于是在人类中乃不能不有一番道德修养方法之讲求。

《中庸》上又说：

好学近乎知，力行近乎仁，知耻近乎勇。

此乃中国古圣人又为知、仁、勇三达德提示了三种修养方法。那三种修养方法，却又是无条件的为人人之可能。

好学并非如上述进大学出国留学等，可诿为无此条件，无此可能。每一人不能自诿说我不好学。如诸位在银行服务，尽可随时随地随事而学。此一种学，须出于自己心中之好。好学本身已是一道德。若强迫而学，学而不好，那是苦痛，非道德。

好学不即是知，但可以破愚。愚者自是而不求。如诸位从事一项职务，只知在此一项职务上，做一天和尚撞一天钟，马虎过去，自谓尽职，其实只是一种愚。人之智慧，虽出天赋，但亦须日有浚发，始得成熟，人不好学则天赋智慧，日就窒塞，势必成为愚人之归。故好学虽不即是智，但已是近乎知。

中国古人说，"仁者以天地万物为一体"，那岂是件易事。如诸位在银行服务，岂能把银行当作自己家庭看，把银行业务当作自己家事看。但诸位只要能力行，当会计的尽力当会计，当簿记的尽力当簿记，虽不即是仁者之心，但亦已近乎仁者之行。我们为私家事，不是便尽力而为吗？为公家事亦能尽力而为，则力行虽非即是仁，而足以忘私，则即已近乎仁。我们试各自问，我们可以自诿为不能力行吗？力行亦是无条件而人人能之的。

知道了好学力行仍须勇。若无勇，则不坚强，易退转，易畏难而不前，易因小挫折而失去。勇由何处来，虽亦是天赋，但须人能自鼓此勇气。中国古人教我们应"知耻"。人纵可自谤说我无勇气，但不会自谤说我不知耻。知耻虽非即是勇，但知耻可以起懦。懦人甘为人下而不辞，知耻则自能站起堂堂地做人。不期勇而勇自生。

上述好学、力行、知耻三项，都是无条件的，反己即得，所谓"足乎己而无待于外"的。我们纵要自谤，说我不能知、不能仁、不能勇，但却不能自谤，说我不好学，不力行，不知耻。如是则将不得齿人数。此真是人人能知能行的一条易简大道。我们各人所有大知、大仁、大勇之入德之门即在此，我们要复兴中华文化之当下至德要道亦在此。幸诸位莫以我此番讲演只是一番老生常谈而忽之。

当然我此所讲，亦只是简略说些大纲节，其中尚蕴有无限妙义与胜义，则待我们各自在此好学、力行、知耻之三项目上努力，自会日进无疆，一切妙义胜义，全可由自己内心体悟，更不待多言说。

（原载钱穆：《中国文化丛谈》，九州出版社 2011 年版）

1899—1967

潘光旦：纪念孔子与做人

二十年来的孔子，和二十年来的中国一样，地位很不稳定。记得民国最初成立的时候，有一部分人很拥护他，甚而至于想把他的教训立为国教。同时也发起种种组织，例如孔教会与孔教青年会之类，真想把孔子之教像宗教一般的宣扬光大起来。但这种活动却不大受人理会。大多数的人总觉得孔子已经是一个过去的人物，是另一个时代与文化背景的产物，他的教训无论在那时候怎样的好，到现在当然不很适用，不适用而勉强的替它宣传，不是徒劳无功，便是引出许多矫揉造作的行为来。还有少数的一部分人更进一步的认为中国今日的积弱，推原祸始，却是孔子的错误。要是以前开罪于孔子的人是名教的罪人，那末，他们以为孔子便是中国民族文化的罪人，所以应该打倒。这种主张打倒的人又可以分作两派，一派是明火执仗的，一派是冷讥热嘲的。他们言谈之间，总是孔二先生长，孔二先生短。这好几种人，当然没有一种对于孔子的地位是有利的。后面两三种人不用说，就是第一种，像《孔门理财学》的作者之流，也可以教孔子受宠若惊、望而却步。

经过这二十年的风雨飘摇的经验之后，孔子的地位近来似乎又有转趋稳定的倾向。照前几年的形势，全民族的模范人物，除了孙中山先生，几乎加上了一位耶稣。要是那个现在在北京做寓公的将军不失势的话，耶稣也许得把这第一把交椅让给老子。再照一二年来各种法会盛极一时的情形而论，又像宗喀巴快要从西、青入主中国本部，做各大模范人物的盟主。不想在这个模范人物互争雄长的时候，中央政府第一、二、三次会议竟会把八月二十七日①（农历）的孔子诞辰定为一个"国定纪念日"，并且还颁布了好几条的纪念的办法。所以我们说孔子的地位有重臻稳固的趋势，不过在孔子自己看来，经过了多少年的不瞅不睬以及冷讥热讽之后，突然接到此种待遇，怕也必有些惊疑莫定咧！

一个民族不能没有模范的人物，这是谁都不怀疑的。不过我们对于一个模范人物究应发生一种什么关系，却是一个值得考虑的问题。把他奉作一个神明，高高在上的，可仰望而不可及，当然是不妥当的。以前为了"孔教"的建立而奔走于国会之门的人，便犯了这个毛病。只是到了他诞生的日子，一年一度的举行一种纪念的形式，也似乎没有多大的意义。只是纪念的形式，不要说一年一度没有用处，就是一星期一次也未见得会发生什么效力。

要教一个模范人物在今日的社会生活里发生效力，只有两条狭路可走：一是明白了解他的教训，二是效法他的个人的生活。智力在中上的人这两条路都得走，不在中上的至少也得被引导了走上第二条路。我们一面承认一个人的思想和见解往往受时代与环境的支

---

① 公历为 9 月 28 日。——编者注

配，但同时我们也承认这其间也有比较能超越环境与比较能不受时代限制的部分。我们一面承认人生的经验随不同的时地的影响而变迁，但同时我们也承认在变迁之中也有比较不变迁者在。一个模范人物之所以能为模范人物，历久而不失他的地位，就是因为他比别人更能代表这种比较不变的经验，也就是因为他的思想与见解能够超越一时代一地域的限制。我们要了解的就是这些超越与不受限制的部分。一个模范人物也是一个对人、对己、对天地万物都比较能够有一个交代的人。换言之，就是他在宇宙之中、在社会生活里面、在自己的种种欲望之间，都有一个比较能周旋中矩的方法，都能够"位育"，能"无入而不自得"。话再换回来说，就是都有交代。一个人在生活的各方面，要有交代不难，要都有交代却不易。我们把古今中外的圣哲比较一下以后，就不能不承认孔子的思想确乎有颠扑不破的地方，孔子的个人的生活确是一种对各方面都有交代的生活。所以他的模范人物的地位，我们也是不难承认的。

　　孔子的思想的最大的特点，是拿人做一切的重心。他要一个囫囵的人。这个人对宇宙万物，一面自己要假定一些地位，一面却也不宜把这地位假定得太大。太没有地位了，自然生活不能维持，例如宗教文明或物质文明太发达的国家；地位太大了，把形上形下两界可以福利人生的事物都置之度外，生活也必至于一天比一天逼窄，例如二千年来中国的文化。对一个囫囵的人，个人主义与社会主义的争论是不会有的，"群己权界"议论是大可不必的，因为他没有承认社会生活是一个静的物件，他只承认社会生活是一个动的过程，所谓格、致、正、诚、修、齐、治、平，就是这个过程的由近及远、由小及大的八个阶段。这个囫囵的人，又充分的承认他是一种生物，有他的情欲，应付这些情欲的原则是一个"节"字，不是"放"字，也不是"禁"字。假若一种情欲的表示可以影响到第二人的福利，这"节"字就可以有"发乎情，止乎义"六个字的注解。这些都是就一个囫囵的人在一时代的空间以内的关系而言，假若就时间方面的关系而论，他一面尊重前人和前人所遗留下来的经验的精粹，引为自己生活的一部分；一面又缅怀未来的人，想把这些精粹连同他自己的贡献一并交付给他们。这样一个囫囵的人，才真正是一个人，他同时是一个家属的一员、社会的一分子、公民、党员、专家，但最要紧的他是一个人。目前最大的弊病是我们只有这些在各方面活动的分子，而没有人。

孔子就是要教我们做一个人，做人而有余力，再向各方面做活动的分子去。例如做一个专家吧，一个人总得先做了人，然后再做专家；人是主体，专家是副体。说到这一点，我们对于最近邵元冲氏在中央纪念周所报告的说话，就不敢苟同了。他说："只求各人各向自己本业方面或专长的部门内，尽量发挥其力量，为国效劳。民族复兴之道，即在于此。"是么？要是的话，欧美、日本各民族该没有什么问题了，然而它们问题之多正不亚于我。它们的毛病，以至于世界的毛病，正坐只有专家，只有国民……而没有人。

孔子不但有这种做人的教训，他自己就是这样一个人。所以于了解他的教训以外，我们更有仿效他的生活的必要。读者骤然看见

"仿效"两个字,也许不免失笑,以为近代的教育最重自动的创造,却忌被动的模仿。不错,近代的教育确有这样一个绝大的错误。提倡了这几十年的新教育,我还没有看见过完全创造的新行为,完全不受榜样所支配的新动作。就是那几位教育家的"自动创造"之论,据我所知,也是拾的外国人的牙慧!我始终以为教育生活当前最大的问题,还是一个榜样的问题;教育行政以至于其他政治工作最大的任务,是拿榜样出来给大家看。有了好榜样、学像了好榜样以后,再谈"自动的创造"不迟!

(原载《华年》第3卷第34期,1934年8月25日)

朱自清：论气节

气节是我国固有的道德标准，现代还用着这个标准来衡量人们的行为，主要的是所谓读书人或士人的立身处世之道。但这似乎只在中年一代如此，青年代倒像不大理会这种传统的标准，他们在用着正在建立的新的标准，也可以叫作新的尺度。中年代一般的接受这传统，青年代却不理会它，这种脱节的现象是这种变的时代或动乱时代常有的。因此就引不起什么讨论。直到近年，冯雪峰先生才将这标准这传统作为问题提出，加以分析和批判：这是在他的《乡风与市风》那本杂文集里。

冯先生指出"士节"的两种典型：一是忠臣，一是清高之士。他说后者往往因为脱离了现实，成为"为节而节"的虚无主义者，结果往往会变了节。他却又说"士节"是对人生的一种坚定的态度，是个人意志独立的表现。因此也可以成就接近人民的叛逆者或革命家，但是这种人物的造就或完成，只有在后来的时代，例如我们的时代。冯先生的分析，笔者大体同意；对这个问题笔者近来也常常加以思索，现在写出自己的一些意见，也许可以补充冯先生所没有说到的。

气和节似乎原是两个各自独立的意念。《左传》上有"一鼓作气"

的话，是说战斗的。后来所谓"士气"就是这个气，也就是"斗志"；这个"士"指的是武士。孟子提倡的"浩然之气"，似乎就是这个气的转变与扩充。他说'至大至刚"，说"养勇"，都是带有战斗性的。"浩然之气"是"集义所生"，"义"就是"有理"或"公道"。后来所谓"义气"，意思要狭隘些，可也算是"浩然之气"的分支。现在我们常说的"正义感"，虽然特别强调现实，似乎也还可以算是跟"浩然之气"联系着的。至于文天祥所歌咏的"正气"，更显然跟"浩然之气"一脉相承。不过在笔者看来两者却并不完全相同，文氏似乎在强调那消极的节。

　　节的意念也在先秦时代就有了，《左传》里有"圣达节，次守节，下失节"的话。古代注重礼乐，乐的精神是"和"，礼的精神是"节"。礼乐是贵族生活的手段，也可以说是目的。他们要定等级，明分际，要有稳固的社会秩序，所以要"节"，但是他们要统治，要上统下，所以也要"和"。礼以"节"为主，可也得跟"和"配合着；乐以"和"为主，可也得跟"节"配合着。节跟和是相反相成的。明白了这个道理，我们可以说所谓"圣达节"等等的"节"，是从礼乐里引申出来成了行为的标准或做人的标准；而这个节其实也就是传统的"中道"。按说"和"也是中道，不同的是"和"重在合，"节"重在分；重在分所以重在不犯不乱，这就带上消极性了。

　　向来论气节的，大概总从东汉末年的党祸起头。那是所谓处士横议的时代。在野的士人纷纷的批评和攻击宦官们的贪污政治，中心似乎在太学。这些在野的士人虽然没有严密的组织，却已经在联合起来，并且博得了人民的同情。宦官们害怕了，于是乎逮捕拘禁那些领导人。这就是所谓"党锢"或"钩党"，"钩"是"钩连"的意思。从这两个名称上可以见出这是一种群众的力量。那时逃亡的党人，家家愿意收容着，所谓"望门投止"，也可以见出人民的态度，这种党人，大家尊为气节之士。气是敢作敢为，节是有所不为——有所不为也就是不合作。这敢作敢为是以集体的力量为基础的，跟孟子的"浩然之气"与世俗所谓"义气"只注重领导者的个人不一样。后来宋朝几千大学生请愿罢免奸臣，以及明朝东林党的攻击宦官，都是集体行动，也都是气节的表现。但是这种表现里似乎积极的"气"更重于消极的"节"。

在专制时代的种种社会条件之下，集体的行动是不容易表现的，于是士人的立身处世就偏向了"节"这个标准。在朝的要做忠臣。这种忠节或是表现在冒犯君主尊严的直谏上，有时因此牺牲性命；或是表现在不做新朝的官甚至以身殉国上。忠而至于死，那是忠而又烈了。在野的要做清高之士，这种人表示不愿和在朝的人合作，因而游离于现实之外；或者更逃避到山林之中，那就是隐逸之士了。这两种节，忠节与高节，都是个人的消极的表现。忠节至多造就一些失败的英雄，高节更只能造就一些明哲保身的自了汉，甚至于一些虚无主义者。原来气是动的，可以变化。我们常说志气，志是心之所向，可以在四方，可以在千里，志和气是配合着的。节却是静的，不变的；所以要"守节"，要不"失节"。有时候节甚至是死的，死的节跟活的现实脱了榫，于是乎自命清高的人结果变了节，冯雪峰先生论到周作人，就是眼前的例子。从统治阶级的立场看，"忠言逆耳利于行"，忠臣到底是卫护着这个阶级的，而清高之士消纳了叛逆者，也是有利于这个阶级的。所以宋朝人说"饿死事小，失节事大"，原先说的是女人，后来也用来说士人，这正是统治阶级代言人的口气，但是也表示着到了那时代士的个人地位的增高和责任的加重。

"士"或称为"读书人"，是统治阶级最下层的单位，并非"帮闲"。他们的利害跟君相是共同的，在朝固然如此，在野也未尝不如此。固然在野的处士可以不受君臣名分的束缚，可以"不事王侯，高尚其事"，但是他们得吃饭，这饭恐怕还得靠农民耕给他们吃，而这些农民大概是属于他们做官的祖宗的遗产的。"躬耕"往往是一句门面话，就是偶然有个把真正躬耕的如陶渊明，精神上或意识形态上也还是在负着天下兴亡之责的士，陶的《述酒》等诗就是证据。可见处士虽然有时横议，那只是自家人吵嘴闹架，他们生活的基础一般的主要的还是在农民的劳动上，跟君主与在朝的大夫并无两样，而一般的主要的意识形态，彼此也是一致的。

然而士终于变质了，这可以说是到了民国时代才显著。从清朝末年开设学校，教员和学生渐渐加多，他们渐渐各自形成一个集团；其中有不少的人参加革新运动或革命运动，而大多数也倾向着这两种运动。这已是气重于节了。等到民国成立，理论上人民是主人，事实上是军阀争权。这时代的教员和学生意识着自己的主人身份，游离了统治的军阀；他们是在野，可是由于军阀政治的腐败，却渐渐获得了一种领导的地位。他们虽然还不能和民众打成一片，但是已经在渐渐的接近民众。五四运动划出了一个新时代。自由主义建筑在自由职业和社会分工的基础上。教员是自由职业者，不是官，也不是候补的官。学生也可以选择多元的职业，不是只有做官一路。他们于是从统治阶级独立，不再是"士"或所谓"读书人"，而变成了"知识分子"，集体的就是"知识阶级"。残余的"士"或"读书人"自然也还有，不过只是些残余罢了。这种变质是中国现代化的过程的一段，而中国的知识阶级在这过程中也曾尽了并且还在想尽他们的任务，跟这时代世界上别处的知识阶级一样，也分享着他们一般的运命。若用气节的标准来衡量，这些知识分子或这个知识阶级开头是气重于节，到了现在却又似乎是节重于气了。

　　知识阶级开头凭着集团的力量勇猛直前，打倒种种传统，那时候是敢作敢为一股气。可是这个集团并不大，在中国尤其如此，力量到底有限，而与民众打成一片又不容易，于是碰到集中的武力，甚至加上外来的压力，就抵挡不住。而一方面广大的民众抬头要饭吃，他们也没法满足这些饥饿的民众。他们于是失去了领导的地位，逗留在这夹缝中间，渐渐感觉着不自由，闹了个"四大金刚悬空八只脚"。他们于是只能保守着自己，这也算是节罢；也想缓缓的落下地去，可是气不足，得等着瞧。可是这里的是偏于中年一代。青年代的知识分子却不如此，他们无视传统的"气节"，特别是那种消极的"节"，替代的是"正义感"，接着"正义感"的是"行动"，其实"正义感"是合并了"气"和"节"，"行动"还是"气"。这是他们的新的做人的尺度。等到这个尺度成为标准,知识阶级大概是还要变质的罢?

(原载《知识与生活》第 2 期,1947 年 5 月 1 日)

钱锺书：谈教训

1910—1998

　　嫌脏所以表示爱洁，因此清洁成癖的人宁可不洗澡，而不愿借用旁人的浴具。秽洁之分结果变成了他人和自己的分别。自以为干净的人，总嫌别人龌龊，甚而觉得自己就是肮脏，还比清洁的旁人好受，往往一身臭汗、满口腥味，还不肯借用旁人使过的牙刷和手巾。这样看来，我们并非爱洁，不过是自爱。"洁身自好"那句成语颇含有深刻的心理观察。老实说，世界上是非善恶邪正等等分别，有时候也不过是人我的差异，正和身体上的秽洁一样。所以，假使自己要充好人，总先把世界上人说得都是坏蛋；自己要充道学，先正颜厉色，说旁人如何不道学或假道学。写到此地，我们想到《聊斋》里女鬼答复狐狸精的话："你说我不是人，你就算得人么？"

　　我常奇怪，天下何以有这许多人，自告奋勇来做人类的义务导师，天天发表文章，教训人类。"人这畜生"（that animal called man），居然未可一概抹杀，也竟有能够舍己忘我的。我更奇怪，有这许多人教训人类，何以人类并未改善。这当然好像说，世界上有这许多挂牌的医生，仁心仁术，人类何以还有疾病。不过医生虽然治病，同时也希望人害病；配了苦药水，好讨辣价钱；救人的命正是救自己的命，非有病人吃药，他不能吃饭。所以，有导师而人性不改善，并不足奇；人性并不能改良而还有人来负训导的责任，那倒是极耐寻味的。反正人是不可教诲的，教训式的文章，于世道人心，虽无实用，总合需要，好比我们生病，就得延医服药，尽管病未必因此治好。假使人类真个学好，无须再领教训，岂不闲煞了这许多人？于是从人生责任说到批评家态度，写成一篇篇的露天传道式的文字，反正文章虽不值钱，纸墨也并不费钱。

人生中年跟道学式的教训似乎有密切的关系。我们单就作家们观察，也看得到这个有趣的事实。有许多文人，到四十左右，忽然挑上救世的担子，对于眼前的一切人事无不加以咒骂纠正。像安诺德、罗斯金、莫理斯（William Morris），以及生存着的爱利阿德（T. S. Eliot）、墨瑞（J. M. Murry）等等就是人人知道的近代英国例子。甚至唯美的王尔德，也临死发善心，讲社会主义。假使我们还要找例子，在自己的朋友里，就看得见。这种可尊敬的转变，目的当然极纯正，为的是拯救世界、教育人类，但是纯正的目的不妨有复杂的动机。义正词严的叫喊，有时是文学创造力衰退的掩饰，有时是对人生绝望的恼怒，有时是改变职业的试探，有时是中年人看见旁人还是少年的忌妒。譬如中年女人，姿色减退，化妆不好，自然减少交际，甘心做正经家主妇，并且觉得少年女子的打扮妖形怪状，看不入眼。若南（Jules Janin）说巴尔扎克是发现四十岁女人的哥伦布。四十左右的男人似乎尚待发现。圣如孔子，对于中年人的特征也不甚了解；所以《论语·季氏》章记人生三戒，只说少年好色，壮年好打架，老年好利，忘了说中年好教训。当然也有人从小喜欢说教传道的，这不过表示他们一生下来就是中年，活到六十岁应当庆九十或一百岁。

有一种人的理财学不过是借债不还，所以有一种人的道学，只是教训旁人，并非自己有什么道德。古书上说"能受尽言"的是"善人"，见解不免肤浅。真正的善人，有施无受，只许他教训人，从不肯受人教训，这就是所谓"自我牺牲精神"。

从艺术的人生观变到道学的人生观可以说是人生新时期的产生。但是，每一时期的开始也是另一时期的没落。譬如在有职业的人的眼里，早餐是今天的开始，吃饭了可以工作；而从一夜打牌、通宵跳舞的有闲阶级看来，早餐只是昨宵的结束，吃饭了好睡觉。道德教训的产生也许正是文学创作的死亡。这里我全没有褒贬轻重之意，因为教训和创作的价值高低，全看人来定。有人的文学创作根本就是戴了面具的说教，倒不如干脆去谈道学；反过来说，有人的道学，能以无为有，将假充真，大可以和诗歌、小说、谣言、谎话同样算得创作。

头脑简单的人也许要说，自己没有道德而教训他人，那是假道学。我们的回答是：假道学有什么不好呢？假道学比真道学更为难能可贵。自己有了道德而来教训他人，那有什么稀奇；没有道德而也能以道德教人，这才见得本领。有学问能教书，不过见得有学问；没有学问而偏能教书，好比无本钱的生意，那就是艺术了。真道学家来提倡道德，只像店家来替自己存货登广告，不免自我标榜；绝无道德的人来讲道学，方见得大公无我，乐道人善，愈证明道德的伟大。更进一层说，真有道德的人来鼓吹道德，反会慢慢地丧失他原有的道德。拉罗斯福哥（La Rochefoucauld）《删去的格言》里说："道学家象赛纳卡（Sénéque）之流，并未能把教训来减少人类的罪恶；只是由教训他人而增加自己的骄傲。"你觉得旁人不好，需要你的教训，你不由自主地摆起架子来，最初你说旁人欠缺理想，慢慢地你觉得自己就是理想的人物，强迫旁人来学你。以才学骄人，你并不以骄傲而丧失才学，以贫贱骄人，你并不以骄傲而变成富贵，但是，道德跟骄傲是不能并立的。世界上的大罪恶，大残忍——没有比残忍更大的罪恶了——大多是真有道德理想的人干的。没有道德的人犯罪，自己明白是罪；真有道德的人害了人，他还觉得是道德应有的代价。上帝要惩罚人类，有时来一个荒年，有时来一次瘟疫或战争，有时产生一个道德家，抱有高尚得一般人实现不了的理想，伴随着和他的理想成正比例的自信心和煽动力，融合成不自觉的骄傲。基督教哲学以骄傲为七死罪之一。王阳明《传习录》卷三也说：人生大病只是一傲字，有我即傲，众恶之魁。照此说来，真道学可以算是罪恶的初期。反过来讲，假道学家提倡道德，倒往往弄假成真，习惯转化为自然，真正地改进了一点品行。调情可成恋爱，模仿引进创造，附庸风雅会养成内行的鉴赏，世界上不少真货色都是从冒牌起的。所以假道学可以说是真道学的学习时期。不过，假也好，真也好，行善必有善报。真道学死后也许可以升天堂，假道学生前就上讲堂。这是多么令人欣慰的事！

所以不配教训人的人最宜教训人；愈是假道学愈该攻击假道学。假道学的特征可以说是不要脸而偏爱面子。依照莎士比亚戏里王子哈姆雷特（Hamlet）骂他未婚妻的话，女子化妆打扮，也是爱面子而不要脸（God has given you one face, but you make yourself another）。假道学也就是美容的艺术——

写到这里，我忽然心血来潮。这篇文章不恰恰也在教训人么？难道我自己也人到中年，走到生命的半路上！白纸上黑字是收不回来的，扯个淡收场罢。

（原载钱锺书：《写在人生边上》，开明书店1941年版）

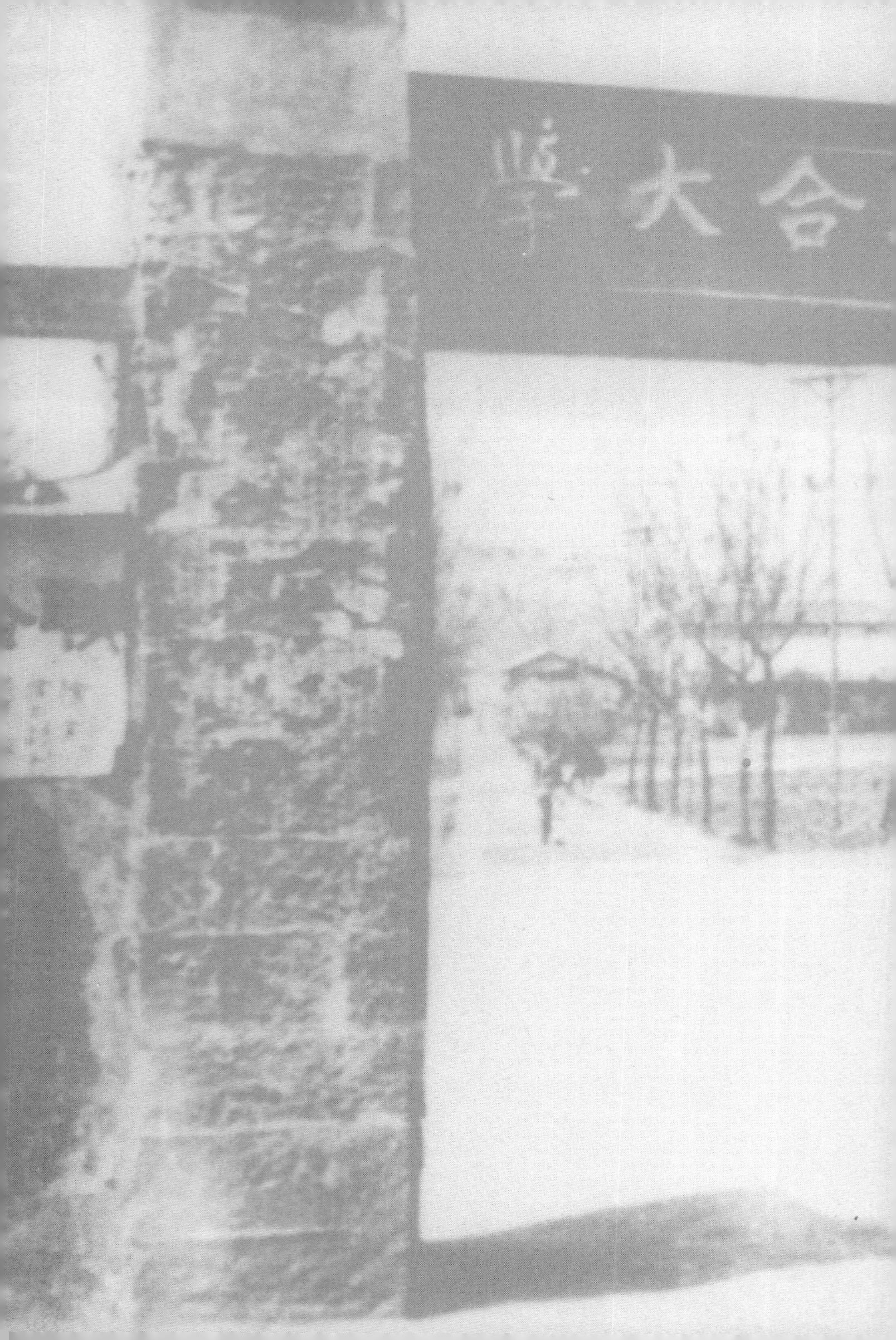
合大学

第五篇
学以致用
求知力行四讲

1937—1946

1937—1946

胡适：为什么读书

1891—1962

青年会叫我在未离南方赴北方之前在这里谈谈，我很高兴，题目是为什么读书。现在读书运动大会开始，青年会拣定了三个演讲题目。我看第二题目怎样读书很有兴味，第三题目读什么书更有兴味，第一题目无法讲，为什么读书，连小孩子都知道，讲起来很难为情，而且也讲不好。所以我今天讲这个题目，不免要侵犯其余两个题目的范围，不过我仍旧要为其余两位演讲的人留一些余地。现在我就把这个题目来试一下看。我从前也有过一次关于读书的演讲，后来我把那篇演讲录略事修改，编入三集《文存》里面，那篇文章题目叫作《读书》，其内容性质较近于第二题目，诸位可以拿来参考。今天我就来试试为什么读书这个题目。

从前有一位大哲学家做了一篇《读书乐》，说到读书的好处，他说："书中自有千钟粟，书中自有黄金屋，书中自有颜如玉。"这意思就是说，读了书可以做大官，获厚禄，可以不至于住茅草房子，可以娶得年轻的漂亮太太（台下哄笑）。诸位听了笑起来，足见诸位对于这位哲学家所说的话不十分满意。现在我就讲所以要读书的别的原因。

为什么要读书？有三点可以讲：第一，因为书是过去已经知道的智识学问和经验的一种记录，我们读书便是要接受这人类的遗产；第二，为要读书而读书，读了书便可以多读书；第三，读书可以帮助我们解决困难，应付环境，并可获得思想材料的来源。我一踏进青年会的大门，就看见许多关于读书的标语。为什么读书？大概诸位看了这些标语就都已知道了，现在我就把以上三点更详细的说一说。

第一，因为书是代表人类老祖宗传给我们的智识的遗产，我们接受了这遗产，以此为基础，可以继续发扬光大，更在这基础之上，建立更高深更伟大的智识。人类之所以与别的动物不同，就是因为人有语言文字，可以把智识传给别人，又传至后人，再加以印刷术的发明，许多书报便印了出来。人的脑很大，与猴不同，人能造出语言，后来更进一步而有文字，又能刻木刻字；所以人最大的贡献就是[留下]过去的智识和经验，使后人可以节省许多脑力。非洲野蛮人在山野中遇见鹿，他们就画了一个人和一只鹿以代信，给后面的人叫他们勿追。但是把智识和经验遗给儿孙有什么用处呢？这是有用处的，因为这是前人很好的教训。现在学校里各种教科[书]，如物理、化学、历史，等等，都是根据几千年来进步的智识编纂成书的，一年、两年，或者三年，教完一科。自小学、中学，而至大学毕业，这十六年中所受的教育，都是代表我们老祖宗几千年来得来的智识学问和经验。所谓进化，就是叫人节省劳力，蜜蜂虽能筑巢，能发明，但传下来就只有这一点智识，没有继续去改革改良，以应付环境，没有做格外进一步的工作。人呢，达不到目的，就再去求进步，而以前人的智识学问和经验作参考。如果每样东西，要个个人从头学起，而不去利用过去的智识，那不是太麻烦吗？所以人有了这智识的遗产，就可以自己去成家立业，就可以缩短工作，使有余力做别的事。

第二点稍复杂，就是为读书而读书。读书不是那么容易的一件事情，不读书不能读书，要能读书才能多读书。好比戴了眼镜，小的可以放大，糊涂的可以看得清楚，远的可以变为近。读书也要戴眼镜。眼镜越好，读书的了解力也越大。王安石对曾子固说："读经而已，则不足以知经。"所以他对于本草、内经、小说，无所不读，这样对于经才可以明白一些。王安石说："致其知而后读。"

请你们注意，他不说读书以致知，却说，先致知而后读书。读书固然可以扩充知识；但知识越扩充了，读书的能力也越大。这便是"为读书而读书"的意义。

试举《诗经》作一个例子。从前的学者把《诗经》看作"美"、"刺"的圣书，越讲越不通。现在的人应该多预备几副好眼镜，人类学的眼镜、考古学的眼镜、文法学的眼镜、文学的眼镜。眼镜越多越好，越精越好。例如"野有死麕，白茅包之。有女怀春，吉士诱之"；我们若知道比较民俗学，便可以知道打了野兽送到女子家去求婚，是平常的事。又如"钟鼓乐之，琴瑟友之"，也不必说什么文王太姒，只可看作少年男子在女子的门口或窗下奏乐唱和，这也是很平常的事。再从文法方面来观察，像《诗经》里"之子于归"、"黄鸟于飞"、"凤凰于飞"的"于"字；此外，《诗经》里又有几百个的"维"字，还有许多"助词"、"语词"，这些都是有作用而无意义的虚字，但以前的人却从未注意及此。这些字若不明白，《诗经》便不能懂。再说在《墨子》一书里，有点光学、力学；又有点经济学。但你要懂得光学，才能懂得墨子所说的光；你要懂得各种智识，才能懂得《墨子》里一些最难懂的文句。总之，读书是为了要读书，多读书更可以读书。最大的毛病就在怕读书，怕读难书。越难读的书我们越要征服它们，把它们作为我们的奴隶或向导，我们才能够打倒难书，这才是我们的"读书乐"。若是我们有了基本的科学知识，那末，我们在读书时便能左右逢源。我再说一遍，读书的目的在于读书，要读书越多才可以读书越多。

　　第三点，读书可以帮助解决困难，应付环境，供给思想材料。知识是思想材料的来源。思想可分作五步。思想的起源是大的疑问。吃饭拉屎不用想，但逢着三叉路口，十字街头那样的环境，就发生困难了。走东或走西，这样做或是那样做，有了困难，才有思想。第二步要把问题弄清，究竟困难在那一点上。第三步才想到如何解决，这一步，俗话叫作出主意。但主意太多，都采用也不行，必须要挑选。但主意太少，或者竟全无主意，那就更没有办法了。第四步就是要选择一个假定的解决方法。要想到这一个方法能不能解决。若不能，那末，就换一个；若能，就行了。这好比开锁，这一个钥匙开不开，就换一个；假定是可以开的，那末，问题就解决了。第五步就是证实。凡是有条理的思想都要经过这步，或是逃不了这五个阶段。科学家要解决问题，侦探要侦探案件，多经过这五步。

　　这五步之中，第三步是最重要的关键。问题当前，全靠有主意（ideas）。主意从哪儿来呢？从学问经验中来。没有智识的人，见了问题，两眼白瞪瞪，抓耳挠腮，一个主意都不来。学问丰富的人，见着困难问题，东一个主意，西一个主意，挤上来，涌上来，请求你录用。读书是过去智识学问经验的记录，而智识学问经验就是要用在这时候，所谓养军千日，用在一朝。否则，学问一些都没有，遇到困难就要糊涂起来。例如达尔文把生物变迁现象研究了几十年，却想不出一个原则去整统他的材料。后来无意中看到马尔萨斯的人口论，说人口是按照几何学级数一倍一倍的增加，粮食是按照数学级数增加，达尔文研究了这原则，忽然触机，就把这原则应用到生物学上去，创了物竞天择的学说。读了经济学的书，可以得着一个解决生物学上的困难问题，这便是读书的功用。古人说："开卷有益"，正是此意。读书不是单为文凭功名，只因为书中可以供给学问知识，可以帮助我们解决困难，可以帮助我们思想。又譬如从前的人以为地球是世界的中心，后来天文学家科白尼却主张太阳是世界的中心，绕着地球而行。据罗素说，科白尼所以这样的解说，是因为希腊人已经讲过这句话；假使希腊没有这句话，恐怕更不容易有人敢说这句话吧。这也是读书的好处。有一家书店印了一部旧小说叫作《醒世姻缘》，要我作序。这部书是西周生所著的，印好后在我家藏了六年，我还不曾考出西周生是谁。这部小说讲到婚姻问题，其内容是这样：有个好老婆，不知何故，后来忽然变坏，作者没有提及解决方法，也没有想到可以离婚，只说是前世作孽，因为在前世男虐待女，女就投生换样子，压迫者变为被压迫者。这种前世作孽，起先相爱，后来忽变的故事，我仿佛什么地方看见过。后来忽然想起《聊斋［志异］》一书中有一篇和这相类似的笔记，也是说到一个女子，起先怎样爱着她的丈夫，后来怎样变为凶太太，便想到这部小说大约是蒲留仙或是蒲留仙的朋友做的。去年我看到一本杂记，也说是蒲留仙做的，不过没有多大证据。今年我在北京，才找到了证据。这一件事可以解释刚才我所说的第二点，就是读书可以帮助读书，同时也可以解释第三点，就是读书可以供给出主意的来源。当初若是没有主意，到了逢着困难时便要手足无措，所以读书可以解决问题，就是军事、政治、财政、思想等问题，也都可以解决，这就是读书的用处。

我有一位朋友，有一次傍着灯看小说，洋灯装有油，但是不亮，因为灯芯短了。于是他想到《伊索寓言》里有一篇故事，说是一只老鸦要喝瓶中的水，因为瓶太小，得不到水，它就衔石投瓶中，水乃上来。这位朋友是懂得化学的，于是加水于灯中，油乃碰到灯芯。这是看《伊索寓言》给他看小说的帮助。读书好像用兵，养兵求其能用，否则即使坐拥十万二十万的大兵也没有用处，难道只好等他们"兵变"吗？

至于"读什么书"，下次陈钟凡先生要讲演，今天我也附带的讲一讲。我从五岁起到了四十岁，读了三十五年的书。我可以很诚恳的说，中国旧籍是经不起读的。中国有五千年文化，"四部"的书已是汗牛充栋。究竟有几部书应该读,我也曾经想过。其中有条理有系统的精心结构之作,二千五百年以来恐怕只有半打。"集"是杂货店,"史"和"子"还是杂货店。至于"经",也只是杂货店,讲到内容,可以说没有一些东西可以给我们改进道德增进智识的帮助的。中国书不够读,我们要另开生路,辟殖民地,这条生路,就是每一个少年人必须至少要精通一种外国文字。读外国语要读到有乐而无苦,能做到这地步,书中便有无穷乐趣。希望大家不要怕读书,起初的确要查阅字典,但假使能下一年苦功,继续不断做去,那末,在一二年中定可开辟一个乐园,还只怕求知的欲望太大,来不及读呢。我总算是老大哥,今天我就根据我过去三十五年读书的经验,给你们这一个临别的忠告。

(1930年11月下旬在上海青年会的讲演词。原载《现代学生》第1卷第3、5期,1930年12月、1931年2月)

1895—1990

钱穆：学术与心术

一

此数十年来，中国学术界，不断有一争议，若追溯渊源，亦可谓仍是汉、宋之争之变相。一方面高抬考据，轻视义理。其最先口号，厥为"以科学方法整理国故"，继之有窄而深的研究之提倡。此派重视专门，并主张为学术而学术。反之者，提倡通学，遂有"通才"与"专家"之争。又主"明体达用"，谓学术将以济世，因此菲薄考据，谓学术最高标帜，乃当属于义理之探究。

此两派，虽不见有坚明之壁垒与分野，而显然有此争议，则事实为不可掩。今试平心探究，考据之学，承袭清代经学遗矩，诚为不可厚非。苟成学立说，而不重明据确证，终无以达于共是而不可破之境。空言义理，是非之争，势将转为意见与意气。当知意见不即是知识，意气不足为权衡。唯考据乃证定知识之法门，为评判是非之准的。考据之学，又乌可得而菲薄之？

抑且学问广博，如大海不见其涯涘。人之才性既殊，聪明有限，又兼年力短促，材料搜集，亦多限制。若求兼通博涉，此非尽人可期。学术分工，各务专门，其必趋于窄而深之一途，亦情势所难免。

至于学术之于时务，其事可相通而不必尽相合。时事之变，瞬息异状。即以此三四十年言，变化多端，几难回想。若必以追随时变为学的，曲学阿世哗众取宠者勿论，而学术探究，必积年岁；时务需要，迫在当前；其事如夸父与日竞走，心意浅露，程功急促，不仅害学术，亦将害时务。转不如两各分离，使潜心学术，一旦有所成就，转可多方沾溉，宏济时艰。则为学术而学术，其事又何可议？

然学术与时代脱节，事终不美。此数十年来，国内思想潮流乃及一切实务推进，其事乃操纵于报章与杂志期刊少数编者之手。大学讲堂以及研究院，作高深学术探讨者，皆不能有领导思想之力量，并亦无此抱负；转若隐退事外，腾身云雾。一国之众，群在回惶迷惘中，惊扰震荡之际，而学术界游心膜外，不仅无所主张建白，抑若此等无足厝意。遂使学者如坚瓠之不可食。此岂社会之所望？

而且见树不见林，竟钻牛角尖，能入而不能出。所谓窄而深之研究，既乏一种高瞻远瞩总揽并包之识度与气魄，为之发踪指示；其窄深所得，往往与世事渺不相关。即在承平之世，已难免玩物丧志之讥。何论时局艰危，思想彷徨无主，群言庞杂，不见有所折衷，而学术界曾不能有所贡献。所谓为学术而学术，以专家绝业自负，以窄而深之研究自期，以考据明确自诩，壁垒清严，门墙峻峭，自成风气，若不食人间烟火。纵谓其心可安，而对世情之期望与责难，要亦无以自解。

考据之价值，亦当就其对象而判。清学初兴，最先理论，则曰："经学即理学。"又曰："训诂明而后义理明。"其所悬以为考据之对象者，仍在义理。厥后颓波日下，始散而为音韵训诂，降而为校勘辑佚。饾饤琐碎，繁称博引，而昧失本原，忽忘大体；人人从事于造零件，作螺丝钉，整个机器，乃不知其构造装置与运用。论其考据方法，或操而愈熟，运而益精。然究其所获，则不得不谓愈后而价值愈低。此数十年来，所谓以科学方法整理国故，其最先旨义，亦将对中国已有传统历史文化，作彻底之解剖与检查，以求重新估定一切价值。所悬对象，较之晚明、清初，若更博大高深。而唯学无本源，识不周至。盘根错节，置而不问。宏纲巨目，弃而不顾。寻其枝叶，较其铢两。至今不逮五十年，流弊所极，孰为关心学问之大体？孰为措意于民物之大伦？各据一隅，道术已裂。细碎相逐，乃至互不相通。仅曰："上穷碧落下黄泉，动手动脚找材料。"其考据所得，纵谓尽科学方法之能事，纵谓达客观精神之极诣，然无奈其内无邃深之旨义，外乏旁通之途辙；则为考据而考据，其貌则是，其情已非，亦实有可资非难之疵病。

二

窃谓上述两派之争议，平心论之，亦是各有立场，各有见地。合则两美，分则两损。欲为中国此后学术开新风气，辟新路向，必当兼综上述两趋势，而会通博综，以冶之于一炉。而兹事体大，清儒自道、咸以下，如阮元、陈澧，早有此意，而终无大力负之以趋。因循迄今，时局日艰，而学术堕地且尽。今日而欲从事于此，较之道咸阮、陈之时，其艰巨深微，又增万倍。然而七年之病，求三年之艾，其道又舍此无从。

尝试论之，必先有学问而后有知识，必先有知识而后有理论。学问如下种，理论犹之结实。不经学问而自谓有知识，其知识终不可靠。不先有知识，而自负有理论，其理论终不可恃。不先下种，遽求开花结果，世间宁有此事？此乃学术虚实之辨。而今日学术界大病，则正在于虚而不实。所以陷此大病，亦由时代需要，群求有思想，有理论，俾一时得所领导而向往。思想无出路成为时代呼声，而学术界无此大力，学术与时代脱节。于是一般新进，多鄙薄学问知识，而高谈思想理论。不悟其思想理论之仅为一人一时之意见，乃不由博深之知识来。其所讲知识，皆浅尝速化，道听途说，左右采获，不由诚笃之学问来。若真求学问，则必遵轨道，重师法，求系统，务专门，而后始可谓之真学问。有真学问，始有真知识。有真知识，始得有真思想与真理论。而从事学问，必下真功夫。沉潜之久，乃不期而上达于不自知。此不可刻日而求，躁心以赴。此一种学风之养成，在今日乃若非易事。

三

其次当知，考据仅为从事学问之一方法。学问已入门，遇有疑难，乃涉考据。此乃学问有得以后事，非始学入门事。学者自创新解，自标新得，必凭考据资人共信，考据诚所当重。然不当即以考据代学问。

晚近学术界，因尊考据，又盛唱怀疑论。古人亦言："尽信书不如无书。"又曰："学必会疑始有进。"然疑之所起，起于两信而不能决。学者之始事，在信不在疑，所谓"笃信好学"是也。信者必具虚心，乃能虚己从人。如治一家思想，首当先虚己心，就其思想而为思想，由其门户，沿其蹊径，彼如何思入，如何转出，我则一如其所由入而入，所由出而出。此一家思想之先后深浅，曲折层次，我必虚心，一如彼意而求。迫于表里精粗无不通透，所谓心知其意，此始于信奉一家思想，姑悬为我学问之对象。我因学于彼而始得之己，遂知思想当如何运用。又对此一家思想之深细曲折处，皆有真知灼见，此为我之由学问而所得之知识。然则即言学尚义理思想，岂不仍是实事求是，有考有据，为一种客观之认识乎？

唯为学不当姝姝于一先生之言。彼一家之思想，我已研究，又循次转治别一家。我之研治别一家，其虚心亦如研治前一家。不以前一害后一，此之谓"博学好问"，此之谓"广收并蓄"。而或两家思想各不同，或相违背，然则谁是而谁非？我当谁从而谁违？于是于我心始有疑。故疑必先起于信，起于两信而不能决。如此之疑，始谓之好学会疑。故即治思想，亦当知考据。我若笃信一家，述而不作，此亦一种考据。若兼采两家，折衷异同，会而通之，此亦一种考据。凡此皆虚心实学之所得。

今言怀疑，先抱一不信心。其实对外不信，即是对己自信。故其读书，如踞堂皇而判阶下之囚，其心先不虚，先已高自位置，傲视一切，则如何肯耐心细心从事于学问，学问不深，如何有真训练、真能力、真知识？因此其运思构想，乃不肯承认向来自有成规。其本身思想，粗疏矛盾，乃不自晓。其批判各家，一凭己意，高下在心，而实非各家思想之真实有如此。彼先未有广博明白之知识，为其自己所持理论作后盾。彼之思想与理论，乃未经学问而即臻早熟。彼乃以自信代会疑，以批判代学问。彼以为思想与理论，可以如脱辔之马，不复受驾驭控勒，而可以逞一己驰骋之自由。以如此之学风，则鄙斥考据，事无足怪。

然有此病之学者，乃曰："我知实事求是，我知考据而已。"一若考据即尽学问之能事。凡遇运思持论，讲求义理，皆目为空洞主观，谓非学问中事。凡如此，则其先亦不能虚心学问。书籍只当是一堆材料，已不成为一种学问之对象。一若手中把握有科学方法，即是无上工具。凭此工具，对付此一堆材料，即可成为我之专门绝业。遂一意于材料中找罅缝，寻破绽，觅间隙，一若凡书尽不足信，苟遇可信处，即是不值学问处，即是无可再下功夫处。故其功夫着意处，尽在找前人之罅缝与破绽与间隙。最好是书有不可信，否则觅人间未见书，此所谓未经发现之新材料。因谓必有新材料，始有新学问。此乃以考据代学问，以钻隙觅间寻罅缝找漏洞代求知识。其所求为自己之知识者，在求知别人之罅缝漏洞而止。然此绝非由于虚心内不足，而始有意从事于学问之正轨。心术已非，而学术随之。遂若一堆材料，一项方法，拈得一题目，证成一破绽，即是大发现、大学问。此其从事学问之本无甚深旨义，其所潜心考据之必无甚大关系，亦不问可知。是安得谓实事而求是？又安得谓客观之精神？然则主张学问必重义理，必当通今达用，不当在故纸堆中专务考据，其所讥弹，又何可非？

四

故学问必先通晓前人之大体，必当知前人所已知，必先对此门类之知识有宽博成系统之认识，然后可以进而为窄而深之研讨，可以继续发现前人所未知。乃始有事于考据，乃始谓之为学术而学术。如是者，可以守先而待后，学术传统可以不中绝，知识实得可以不丧失。此必先有下学功夫，必先对学问有一种更深更真切之旨义，故能不厌虚心博涉。循而久之，其心中泛起有新问题，此始为值得考据之真问题。而此项问题与考据，并未存心必求其为窄而深，而自见其为窄而深。初未自负于成专家，而终不免其成为一专家。此乃由下学而上达。上达不可期必，我之实下功夫处在学问，我之确有了解处是知识。我之在学问与知识之不断进程中而遇有疑难，于是不得不运用我解决此项疑难之考据与思想。其由考据与思想之所得，则成为一种理论，此种理论，则可以前无古人。然此乃上达中事，必以待之一时杰出之能者。苟能真从事于下学，又焉知我之必不为一杰出之能者？人一能之，己十之。人百能之，己千之。博学之，审问之，慎思之，明辨之，而后笃行之。专就学术言，学者著书立说，不问其为思想家，或为考据家，凡其确有创见新得，而发乎其所不得不发，言乎其所不得不言，是亦笃行之事也。

凡人用心，必有所从入。学问非以争奇而炫博，非以斗胜而沽名。求以明道，求以济世，博古通今，明体达用，此真学问从入之大道。然循此而入，可以引而愈远，穷而益深，乃不见其涯涘之所止。乃贵于自就才性，自限专业。此岂初学存心，即当悬此标的，深闭固拒，而谓莫与易乎？通学在前，专精在后。先其大体，缓其小节。任何一门学问，莫不皆然。此乃学问之常轨正道。孰先传焉，孰后倦焉，有始有卒者，其唯圣人乎！学问有始条理，有终条理，必金声而玉振之。中人以上，可以语上；中人以下，不可以语上。今之学者，不论主义理想，或主考据，莫不诏初学以中人之上，莫不从事于终条理。因此有义理，有考据，而其实则无学问，无知识。筑其不广，单线直上，即其不广之基，初未坚筑，倾陷倒塌，可立而待。苟风气变而学术正，则此两途，本可合辙，其事若难而并不难。最先当于心术入微处，端其趋向。迨其进入学问，则途辙不可不正。古今中外，学业成就，与夫成就之大小，胥不由此而判。故最先必诱导学者以虚心真切从事于学问，必督责学者以大体必备之知识。其次始能自运思想，自寻考据，孜孜于为学术而学术，以趋向于专门成业之一境。其最后造诣，乃有博大深通，登高四顾，豁然开朗，于专门中发挥出绝大义理，罗列出绝大考据。其所得将不限于其所专业。如是之学，乃始为天壤间所不可少。其为为学术而学术乎？其为以学术济时艰乎？到此皆可不论。而此固非初学之所骤企。则曷不为循循善诱，而必先悬举此至高之标的，使人高心空腹，游谈无根，为无本无源之夸大乎？

五

故论学术，必先及于心术与风气，即此便具绝大义理，经得起从来学术史上之绝大考据。学问本自会通，何必自筑垣墙，各相分隔。

抑且更有进者，此数十年来，国内学风，崇拜西方之心理，激涨靡已，循至凡属义理，必奉西方为准则。一若中西学术，分疆割席，俨如泾、渭之清浊相异，又若薰莸之不同器。治中学者，谨愿自守，若谓中国学术，已无义理可谈，唯堪作考据之资料。其悍而肆者，则恣情谩骂，若谓中学不绝，则西学不流。西学不流，则中国之在天壤间，将绝不可再立足。彼不悟西学言义理，亦复多歧。有古今之别，有国族之别，有宗派门类之别。治西学者，亦当循考据途径。当知一学说，一义理，其兴起而臻于成立，各有传统，各有背景，各有据点，各有立场。复有立说者之个性相异，时代不同。若果细心考据，便知西方言义理，固非可建诸天地而不悖，推之四海而皆准。何得孤引片言只辞，遽尊为金科玉律？而中国旧有义理，宁无与西方有可以相通处？宁无对本国国情民俗，有其独特妥当融洽处？宁无可以推陈出新，依然当保存而光大处？而治中学者，相戒不敢顾及于此，一意以一堆材料、一项考据为满足。故鄙言义理者，其实则尊奉西方人义理为莫可违异。盛言考据者，其实则蔑视本国传统，仅谓是一堆材料，仅堪寻隙蹈瑕，作为其所谓科学方法者之一种试验与练习。此种风气，言之尤堪痛心。

今欲矫其偏蔽，则仍当以考据、义理并重，中学、西学以平等法融之一炉。当知言西方义理之说者，亦当守考据家法，才知其所尊某项义理之真边际，真性质。言中学以考据为能事者，亦当先扩大心胸，必知考据之终极，仍当以义理为归宿，始知其所当考据之真意义与真价值。如此则义理、考据，固可相济，而中学、西学，亦可相通。又何事乎出主入奴，轩此轻彼，必先立一牢不可破之壁障以自限？

本所同人，学问无可自恃，知识无可自信，自创设新亚研究所，每为此事，时相研讨。上之所述，将勉奉以为诏示求学者之方向与准绳。自谓差免门户之见，或有途辙可遵。至于自所窥寻建白，偶有述作，固未敢谓能符其所欲赴。唯心向往之，虽不能至，亦曰有意乎此焉云尔。兹值《学报》创始，姑述其所平素讨论者，以求并世通人之教益。

（原载《新亚学报》第1卷第1期，1955年8月1日；
辑入钱穆：《学籥》，九州出版社2011年版）

1893—1964

汤用彤：理论之功用

美人白来氏近发布一篇之论文，题为《无用之德行》，并序其端，意谓天下事有奇必有偶，有正必有反，意谓道德者，世人之所尊崇者也，实行者世人之所宝贵者也，空言者世人之所鄙视者也，顾我之著此篇特发明空言无用之德云云。盖中国恒患神经衰弱之病，西人恒患神经过敏之症，近人不求甚解，日趋于西人过敏之途，爰特节译是篇名之曰《理论之功用》，以求挽狂澜于万一耳。

世人之口头禅，非实际与理论耶？当人为此言时，彼亦未之深异，唯以实际褒而理论贬耳，尝试举一例以证之，今有巨厦不戒于火，有人焉登楼而不能下，则其下之观者，必手指口呼，百计求出其人于险。有为苏格拉底者过之，而若漠然不动于中，自语曰：奇矣，彼何欲耶？求生命而汲汲耶？唯其生命之重，果足以动众人之狂热耶？有何充足之理由耶？惜乎其不早防也，曷为不多其梯耶？曷为不慎其火耶？然苏氏之言未终，而人已逐之去，知之者不过目为哲学家耳。噫，思之思之，孰为实行家耶？众耶，苏氏耶，则世人必以之许众。苏氏者不过理想的唯心的论道，则千言立下，而治事则不足也。虽然，众人与苏氏何辨？夫众人唯知现状，知其人之求生也，知火之不可晦也，耳中唯闻其人之呼号，目中唯见其人之焦窘，绝无事理之反想，夫如是故彼等竭能尽力求救其生命，唯应当前之现状。则实际者，唯使人支付现在所生之事已耳。善乎总统克伦威兰之言，谓实际为现状，而非理论之现于前也。今无论现状之如何，而实行实则唯知现状在其前，然理论者实事之母。实行家短于理论，唯戚戚然觅一手段以对付现状，唯知糊口，唯知工作，唯知求及格之考试，唯知好诸种之运动，其事简其问题狭，限于行为之方面。欧人固尝笑吾美人之倾于实际，吾美人亦确足以当之，故欧洲之铁路干事，运动场之办事员等均时求诸美国，而音乐师，诗家，哲学家则无闻焉。康布里大学的肯生氏尝曰：吾人作事，不稍休息，更且时时加其速率。如欧人执而问之，何故而若是其忙也？则张目结舌不能对，即己亦莫知其故也。夫实行家不惜其能力，费无上之速率，无限之力量，而不计收果之如何也，其最终之果，非必无成功，然实则不过令人趋于不戢之途而发耳。世人大都用多量之精力于三事：一金钱，一跳舞，一运动，或观他人之运动。是以金钱欲其多，跳舞欲其善，运动则欲其胜。若尔事者，皆为吸收实行家精之要素，彼固不豫计思及，其生活唯随波逐流，绝无成见，或且如竞走者，唯欲胜其敌，而不计其方向及终止。噫凡事之成者，无不可为，故吾敢告此等误解之实行家曰：为他人所为，而须进步改良之，以人为鉴，而择其善行之，则其成功必矣。今所谓实际者，其旨既已明矣，今吾人欲为真正之实行家，而不有失，则莫若先察失之所在。夫进行方法之善否，全以结果之良否为断。凡人咎方法之不良，乃固结果之不成功耳。窃亦尝譬如此有人焉，以一身精力奋发以求富，而自信其才力手段之非劣，及既富矣，而知富亦不过尔尔，则大悔，而其精力遂费于无何有之乡，一钱不值矣。夫人至老而觉其谬，行事三思以图补救，然其事最初果以片刻深思之，则固足以无此苦恼矣。此种悔恨，哲学家谓为反思反想，而余谓为无用之德行，而不实际之智慧也。至此而此无用乃有价值矣。然讲实际非无价值，德在豁达而失之于嚣张狂热，夫实际固理论所可包括，而不可包括理论也，夫哲学理论不唯可定实际之效果，能使或阻一方法之进行已也，且可于人当困难之境，解决各端。惜乎世人之忽之也。顾此亦有说吾人赏科学，因人明其功用也。见汽舟之渡海也，火车之行陆也，医药之治疾也，机器之制物也，而理论之功用固不可见，然究科学之发，非出于理论家之空谈耶，此等理论家初非为实行家所许，恒不合时宜，乏治事之能力，然今日人受其赐矣。以此而人乃有自用之思想，以此而人群有进化，以此而人畜之路分，文明野蛮之界显。夫野蛮人者，固孜孜应其当前之现状，如实行家者也。故世之实际甚短，欲推长久之实际，莫若先深究理论之为得也。

（原载《清华周刊》第 15 期，1914 年 10 月）

冯友兰：论知行

知易行难，是向来一般人的说法。"言之匪艰，行之惟艰"，更是我们古圣先贤的遗训。就事实上看，言行不相符底人，不拘在什么时候，或什么地方，总是多于言行相符底人。若说他不知，他何以能言？若不是知易行难，又何以能知而不能行？假使我们到南京北平，遇见伪组织中底人，若与他们私下谈话，恐怕其中有百分之九十九，都承认他们的行为是罪恶底。我们不能说，他们无知，我们只能说，他们的知与行不符。他们知他们的行为是罪恶，而行不能改过来。这岂不是知易行难么？

但三民主义中又有知难行易之说。究竟是知易行难呢，抑是知难行易呢？在许多人的心目中，成了问题，陶行知先生的名字，本来是陶知行。他或者先以为知易行难，注重在行，故取名先知而后行，后又以为知难行易，注重在知，故改名先行而后知。究竟他的意思，确是如何，我们不得而知，但他把知行二字，颠之倒之，似乎表示他对于知行底看法，先后总有不同。我们可以以此为例，以见在许多人的心目中，有这个关于知行底问题。

有许多人以为，"知易行难"，与"知难行易"，这两个命题是矛盾底。如果我们要说"知易行难"，则必须否认"知难行易"。如果我们要说"知难行易"，则必须反对"知易行难"。这种见解，我们以为是错误底，照我们的看法，这两个命题都是可说底，而且都是真底。

古人说：知易行难，是就道德方面底知行说。近人说知难行易，是就技术方面底知行说。就道德方面底知行说，确是知易行难。就技术方面底知行说，确是知难行易。

王阳明说，人人有良知，能当下即分别善恶。他说："知善知恶是良知，为善去恶是格物。"知善知恶属知，为善去恶属行。固然他亦说知行合一，他亦说"知是行之始，行是知之成"，但从始到成，中间很有许多功夫，这许多功夫，即是"致良知"的"致"字所表示者。人人都有良知，而却不是人人都能致良知。这便表示知易行难了。我们虽不完全赞同阳明的良知之说，但道德上底善恶，确是人不待推论而直接能感觉到底。感觉到善则知其为善，恶则知其为恶。在这一点，圣贤与恶人，并没有很大底区别。不过知其为善则行，知其为恶则去，却是极不容易做得到底。此而能做得到，便已进入圣域贤关了。就这一方面说，确是知易行难。就知易说，"愚夫愚妇，可以与知"。就行难说，"虽圣人亦有所不能焉"。

但就技术方面说知行，则确是知难行易。一个匠人，可以盖一所房子。他从经验学来盖房子底方法。用这方法，他能盖房子。但如有人问他，为什么房子要如此盖，他却不能答了。他知其然而不知其所以然。知其然所以能行，不知其所以然，所以虽行而未知。一个学过建筑学底工程师则与匠人不同。他不但会盖房子，而且知道盖房子底方法所根据底原理。他不但知其然，而且知其所以然。知其然者未必知其所以然。知其所以然者必知其然。人的知识，都先是经验底，而后是科学底，人凭经验底知识，即可以有行，但必有科学底知识，才算是有真知。不必有建筑学，人即可以凭经验盖房子。但必有了建筑学，人对于盖房子底方法，才有真正底了解。就这一方面说，确又是知难行易。就行易说，"愚夫愚妇可以与能"。就知难说，"虽圣人亦有所不知焉"。

由此我们可知，"知易行难"，与"知难行易"，这两个命题，各有其应用底范围。如各守其范围。这两个命题，都是可以说底，而且都是真底。

在技术方面，我们应当知"知难行易"，如此我们可以不以经验自限。对于已知其然者，还要进而知其所以然。在道德方面，我们应当知"知易行难"，如此我们可以不以空言为自足，必要使空言进而为实事。

或者说：以上所说，把知行打成两橛。其实知行是合一底。真知必能行，知而不行，只是未知。有真知者自然能行。如此说，还是知难行易是不错底。因为所难者是知。如有真知，则自然能行。

关于此点，我们说：在技术方面说知行，知难行易，本是我们所承认底。有真知者自然能行，亦是我们所承认底。不过若在道德方面说知行，则有真知者是否自然能行，要看所谓真知，是什么意思。你可以说，凡真知必见于行，因为如未见于行，则其知不是真知，知而不行，只是未知。如果所谓真知，是如此底意义，则说有真知者必见之于行，正如说，有必见于行底知者必见之于行。此话固然不错，但在实际上没有多大底意义。照我们的看法。于此应当说，有真知者，如果顺此知之自然发展，则必有行，以继续之。譬如我感觉一种臭气，这是知。如顺此知之自然发展，则我必走开，或掩鼻；这是行。但有时因为别底关系，我不能走开或掩鼻，则我即只有知而无行了。但于此我们亦不能说，我的知非真知。

人在道德方面，对于善恶，亦尝有所感觉，这是知。如顺其此知之自然发展，则我们当然亦可为善去恶。但稍一转念之间，因计较利害，而即不能为善去恶；这亦是常有底事情。所以古人说：初念是圣贤，转念是禽兽。初念是人人都有底或都可有底，所以我们说知易。但谁能完全不受转念的影响呢？一受转念的影响，初念即能知不能行了。所以我们说行难。

近来很有些人误解了知难行易这句话的意义，以为无论对于何事，皆是知难行易。于是做了些文章，拟了些计划，自以为我已经知了，知难行易，行是不成问题底。但一说到行。就包含有技术方面底"如何行"及道德方面底"应该行"。就"如何行"方面说，计划如果真拟得好，自然于行是有很大底帮助。但就"应该行"方面说，当事者另需要一种决心，如古人所谓志者，才能把知变为行，把空言变为实事。"言之匪艰，行之惟艰"，"知易行难"。古圣先贤的遗训,我们还是要时刻念及,以自警惕底。

(原载冯友兰:《南渡集》。《南渡集》于 1946 年结集,
收入《资产阶级学术思想批判参考资料》第三集,
商务印书馆 1959 年版)

學大合

第六篇 和而不同
文化会通六讲

1937—1946

1937—1946

1886—1964

蒋梦麟：谈学问

吾国为最重学问的国家。自孔子以学不厌，诲人不倦的精神，有教无类（**不分阶级**），讲学民间，使学问为后世平民所尊重。汉代行选举制，选拔民间的博学之士入佐政府，开学者治国之风气。自唐宋以迄清末，以科举取士，其用意在使从政者都是学人。因此学问遂成济世之本。而以考试取材，且可杜绝幸进之门。虽行之后世，流弊日深。但此非制度之不善，其原因别有所在。其后科举与书院并行，使民间讲学成制度化。书院创始于北宋，即历史上所称的四大书院。后世相沿成风，书院之设遍全国。如孤悬海外之台湾，在清代亦有海东书院等之设立。虽时至晚清，国中学人，如章太炎、康长素、蔡子民、梁任公诸子，莫不曾在书院中讲学。维新之初，浙之求是书院，苏之南菁书院皆有著名之士，讲学其间。实开两省新学之风。其他各地之新风气，亦多由当地之书院倡导。

我国人之重学问，二千余年来，已相沿成风。学与不学，或有学问与无学问，为做人处事之标准。

儒家之学，为修身齐家治国平天下之学。其持己严，待人宽。其识见远大，不图近利。以"正德利用厚生"为政治之极则。这目的虽不易达到，但终要望着那方向走。正德是对自己的修养功夫，即修身。利用是用人力物力求有利于国计民生。厚生是利用的结果。

在5世纪，圣·奥古斯丁（396—430年）对基督教义与柏拉图哲学作调和之努力。圣·多玛斯（1225—1274年）在13世纪对基督教义与亚利士多德哲学之调和，做更大的努力。（其所著"神学书"于清顺治年间节译成中文，名曰"超性学要"。）此后，耶教的神学与希腊的哲学混合为一。复经长期间的研究，分析和讨论，遂成为中世纪之经院主义。于是希腊哲学便披上了基督教士的道袍。

自15世纪文艺复兴运动起，人文主义的希罗文化渐渐卸去教士的装束，而趋向恢复希腊罗马时代的本来面目。至16世纪，希腊的理性主义在宗教里面爆发起来而成为宗教改革运动。至18世纪，这两个运动酝酿而成法国大革命运动，不但脱离了宗教，而且变成了反宗教运动。

中国以天为出发点的自然主义，在18世纪的欧洲，便成为反宗教的反超自然主义。以人为本位的人文主义，便成为反宗教的反天国思想。以道为中心的理性主义，便成为反宗教的反教条主义。

当时中国文化，几被认为希罗文化典型的代表。且时值中国乾嘉时代，国运方隆，为祸乱并乘之欧西各国所望尘莫及。元代马可孛罗之游记已流行于欧洲。大部分的四书五经，在明代已经耶稣会士以拉丁文译成。已为欧西学者所共读。水到渠成，中国文化遂与欧洲18世纪革命结不解缘。

但心论之，当时之反宗教，实反教堂之淫威与腐败。至耶稣之教，仍不知不觉深存于反宗教者之脑中。博爱、自由、平等三口号，实均由耶教而来，不过去其超自然主义，而想在人世建天国而已。在辛亥革命之前夜，这三个口号传入中国，亦与中国革命结了不解缘。

至19世纪，因三百年来希腊之人文主义、自然主义、理性主义相继复兴之结果，自然科学与应用科学逐步发展，又因应用科学之进步而改变生产工具。由此而造成了资本主义，由资本主义而造成殖民地主义。同时宗教思想与科学思想在19世纪已被彼此容忍。非宗教的中国思想已不为欧西人士所需要。中国此时，正值道咸之际，内乱方殷，国势日衰，已面临殖民地主义的危险。故彼时中国文化，在欧人眼中便不值一文钱了。黑智儿在他的"历史哲学"里批评中国的道德观念是外铄的，根据于命令式而非自由启发的。但黑智儿宇宙精神论的哲学是受斯宾诺塞泛神论及康德理想哲学的影响的，而康德哲学亦部分的受斯氏泛神论的影响，而泛神论据康德说是受老子的影响的。主张以权力为意志的尼采因反对理性主义而挖苦康德为堪尼斯堡伟大的中国人。那末，尼采似竟认康德的理想主义直出于中国的理性主义了。

德国哲学本最不合中国人的胃口的。但其受中国哲学的影响，蛛丝马迹，历历可溯。这是什么缘故呢？因为中国哲学向不超越自然主义，亦不脱离理性主义，更不放弃人文主义。德国哲学喜把理性主义与超自然的泛神观念联在一起而成理想主义。一成理想主义，便易流入绝对主义而脱离人生实际问题。中国人不信绝对，亦不肯脱离人生实际问题，所以与德国哲学格格不能相入。而且理想主义，有它的一套逻辑，亦为我国人所不习惯的。故国人对于德国的理想主义，和对佛学唯识论的末那识、阿赖耶识同一态度。

明清之际，耶稣会士译著天文、算学、机械、哲学、政治、地理等学并及多种神学书籍，唯吾人取其科学而舍其神学。《四库全书》子部天文算学类评《天问略》一书里说："其序称'天堂之所在，奉天主者乃得升之'。……盖欲藉推测之有验，以证天堂之不诬，用意极为诡谲。然其考验天象，则实较古法为善。"此实可以代表吾国人对于超自然主义的态度。

耶稣会士对于宣传宗教虽未能在吾国建立大功，但明清间输入科学思想于吾国之功则不小。清代考据之学发达，并较前代为精确，实受耶稣会士科学译著之影响。而彼等所译之四书五经，流入西欧，转为反对宗教之工具，这也是教士们初料所不及的。历史的演变，有时似乎在和人们开玩笑。

总之，凡一种学问，不论出于何时何地，一与其他学问接触，均能彼此影响。至影响之大小久暂，则要以时代之需要为归。

（原载蒋梦麟：《谈学问》，台北正中书局1955年版）

1895—1990

钱穆：中西文化接触之回顾与前瞻

一

中国人独创东方文化，已有五千年以上深厚博大之历史，其间亦未尝无与外来文化接触融合之经过。第一次外来文化之传入，厥为印度之佛教哲理，其事开始于中国东汉之世，正当公元 1 世纪之时代。其时中国政治制度、社会风俗，以及人民思想、经济各方面，方渐渐走入一衰退之厄运中，对其自身传统文化，发生甚深微之摇动，而印度佛教乃纯以其哲理与信心与中国人以一种和平而纯洁之刺激，遂以获得中国最高思想界最真诚之同情与探究，而印度佛教遂得全部移植于东土。其时中国人不仅虚心接受，抑且发挥光大，使流布中国之佛教哲理继续精深化，而有青出于蓝之誉。经过六百年之长时期，当公元 7 世纪之开始，中国人已自衰退厄运中重新发现其固有文化之精神，重创隋唐统一盛世，灿烂光辉，照耀千古。而在中国之印度佛理亦复登峰造极，同时发展至最高之顶点。正当 7 世纪中叶，在初唐之盛时，而中国禅宗崛起，遂使印度佛教哲理完全中国化，以消融和纳于中国传统文化之内。于是在中国人独创之东方文化中，乃包藏有甚深微妙之印度佛教哲理之大宝库，此乃中国人第一次接触其近西邻邦之异文化，而发现中国人惊人的虚心了解与深细调和之伟大能力，而完成其东方文化创展过程中，一至艰巨之工作。

正当东方中印两文化在中国人手里调和统一之际，而其更西邻邦阿剌伯适有回教主穆罕默德之崛起，自此以往，回教文明蓬勃光昌，遂与我大唐盛世东西照耀，为当时东方世界人类文明两大灯塔，茫茫人海，胥于此仰望而归趣。而我中国人正以其发皇荣盛之大气度，披豁胸襟，坦白展开其西北西南海陆两大交通线，以与阿剌伯、波斯回教新文明相接触。其时大食、波斯我西邻诸邦人，自海自陆，足迹交遍于中国，边陲腹地，靡不有其踪影，而广州一埠据晚唐史籍记载，其大食波斯商人之客居者乃约廿万。盖已与我中国人如水乳之融，梅盐之和，其物质食货之相交易，精神学术之相染导，其深细博大，尚有为近世考古论史者之所未尽悉。而回教礼拜堂遂与佛寺道院同为中国人民自由信仰之一宗，而回教人民乃为我近代中华共和建国之一支。盖经唐历宋，迄于公元13世纪之时代，华、回交通，亦复绵亘六百年之久，而我中国人独创之东方文化中，又复重新包藏有简洁刚劲之阿剌伯回教文化之大宝库。此又中国人再度与其更西邻之异文化相接触，而发现中国人勇敢之宽容，与宏深之消纳之伟大能力，而完成其东方文化创展过程中又一艰巨之工作。

要而言之，印度佛教文明之影响于中国者，以信仰与思维方面为深，而阿剌伯回教文明之传播于中国者，以文物与创制方面为广。

一属抽象的形而上者,一属具体的形而下者。然则中国人对外来文化接受消融之能力,直上直下,无粗无细,兼容并包;如大海之纳众流,泱泱乎诚大平原民族文化应有之征象。

二

阿剌伯回教民族与中国之交通,不仅克尽其华、回文化对流之职责,更复为中国文明传播达于其更远西邻欧洲诸邦之媒介,继此而往,我中国文化遂与其更远西邻欧洲诸邦有较亲密之接触。初则阿剌伯人为之传递,继则蒙古人为之播扬,而中国物质创制为近代世界文明开先路之利器,如印刷术、造纸术、罗盘针、火药等等,乃次第为欧西人所习得,而为彼邦近代文明发展尽一至大之贡献。

自公元11世纪之末叶,欧洲十字军初兴,为泰西中古时期以后接触东土文化之第一步。下至15世纪之末,哥伦布放船西渡,直达新大陆,而全世界形势为之幡然丕变。自此以往,葡萄牙、荷兰诸邦人相率接踵而达中国之海岸,则已在我明代之季世。

公元10世纪之初期,我中国自大唐之盛极而衰,其文化之急激腐化,一时情势之险恶,正无异于西方罗马帝国之覆灭。幸而经五代之黑暗扰攘,前后不出百年之时期,而宋人遽能以其清明宁静之头脑,和缓平淡之手腕,将中国传统文化继续加以调整振作,为近代中国一千年文教风俗树立一新基。不幸矫枉过正,弊亦不免,始终不能对北方辽金压迫,作有力之挞伐。及乎蒙古忽起,以其震古烁今之武力,横扫亚、欧两大陆,铁骑所至,如狂风之卷枯叶,绝无抗者。南至印度，西及俄罗斯，无不俯首受其统治。而我中国当文胜积弱之余，金、夏、南宋三方分裂之局面，各自支撑，犹能抗衡达于七十六年之久，经成吉斯汗至忽必烈，积五世之经营，而中国乃为所吞并。则我中国人数千年传统文化虽主以平和建国，其民族团结坚韧抵抗外族①侵略潜力之深厚伟大，超出并世诸邦，亦以此大白于世。

然正唯为此，而中国民族所受之创巨痛深，乃不可言喻。元人统治仅百载，而明祖光复，其三百年间社会之富盛，疆土之开拓，几与大唐相并驾。然明代人对传统文化上之贡献，则实未能超过宋人之上。当耶稣教士挟其西方新文明远渡重洋剥啄款关之声初起，而明代社会已值鱼烂土崩不可收拾之时，不久而满族入主，中国之在部族狭义政权统治之下者又三百年。

盖大体言之，自宋以来千年之中国，亦为其文化新生迭受摧压较为黯淡之期，然而马可·波罗于元代来中国，已惊诧其政制之完密，文物之富盛，归而为书以谂西土，西土人怪之，有不以为信者。及夫清代初叶，当公元 17、18 世纪之间，西方学者尝深羡中国之文教风物，我中国儒家之理论，与夫当时康熙大帝之政绩，每为彼中人所乐道，则我中国人东方文化之继续影响于西方，迄兹未辍。此虽近世西方学者亦不讳其事。此诚足以证明我中国传统文化绵历

---

① 我国古时以"异族"、"外族"、"胡"、"蛮"、"夷"等来称呼少数民族，有其时代局限性。本书尊重作者表述，此类问题不一一指出，请读者审慎看待。——编者注

之久，蕴孕之富，然就中国史本身言之，则此一时期之中国人，实较其祖先，已远为落后，虽为外邦所称道所赞慕，而我中国人则所当引以为惭，不当引以为傲。

三

自18世纪中叶以下，西方科学之发明，机械之创制，突飞猛进，而工商百业，骎骎有一日千里之势。社会实力日臻富强，遂闯破人类亘古未有之界限。此两百年来西方物质生活之扶摇直上，急剧刺激西方人之内心，使相应而起深刻之变化。科学的唯物论，与夫生物的进化论，遂弥漫流行于西方世界之心里。彼辈对于其自身传统文化之看法，既已大异于畴昔。彼辈常以其目前社会居于历史进化之顶点，而又以其小我自身为社会之中心，以为各自有其无限自由之发舒。彼辈遂以白色人种为世界优秀独异之民族。于是挟其富强盛势以临我，其视我如半开化之蛮人，盖与非、美、澳诸洲土族相去无几。此显已与18世纪中叶以前之西方观念大异其趣。

而反视我中国人，自明代末叶经历清室政权三百年之间，本已在文化的病态下支撑度日，气量既不能如唐人之阔大，头脑亦不能如宋人之清明。西方新文化潮流源源冲荡而来，在嘉、道以下，19世纪之初叶，显已有莫可阻遏之势，而中国人颟顸闭拒，绝不能如唐人对外之勇快接纳，亦不能如宋人之深细分疏。然亦因其时西方正当物质势力高涨，其深深压迫于我者，实以商人之牟利为前锋，兵舰之耀武为后盾。耶稣教士之在西方，早已貌是神非，跟逐于商人兵士之后尘，以福音之宣传，配协于货利之争寻。我中国人对西方新势力之压迫，先则恶之忌之，后则惊焉眩焉。盖嘉、道以下中国人心眼中之西方文化，一则曰货利，再则曰武力，"富强"二字足以尽之。因此中国人此后虽欲诚心接受西方文化，而看法既错，乃不能如东汉以下中国人对于印度佛教哲理之从纯粹文化真理上探究其本源。于是为西方文化两大骨干之"宗教"与"科学"，遂同样为中国人所误认。中国人大抵鄙其宗教而尊其科学，而中国人所羡者实乃西方科学方法应用之效果，非西方科学精神发明之源头。近百年来之中国人，遂以其急功近利之浅薄观念自促其传统旧文化之崩溃，而终亦未能接近西方新文化之真相。直至于今，前后几及一百年之稗贩抄袭，非驴非马，不中不西，辗转反复，病痛百出。

然就中国已往历史言之，印度阿剌伯文明之消融接纳，前后各历六百年之久，而欧洲文化之来东土，则尚不过三百年。虽印度文化之传入，纯以学理信心相感召，故不易起中国人之反感。阿剌伯文化之传入，正当中国盛世，故易于大气包举。今欧洲文化之东渐，一方正值中国衰世，力不足以负之而趋。在中国之接势既弱，而在欧洲之送势又过猛。18世纪以下之西方东渐，实以商业兵戎为主，而文化学术为附，亦不能使中国人诚心乐就。合此两因，遂使近代中国人迷惘前却，走了一百年冤枉路，而仍未得中西文化第三度接触融合消化之益。

然途穷则思返，今中国国内有识之士，乃渐渐觉悟纯以功利观念为文化估价之无当。自今以后，中国人殆将一洗已往功利积习，重回头来再认中国传统文化之真价值,亦必能同时认识西方文化之真精神。如此融会调和,若以中国对印回文化往例言之,再历三百年时期,中国人必然胜任愉快,对此最后一批最远西邻之新文化充分接纳消融,以完成其东方文化创展过程中所遇最艰巨之第三步工作。

四

今再就西方文化言之,彼自18世纪中叶以后,积二百年来物质生活之突飞猛进,亦复与其以往宗教、哲学、文学、艺术种种传统相脱节,而形成畸形发展之病态。内力不断向外发射,已达其周限,乃屈折反向自身,而造成近三十年来两度空前之大战争。此后西方人士殆亦将重回头来,对其自身文化有一番新认识,则同时其对东方文化亦必将有一番新估价。则最后世界人类两大文化,一东一西,为茫茫人海之两座大灯塔,到其时必将放射新光,互相辉映,使人类在惊浪骇涛中重得靠岸。

我侪在此全世界战云笼罩之际,而发心为中西文化之再探讨,其事虽迂,其愿则宏。深识伟抱之士,有闻声相赴者,吾敬先三熏而三沐之。

[民国三十年(1941年)六月作,原载华西大学《华文月刊》第1卷第2期,三十一年(1942年)四月,题名《东西文化之再探讨》;四川《中国文化月刊》第1期,三十四年(1945年)九月,改为本题名。辑入钱穆:《文化与教育》,九州出版社2011年版]

1891—1958

刘文典：怎样叫做中西学术之沟通

从前我们中国人看见西洋人驾了轮船、开起大炮打来，我们共鼓、货狄刳木为的舟，倕做的弓，浮游的矢，是万万敌他不过；又看见铜壶不如钟表，火柴胜似钻燧，于是不能不承认西洋人有术。然而这"术"字里面还含得有"邪术"、"魔术"的意味。后来渐渐晓得轮船钟表的机栝也不过是铜铁打造，弹药火柴的原料也不过是硫磺、硝、磷等物制成，就不能不承认西洋人有艺术，不能不承认他的艺术比我们高强了。但是却还不晓得西洋人也有学，更不晓得他们的学比我们的精深。

后来渐渐也有人晓得，轮船、大炮、钟表、火柴都不是一个巧工能凭空创造出来的，都是数学、物理、化学的产物，于是也就渐渐有人肯去研究那"声光电化之学"。虽是为了种种原因，没有人真能深造，却也略略尝着了近世自然科学的滋味。这时候的人士，都以为西洋人的学，只有"声光电化之学"，至于那"修齐治平之道"、"身心性命之学"，究非西洋人所能有的。若是有人向他们说，西洋人除了这些自然科学之外，还有那极精深的文化科学，恐怕未必有人肯信哩。所以"中学为体，西学为用"这句话，在几十年前，差不多是个不可动摇的原则。当时的所谓"学士大夫"，一面要读那些什么洋务汇编、西学大全之类，一面还要读《十三经注疏》、《性理大全》，用后者去做"体"，用前者去做"用"。若是二者都能熟读，就是一位体用兼全的鸿儒了。

近二十年来，一般人也渐渐晓得西洋人有哲学，有法学，有政治学，有伦理学，甚至于也有考据，也有辞章，还有那新生的、进步很快、功用极大的社会学，并且也晓得我们中国古已有之的那些学问，在今日这样的时势，要专靠他去"修齐治平"，有些靠不住了，所以也很有一班人去研究西洋的文化科学，也很有人能研究到精深的地步，思想界也受了极大的影响，引起了极大的变化，社会上、政治上也惊人有些变动了。要论自来文明的传播，精神的方面本比物质的方面迟缓些、难些，现在文化科学既已输送进来，消化营养虽然还是未知之数，总算在张开口来吃了。这本是很可乐观的现象。

然而近来却有一个现象，就是常常有人要做那"中西学术沟通"的功夫。开动口、提起笔，总是说西洋学问的什么原理，则是中国古时已经有的，哪位圣贤、哪位学者早已经说过的；西洋的哪一科学问，中国古时已经很发达的；西洋学者的哪一句话，就是中国古书上的哪一句话。说到归结总是中国的古的好，西洋的新的没什么稀罕。要说这种"沟通"之心理的起源，实在是对于本国固有的旧学迷信过深，想利用自己"浅尝"来的西洋科学上的一些知识，来反证中国学问的精微奇妙。由这强烈过度的感情就生出那对于"中学"价值之误算。这还是很有诚意的"沟通",至于那无诚意的,老实说一句,就是有心要罗列许多书名、人名、学名,来自炫其"学贯中西"罢了。那无诚意的且不去说他,就是这种有诚意的"沟通",其结果于治"中学"的、治"西学"的都有恶影响。于他本身的学业,不消说也有不利了。

我在上一段,轻轻的说了一句"对于中学价值之误算",语意恐怕不大明了,这句话是本篇的主旨,不能不说得详细些,说明白了,自然也就推出个结论来了。

世界上的文明系,细说起来,为数不少,然而主要的却只有三个,就是欧洲的希腊系、亚洲的中国系、印度系。希腊是西洋文明的源泉,西洋人的思想大都是以希腊的思想为基础,从一面看来现代哲学上的许多大问题,都是希腊人提出的,并且当日都研究过一番,下过解决的,现代又重新加以现代式的研究,下个现代式的解决罢了。然而,从另一方面看来,希腊的学术却自是希腊的学术,近代的学术却自是近代的学术,各有独立的精神、特殊的色彩。

印度民族还住在中央亚细亚的时候,已经颇有文化了,后来渐渐南下,一支到了波斯,一支到了印度。波斯这一支的文明,直接与了基督教许多影响,间接使欧洲、中国和近世初期的文化生了许多的变化。印度这一支因为土地的关系,文化思想发达得极高极快,成了婆罗门教和佛教,使中国、日本的思想文化起了重大的变更。

中国系的文明，无待我细说了，纵要细说，篇幅也不许的。不过有几句话，我却要郑重声明，就是中国这民族，纵然是如何优秀，究竟也是一般的人类，其文明的发达，也要和其他民族，循同一的程序，守同一的法则，循同样的条件。换言之，就是也要循序渐进，也有盘旋曲折，也要文化到了某点，社会状况到了某样，才得有某种学说发生。譬如几个学生，内中这一个，无论他是怎样的"天纵之圣"，他的学问也要循序渐进，纵是比别人进步得快些，也决不能未学算术就能懂微分积分，未学过无机化学就能晓得生物化学、天体化学，这是个普遍的定理，中国的"古人"也不得而独外的。

综观各系文明的发达，时间上虽难免有些参差，那路径却都是一致的。地理上、政治上、经济上、社会上的条件齐备了，那自从原人时代积累来的文化，必然要大起发酵作用，发生一种光辉灿烂的文明。那希腊的文明、印度的古文明、中国晚周的文明，就是在这种条件法则之下产生出来的。后来不久因为民族精神上的惰性，加之条件的欠缺，就一定要衰竭了。久后新得了有利的条件，民族精神复原，就一定又要重兴，比先前更有光彩。要是没有再具备条件的机会，也就会一蹶不振，像那埃及、巴比伦就是证例。

要以公平的眼光，观察这三大文明，可以发见这三系的古代文明有许多处是一致的。这是什么缘故呢？因为太古的民族，都是很新鲜、很活泼的，其头脑里前人的传说印得不多，纵然有些，也没有多大的威权，思想复能自由，而生活状况相差得又不远，所以各民族之看自然、看人生，眼光都大略相同。纵然因为地理上的关系，某民族对于某种现象特别注意，下特殊的解释，然而这也只是程度上的差异，并非根本的不同，所以两个古文明有些一致的地方，这也是件当然的事，毫无什么奇怪。别人家同我一致，我同别人家一致，也并没有什么可夸耀的地方。我的朋友胡适之，著了一部《中国哲学史大纲》，这部书的价值，实在可以算得是中国近代一部 epoch making 的书，就是西洋人著西洋哲学史，也只有德国的 Windelband 和美国的 Thilly 两位名家的书著得和他一样好。我尤喜欢就是他这书的第一篇里的几句话，他道："我所用的比较参证的材料，便是西洋的哲学。但我虽用西洋哲学作参考资料，并不以为中国古代也有某种学说，便可以自夸自喜。做历史的人，千万不可存一毫主观的成见，但东西的学术思想的互相印证，互相发明，至多不过可以见得人类的官能心理大概相同，故遇着大同小异的境地时势，便会产出大同小异的思想学派。东家所有，西家所无，只因为时势境地不同，西家未必不如东家，东家也不配夸炫于西家。何况东西所同有，谁也不配夸张自豪。"这是何等的胸襟，何等的识见。我看他有这样的学问、识见，就劝他再用几年的心力，做一部需要最切的、西洋学者都还想不到的、做不到的"比较哲学史"，把世界各系的古文明，做个大大的比较研究。我以为除了这种研究之外，再没有什么中西学术的沟通了。

把中国固有的思想学派和其他的文明系作一个比较，说一句公平的话，纵不敢自夸是比人高些，却也不能说就一定比人低些，历史上的价值是很重的。然而，其价值却只限于历史上的，因为中国的思想学派,自从嵌入铁铸的模子以来,虽然不能说是绝无变迁,绝未进化,毕竟未曾有过根本的改革,产生过新文明来。中国近代的学派思想和古代的学派思想,虽然不一样,然而毕竟是经过几番变迁的旧思想、旧学术,决不能算脱过胎换过骨的新思想、新学术,我固然不敢妄自菲薄,说他毫无价值,却也不肯过分恭维,说他在历史上的价值以外,还有和近世学术同等的价值。

现在那许多"沟通家",要是把中国古代的思想学术和西洋古代的思想学术沟通,研求当中的一致点,互相发明参证,这本是一件极好的事,我们哪敢反对,只有欢迎。无奈他们大多数都是误算了中国学术的真价值,始终把中国古代的学术思想看得和西洋近代的学术思想是个对峙的、匹敌的,硬要把两个不相干的东西往一起拉拢。既忘却本国学术的价值,把别国学术的价值又没有看清楚,所以费了老大的气力,其结果还是一场毫无意义的徒劳,或竟是许多令人发笑的喜剧。

西洋的近代学术,不但和中国古代的学术不同,就和西洋古代的学术也不是一样。要细论西洋近代科学的方法、性质,就成了"科学之哲学"philosophie der wissenschaft 一个专科,非专门名家著一部大书,说不清楚的。单是粗粗的说来,先要把所经验的对象各从其类聚在一个"类概念"之下,这第一步的功夫就叫作分类(einteilung),再把各类所有的特征分析开来,以其类概念为主部命题的宾部都说出来,这第二步的功夫就叫作记述(beschreibung),做到第二步功夫,才算略具科学的雏形,这种记述的科学（beschreibung wissenschaft）的价值还没多大，要再进一步求得其中的原理，加合理的说明，才算得这种说明的科学（erklarende wissenschaft），还更要能"利用厚生"，其价值才算高贵，不论自然科学、人文科学（geisteswissenschaft），都是要如此的。近世"学"这个名词的定义，虽然是各家各派都有不同，然而至少总要是"有系统有组织的知识"才能当得起的。从这种严密的意味来说，中国学术在今日科学界的位置和价值也就可以略略见得了。

中国古来许多学者，那种敏锐的思路、透彻的观察力、绵密的组织力，本来不在西洋学者之下。近世科学上的许多大问题，真难为他们早经见到，早经提出，然而见到提出不就算能研究能解决，零零碎碎的知识，比不得有系统组织的学问。例如希腊的辩者才浓（Zeno）说极小的距离都是无限的，那终点是达不到的。那绝尘超影的 Achilles 和一个乌龟，不论距离怎么近，Achilles 都追不上他，因为要追上龟，先要走过这距离的一半，再要走过这一半之一半，以至无穷，还是追不上。中国的辩者惠施说："一尺之棰，日取其半，万世不竭。"司马彪解得最得当，说："若其可析，则常有两；若其不可析，其一常存。"这中西的两位大辩者的话，是一个原理。然而惠施的话永远颠扑不破，才浓却犯了一件大谬，不该把 Achilles 纯一不可分的运动，当作个可以分割的直线，被柏格孙（Bergson）驳倒了（详见 *Creative Evolution* 的第 327—328 页）。照这样看来，惠施似乎比才浓高明些吗？其实也不然，惠施的"镞矢之疾而有不行不止之时"和才浓犯的是一个毛病。无论哪国的辩者、论师，都是逻辑或者因明的先驱，都有相当的功绩、相当的价值。要是以中国出了辩者，就是莫大的光荣，硬说他比别国的辩者高些，甚至于说他比亚里斯多德，比陈那，比密尔都高些，那就是大错了。近世逻辑说到最高处有认识论的逻辑（erkenntnistheoretische logik），中国古代墨子的《经下》已经讲到了"物之所以然，与所以知之，与所以使人知之……"的话，荀子的《正名》篇也提到了"缘天官"的话头，这自然是墨子、荀子的高处，然而却不能说西洋逻辑、印度因明，都是拾我们先秦诸子的唾余，或是说荀子、墨子的学问和西洋近世学者的学问有同等的价值。因为他们二位不过是提及这句话，见到这一层并未能有精密的研究，下正确的解决。

又例如《庄子》一书，说生物进化的地方，颇有几处，这篇道"万物皆种也，以不同形相禅，始卒若环，莫得其伦，是谓天均"。这"种"字据我看来，恐怕不是种类（species）的种，好像是种子 seed，在说"种有几"，可见不是说种类。"天均"好像是现在生物学上所谓"自然界之均平"natural balance。《至乐》篇说得更详细些，"种有几，得水则为继，得水土之际则为蛙蠙之衣，生于陵屯则为陵舄，陵舄得郁栖则为乌足。乌足之根为蛴螬，其叶为胡蝶。胡蝶胥也化而为虫，生于灶下，其状若脱，其名为鸲掇。鸲掇千日为鸟，其名为乾余骨。乾余骨之沫为斯弥，斯弥为食醯。颐辂生乎食醯，黄軦生乎九猷，瞀芮生乎腐蠸。羊奚比乎不筍，久竹生青宁；青宁生程，程生马，马生人，人又反入于机。万物皆出于机，皆入于机。"这一段说明高等生物中人类是从下等的原生物（protista）进化出来的，继和蛙之衣、陵舄究竟是什么，我们现在实在指不出他的"学名"来，但就文意推测，可以说是原生植物（protophyta）中的原藻、原菌。乌足既有根，当然是"后生植物"了。由乌足进化成虫，成鸟，更进化成"哺乳类的马"、"狭鼻门"的人。庄子当日要不是经了许多细心的观察，绝说不出这一段话来。我们当然承认庄子是曾经见到了生物进化的现象。二千多年前的人，就能见到这一层，说出这番话，本也是难能可贵的。但是现在"沟通派"的学者，看见庄子这些话，就同拾了宝贝一般，要把他抬来和西洋的达尔文、赫凯尔对垒，这就未免有些差了。在庄子的二三百年之前，希腊的哲学家亚拿克西曼德尔也就说"自化"，说"无动而不变"，说"无时而不移"，说第一个生物是生在水里，说人是由鱼类进化来的。其详细的学说，我虽不通希腊文，没有能读他的著作，晓得不清楚，单就希腊哲学史上看来，有些处似乎比《庄子》上说得还更微妙些。西洋二千多年前就有了这样的大学者，岂不光彩么？何以不但希腊人未闻把他抬出来，和英国达尔文、德国赫凯尔对抗，别国的学者对于希腊哲学很下功夫研究，极其看得重，也没有人说亚拿克西曼德尔就算进化论的发明家呢。因为要说进化论，不仅是见到生物进化的现象就能了事，一定要推求出原理来，建立成系统来，提得出确实的证据，下得了不移的结论，才能算的。近世的进化论，都是仗着理化科学的助力（像那物理学产物显微镜、化学产物染色法等类），应用最新的研究法（像比较研究法之类），根据解剖学、组织学、形态学、生理学、地质学、古生物学等确切不移的自然科学，从最下等的摩内拉（moneren）到高等的人类，从身体以至精神，从"个体发生"以至"系统发生"，寻出来一个一贯的系统，然后才敢倡导进化论，他这进化论也才有价值。若是仅仅看得出生物进化的个别现象，在古时固很可贵，在今日算地什么呢。所以我们只能把庄子在哲学史上的地位看得和亚拿克西曼德尔一般高，因他们两位的话，晓得生物进化这个现象，是自古就有人注目的罢了。要是想把庄子的话来和近世进化论沟通，这岂不是一场喜剧吗？

仅仅说一句话，纵然说得十分对劲，也只能说这句话不错，不能说有学术上的价值。我去年夏天游京西的香山，在路旁一株大树下歇凉，听见两个驴夫在谈轮回，说什么样的人死后就投胎做驴，旁边有个卖甜瓜的人说道："哪有这些话！世间万物都是自然而生。"我笑向同游的朋友道："好一位生物哲学家！不料我这里遇见一位主张'自然发生说'autogony hypothesis 的。"我这句话不过是一时的戏言，卖甜瓜的人所说的"自然"，也未必是 autogony 的意义，他这一句话如何能和赫凯尔的学说比。不料"沟通家"却正色庄语的说这种戏言。

现在那些"沟通派"的沟通，大概都是如此的。只要看见中国古书上有人说过科学上的哪个现象，提出过科学上哪个问题，就想把这部古书来和近世的哪科学问沟通，全不晓得看见现象提出问题是一事，解决问题建立系统又是一事。现象是聪明人都看得见的，问题是有点思想的人就能提出的，所难的就是下正确的解决，组织成系统。近世科学也是经了很长的发达阶级，受了别科学问的补助，才得成立的。中国古人生在这发达阶级之前，又没有别科学问的助力，如何能得近世科学所得的结果呢？他的话更如何能和近世科学沟通呢？至于"社会的科学"，更是要等社会组织到了某点，才会发生某种学说，例如中古时代的经济组织之下，亚丹斯密的学说不会发生，机器还未通行，怎能有马克斯的学说呢？然而今日的沟通家却会把封建时代的经济组织之下发生的孔氏学说，和现在这样的时世的经济学沟通，说他的学说很适于20世纪的经济组织。

此外还有那当然相合的，例如管子的《水地》篇说："集于草木，根得其度，华得其数，实得其量，鸟兽得之，形体肥大，羽毛丰茂，文理明著，万物莫不尽其几，反其常者，水之内度适也……故曰水者何也，万物之本原也，诸生之宗室也。"希腊的塔里斯（Thales）所说的和他大致不差。这是由于上古的思想家都觉得这万汇纷纭的世界，总有个共通的本原，看那"集于天地而藏于万物"的水，是一切生物所少不了的。当然都先把水看作"万物之本原，诸生之宗室"了。又例如中国古人讲五行，西洋古人也讲四行，这是因为思想家把这统一的宇宙要分析为几种相异的构成原质，当然就都会想到那些形质最特异的土、水、火、风、木、金等类了。这种的相合处，只能互相参证，无所用其沟通的。至于那偶然的巧合，像《庄子·养生》篇有庖丁解牛的话，柏拉图的 Phaedrus 上也有这样的话，那就更算不了什么，绝没有稀罕处，不过是一样的比喻罢了。

要是中国古人有一两条说头，经了西洋近世科学的确实证明，固然是很可喜的，然而其价值也毕竟有限度的，也不该就自夸自豪，甚至于把他来"电光放大"。像墨子的《经》里说:"圜一中同长也。"这是说圆心只有一个,圆周上无论哪一点和圆心的距离都是相等的。墨子这一条和近世几何学无丝毫差异。又"辩或谓之牛,谓之非牛,是争彼也,是不俱当,不俱当,必或不当"。这明明是近世逻辑里五大根本原理里的"拒中原理"Principle of Excluded Middle(或译"不容间位原理"或译"排中律")。其他光学、逻辑、几何学的定理很是不少的。我们读了只能据以推定当时科学程度已经很高,对他表相当的崇敬,要是因此就说中国古代的科学高于西洋的今日,那就和那些妄人看见有书上说墨子造过飞鸢,说他会造飞艇飞机都是一般的说梦话。

照这样说,中西的学术,就绝对的不可沟通吗?这也不然。要有那好学深思之士,具有综观世界各系文明的眼光,去了好虚体面的客气,晓得了近世科学的方法、性质、价值,明白了学术之历史的发达路径,把中西学术作个比较的研究,求两系文明的化合,这倒是学界一种绝大的胜业,要照这样的沟通,中国的玄学、心学、政治哲学、人生哲学,可以和西洋学术沟通的处所多着哩。

(原载《新中国》第 1 卷第 6 号,1919 年)

汤用彤：评近人之文化研究

西哲恒言，谓希腊文治之季世，得神经衰弱症（Greek Failure of Nerves）。盖内则学术崩颓，偷慢怀疑之说兴；外则魔教四侵，妖异诡秘之神夥。亦以荣卫不良，病菌自盛也。今日中国固有之精神湮灭，饥不择食，寒不择衣，聚议纷纷，莫衷一是。所谓文化之研究，实亦衰象之一。菲薄国学者，不但为学术之破坏；且对于古人加以轻谩薄骂，若以仇死人为进道之因，谈学术必须尚意气也者。其输入欧化亦卑之无甚高论，于哲理则膜拜杜威、尼采之流；于戏剧则拥戴易卜生、萧伯纳诸家。以山额与达尔文同称，以柏拉图与马克斯并论。罗素抵沪，欢迎者拟之孔子；杜威莅晋，推尊者比之为慈氏。今姑不言孔子、慈氏与二子学说轩轾。顾杜威、罗素在西方文化与孔子、慈氏在中印所占地位，高下悬殊，自不可掩。此种言论不但拟于不伦，而且丧失国体。主张保守旧化者亦常仰承外人鼻息，谓倭铿得自强不息之精神，杜威主天（指西方之自然研究）人（指东方之人事研究）合一之说，柏格森得唯识精义，泰戈尔为印化复兴渊泉。间闻三数西人称美亚洲文化，或且集团体研究，不问其持论是否深得东方精神，研究者之旨意何在，遂欣然相告，谓欧美文化迅即败坏，亚洲文化将起而代之。其实西人科学事实上之搜求，不必为崇尚之征，即于彼所诬为野蛮人者如黑种、红种亦考究綦详。且其对于外化即甚推尊，亦未必竟至移易风俗。数十年前，欧洲学者极力表彰印度学术之优美，然西方文化讫未受佛土丝毫影响。前此狂热现亦稍杀。泰戈尔去岁重游新大陆，即不如初次之举国欢迎。盖凡此论著咸以成见为先，不悉其终始。维新者以西人为祖师，守旧者借外族为护符，不知文化之研究乃真理之讨论，新旧敽然，意气相逼，对于欧美则同作木偶之崇拜，视政客之媚外恐有过之无不及也。

时学之弊，曰浅，曰隘。浅隘则是非颠倒，真理埋没；浅则论不探源；隘则敷陈多误。中西文化不同之点浅而易见者，自为科学之有无，近人解释其故，略有二说：（一）谓中国不重实验，轻视应用，故无科学。然按之事实，适得其反。盖科学之起，非应实用之要求。物理一科，不因造汽舟汽车而成；化学一科，不为制毒弹毒气而设。欧西科学远出希腊，其动机实在理论之兴趣。亚里士多德集一时科学之大成，顾其立言之旨，悉为哲理之讨论。即今日科学曷尝不主理性。如相对论虽出于理想，而可使全科学界震动。数学者，各科学之基础也，而其组织全出空理。梁任公今日学者巨子，然其言曰："从前西洋文明，总不免将理想实际分为两橛，（中略）科学一个反动，唯物学派遂席卷天下，把高的理想又丢掉了。"此种论调，或以科学全出实用，或以科学理想低下，实混工程机械与理想科学为一，俱未探源立说。然国中学者本兹误解，痛邦人之凤尚空谈，不求实际，提倡实验精神，以为救国良药。不知华人立身讲学，原专主人生，趋重实际，于政法、商业至为擅长，于数理、名学极为欠缺。希腊哲学发达而科学亦兴，我国几无哲学（指**知识论、本质论言。人生哲学本诸实用兴趣，故中国有之**），故亦无科学。因果昭然，无俟多说。处中国而倡实验以求精神及高尚理想之发展，所谓以血洗血，其污益甚。第（二）种科学发源解说，见之梁漱溟先生书中，与前说可相表里。意谓中国非理论之精神太发达："非理论之精神是玄学的精神，而理论者便是科学之所成就。"夫非理论之途有二：一为趋重神秘。何谓神秘？"大约一个观念或一个经验不容理智施其作用。"印度学术是矣。（**印度虽有纯正哲学，然与神秘宗教混合，故科学亦不发达。**）一为限于人生。言事之实而不究事之学。重人事而不考物律。注意道德心性之学，而轻置自然界之真质。此亦与科学精神相反。中国是矣。中国人确信阴阳，"山有山神，河有河神，宇宙间一件件的事物，天地日月等，都享有主宰的神祇"。梁先生据此为中国玄学发达之确证。不知此类阴阳鬼神之说，其要素有二：一则乞助神权为迷信之作用；一则推测因果为理解之搜探。人类宗教性发展，多崇拜天然物，有巫师有卜筮；如理性发达，讨论既多，迷信遂弱。于是占星流为天文，丹铅进为化学。历史具在，均可考也。至谓阴阳鬼神之说深于玄学之精神，反对理论，乃为形而上学，则立义太狭，必为多数玄学者之所否认也。

时学浅隘，故求同则牵强附会之事多；明异则入主出奴之风盛。世界宗教哲学各有真理，各有特质，不能强为撮合。叔本华——浪漫派之哲学家也，而时人佥以为受印度文化之影响，其实氏之人才非如佛之罗汉，氏言意志不同佛说私欲，其谈幻境则失呋檀多真义，苦行则非佛陀之真谛。印度人厌世，源于无常之恐惧。叔本华悲观，乃意志之无厌。庄周言变迁，初非生物进化论，实言人生之无定，人智之狭小，正处正味，讥物论之不齐，其着眼处决不在诠释生物生长之程序。夫取中外学说互为比附，原为世界学者之通病。然学说各有特点，注意多异，每有同一学理，因立说轻重主旨不侔，而其意义即迥殊，不可强同之也。今日大江南北有所谓"同善社"者出，传闻倡"三教合一"之说，不明儒、释为二种文化之产物。其用心，其方法，其目的均各悬殊，安可勉强混同。此类妄说，附以迷信，诚乱世之妖象也。至若评论文化之优劣，新学家以国学事事可攻，须扫除一切，抹杀一切；旧学家则以为欧美文运将终，科学破产，实为"可怜"。皆本诸成见，非能精考事实，平情立言也。

时学浅隘，其故在对于学问犹未深造，即中外文化之材料实未广搜精求。旧学毁弃，固无论矣。即现在时髦之西方文化，均仅取一偏，失其大体。不知欧美实状者，读今日报章，必以为莎士比亚已成绝响，而易卜生为雅俗所共赏。必以为柏拉图已成陈言，而柏格森则代表西化之转机，蒸蒸日上。至若印度文化，以佛法有"条理可寻"，则据以立说。婆罗门六宗则因价值不高，屏之不论。夫文化为全种全国人民精神上之所结合，研究者应统计全局，不宜偏置。在言者固以一己主张而有去取，在听者依一面之词而不免盲从，此所以今日之受学者多流于固陋也。

（原载《学衡》第 12 期，1922 年 12 月）

1899—1958

罗常培：从文艺晚会说起

1944年5月8日的晚间，从下午7点钟起，在西南联合大学阅览室的草坪上，举行了一个连续五小时，听众过两千人的文艺晚会。广阔的草地免除了墙壁的间隔，皎洁的月光照澈了人间的黑暗，新鲜的空气洗涤掉窒息的污浊，比较拥挤在一间东倒西歪的破屋里——局促、憋闷，丝毫没有回旋余地——实在自由舒服得多了。从始到终，会一直在肃静、宁谧、热烈、渴望的氛围里进行着。席地而坐的盘得脚麻，现场而立的站得腿酸，可是压根儿没听见一丁点儿不耐烦的反应，或无意识的浮嚣。这真让我们这班中年以往的人深切地觉着青年人的可爱。他们在一种诚挚无私的领导之下，得到一种情志上的餍足，自然会无邪地打通了一切隔阂，纯洁自由地朝着共同目标去走。只要把握住这一点，当真可以引发出他们"富贵不能淫，贫贱不能移，威武不能屈"的劲儿来。金钱的牢笼，政治的约束，也许赶不上这种力量来得更大。假如行不通，那么，负领导责任的人就得痛彻反省，不要轻率地把罪过加在青年的头上去。这一点是那晚上使我最受感动的，我很盼望文艺作家把那晚的博大、光明、自由三种象征，扩而充之，用他们的笔打破人类间所有的阻隔、黑暗和逼窄。至于一般爱好文艺的热烈情绪，在我看，倒还在其次。

然而这种情绪却也不可轻视的。合起联大文学院的中国文学、外国文学两系和师范学院的国文、英语两系来计算，真正志愿研究文学的，统共也不过三百多人，那晚涨出将近十倍的听众，究竟从哪里来的呢？据说有由工学院赶来的，有理、法两学院自动参加的，还有附近两个大学和两个中学的学生，也都成群打伙来踊跃听讲，这真应了我从前说过的几句话了：

文化的演变，都是慢慢儿地、一点儿一点儿在那儿变，绝不会抽冷子一下儿从旧的变成新的，可是，改变的泉源既然涌出来以后，不管它潜伏多少年，总有一天会成了很大的潮流，一泻千里地一个劲儿冲下来，越碰见大石头挡着它，越可以激荡成很美丽的浪花；要是有意地去堵塞它，就会叫它蓄积成更大的力量，有一天冲破堤防奔放出来，越发的没法儿收拾！

自从新文艺诞生，到现在已经二十五年了。中间虽然经过安福系的卫道，学衡派的崇文，甲寅派的挣扎，依旧阻遏不住"今日的底他它吗呢吧咧之文变"。由于一般青年普遍爱好文艺的倾向，我们可以肯定地说，尽管有人违反中山先生遗教，硬主张"三民主义文学应该用文言写"，无论如何也摧毁不了这个新生的嫩芽！

至于那晚上十个人"会串式"的讲演，虽然应有尽有地包括了新旧文体的辩争，散文、戏剧、诗歌、小说等各种作品的收获，西洋文学的影响，以及对于文学"遗产"的态度等题目，老实说，每个题目在短促的二十分钟里绝不会发挥尽致的。就是充其量来发挥，也不过把短短二十五年的旧历史加一种检讨罢了。我一向不主张讴歌过去而不瞻望将来的。过去的尽管光荣，毕竟已经过去了，如果老盘旋在这一点上，还怎能希望进步？照我看，新文艺的前途倒不在乎标榜什么主义，却在今日的作家觉悟到以往的缺陷所在，认真去弥补这种缺陷，并且注意到未来的创造。

　　三年前，我同陈寅恪先生在翠湖散步，偶尔谈到中国文学系不容易办的问题。他说："现在中国文学的新旧杂糅，青黄不接，恰好像现在的思想和政治一样。从前模拟《昭明文选》、《古文辞类纂》和李白、杜甫的时代已经过去了，可是许多新作品又堕入了西洋文学家的窠臼，真正创作，实在不很容易。在这旧信念已失，新标准未立以前，当然还上不了轨道。"陈先生的意见自然是有感而发的，若就以往的收获来看，有许多过得去的作品，虽然不见得有意去模拟西洋文学，但在形式和内容两方面，除去一两位不懂外国文的作家，都不免受了"欧化"的影响。而且现在文坛上许多知名之士，就我所能数出来的，像冯至、卞之琳、万家宝、老舍、谢冰心、冯文炳、何容、张骏祥、李广田……哪一位不是学西洋文学出身的？因此我遇到有志创作的学生，便诚恳地告诉他们——先得把外国文念好了再说！这并不是鼓励人们去模拟抄袭，因为要想增加欣赏批评的新观点，熟练创作的新技巧，都离不开这条康庄大道。除非生来是天才，有几个能够靠着时人选集和翻译作品，就成了有名的文学家？如果再扯得远一点，我对于将来大学的文学院课程还提出一个"中西合流，文语分系"的口号来！就是说，中国文学系和外国文学系。应该混同中西，合而为一；另外把中国文学系里的语言文字组和外国文学系里的语言学课程合并起来，改组成语言文字学系。因为国文不通而专念西洋文学，结果和不懂西洋文学、墨守着中国文学"遗产"而高谈建设新文艺的人们同样没有前途。至于现代中国的语言文字学应该打破国界，和印欧系的比较语言学互相发明，那更不待言了。

"五四"前后关于文学的中心理论，简单说来只有两个：一个是要建立一种"活的文学"，一个是要建立一种"人的文学"。前一个理论是文字工具的革新，后一个理论是文学内容的革新。综括起来，就是写实主义和为人生的艺术。稍后一点的创造社，又树立起浪漫主义和唯美主义的旗帜。他们"要追求文学的健全，要实现文学的美"，想把文学当作"精神生活的粮食"，叫人们"可以感到多少生的欢喜，可以感到多少生的跳跃"。这两种虽然各有他们的立场，然而我个人却觉得文艺是离不开生活的。当前的大时代真是千载难逢的机会，爱好文艺的人们不必纷纷渡过太平洋，却应该把握住当下前方后方的一切现象，设身处地去体验各色人等的实际生活，再把他们深刻地描写下来，尽情暴露出来。抗战虽然经过七个年头儿了，试问有几部和时代配合的伟大作品，能够垂诸不朽？要想不放过这个时代，那么，作家的下乡或入伍是很必要的，圈在后方将被炸掉的象牙塔里描写抗战，那和从前坐在上海租界洋房里的沙发上谈普罗文学同样滑稽可笑！所以我要提出的第二个口号是："文艺离不开生活，要想把握住当前的大时代，有远大抱负的作家应该踊跃地下乡或入伍！"

对于所谓文学"遗产"，我却不把它完全当垃圾看待，也不想里应外合地把它一概拉杂摧烧之；我只想根据历史的眼光、进化的观念，把它如实地认清、公平地估价，坏的固然不必故意隐讳，好的也不必存心摈斥。一个有过几千年历史的民族和国家，无论如何是不会也不该"全盘西化"的。所以我要提出的第三个口号是："要拿历史的眼光重新估定中国文学的价值，还它一个在当时当地应有的地位！"

总之，老调不必再三重弹了。我对于新文艺的前途仍然想到从前那两句老话："我们不必夸耀过去的光荣，应该努力将来的创造！"

（原载《云南日报》第 2 版"星期论文"栏，
1944 年 5 月 21 日）

闻一多：美国化的清华

1899—1946

用美国退回赔款办的预备留美的学校，他的目的当然是吸收一点美国文化。所以清华若真做到美国化的程度，是一桩大幸事。实在我常听到我们这里一般美国教授们抱怨中国留美学生——清华当然在内——太不懂美国，太没受着美国文化的好处。他们的意思当然是说清华的教育，虽不算失败，但总有些令人不满意，我说他们的话是一半对，一半不对。怎样讲呢？中国人在他们美国人眼里，随便受他们的同化到什么地步，总不会同一个美国本地人一样，但是这个人在中国人眼里，总太像一个外国人；这仿佛是一个中国人穿着洋服，说着洋话，站在一群中国人里，俨然是一个洋人，但是走到一群洋人里，总是没有他们自己那样洋。一个留学生真是个"四不像"了。但是正好，他们应该是这样的。清华学生是要受点美国化，当然，不是要变成美国人。这是一般有知识的人的意见。但是我个人的意见比这还不如。

我这意见讲出来，恐怕有点骇人，也有点得罪人。但是这种思想在我脑筋里酝酿了好久，到现在我将离开清华，十年的母校，假若的要有点临别的赠言，我只有这几句话可以对他讲。

我说：清华太美国化了！清华不应该美国化，因为所谓美国文化者实不值得我们去领受！美国文化到底是什么？据我个人观察清华所代表的一点美国化所得来的结果是：笼统地讲，物质主义；零碎地数，经济，实验，平庸，肤浅，虚荣，浮躁，奢华——物质的昌盛，个人的发达……或者清华不能代表美国，清华里的美国人是不是真正的美国人，我不知道。不过清华里的事事物物（*我又拿我那十年的经验的招牌来讲话*），我是知道得清清楚楚的。我敢于说我讲的关于清华的话，是没有错的。我现在没工夫仔细将清华的精神分析出来，以同所谓美国化者对照；我只好举其荦荦大者数端。

（一）经济。除了经济，美国文化还有什么？我们看近来清华要学这个的该有多少？再看别的不学这个的，谁不是以"吃饭"作标准去挑他们的学业？再看从美国回来当买办、经理的该有多少？再听一般人的论调。总是这个有什么"用"？那个有什么"用"？他们除了衣食住的"用"外，还知道什么？他们的思想在哪里？他们的主义在哪里？他们对于新思潮的贡献在哪里？他们的人格理想在哪里？他们的精神生活又在哪里？

（二）实验。很好！清华学生真有干练敏捷之才！"五四"运动证明了，童子军证明了，世界基督教学生同盟大会证明了，几次的灾区服务证明了。但是也只是 efficient 而已啊！

（三）平庸（mediocrity）。清华学生不比别人好，何尝比别人坏呢？很整齐，很灵敏，很干净，很有礼貌，——很过得去。多数不吃烟，不喝酒，不打牌，不逛胡同，——很有规矩。表面上看来清华学生真令人喜欢，但是也只是令人喜欢，不能引起人的敬爱，因为他们没有惊人之长。

（四）肤浅。清华学生真浮浅极了！哪里谈得上学问？哪里谈得上知识？一个个见了人，笑笑眯眯的，真是 a very good fellow，但是真有什么诚意待人吗？外观讲得真好，形势极其整齐，正同这几间大洋楼——礼堂、图书馆……——一种风味。随便在哪，面子总不能不顾。讲新也新得不彻底；讲旧也旧得不彻透。浅啊！浅极了！真是些小孩子们啦！

（五）虚荣。人说我们"急公好义"，我们捐罢，把饭钱都捐了罢，反正菜不够吃，总是要添的。人说我们能自治，学生会、法庭都干起来罢；回头会也没有人到，费也没有人交，什么也都忘掉了。运动啊，演说啊，演戏啊，一切的啊，都是出风头的好工具。

"Our Tsing Hua's pride does still abide, and ever more shall stay！"

（六）浮躁。这更不用讲了。这本来是少年的气象，男儿好身手的本色！不独举动浮躁，行为也浮躁，语言也浮躁。mobspirit！！

（七）奢华。谁说清华学生不浪费？厨房、售品所不用讲，每星期还非看电影不可。贵胄公子，这一点安逸不能不讲。清华的生活看着寻常，其实比一般中等社会人都高；在平时还不觉得，到出洋时，真不差似中了状元，三、四、五、六百块，阔给你瞧瞧！

以上所述的这些，哪样不是美国人的特色？没有出洋时已经这样了；出洋回来以后，也不过戴上几个硕士、博士、经理、工程师的头衔而已；那时这些特色只有变本加厉的。美国化呀！够了！够了！物质文明！我怕你了，厌你了，请你离开我罢！东方文明啊！中国的国魂啊！"盍归乎来！"让我还是做我东方的"老憨"吧！理想的生活啊！

"Oh! Raise up, return to us again;

And give us manners, virtue, freedom, power."

（原载《清华周刊》第 247 期，1922 年 5 月 12 日）

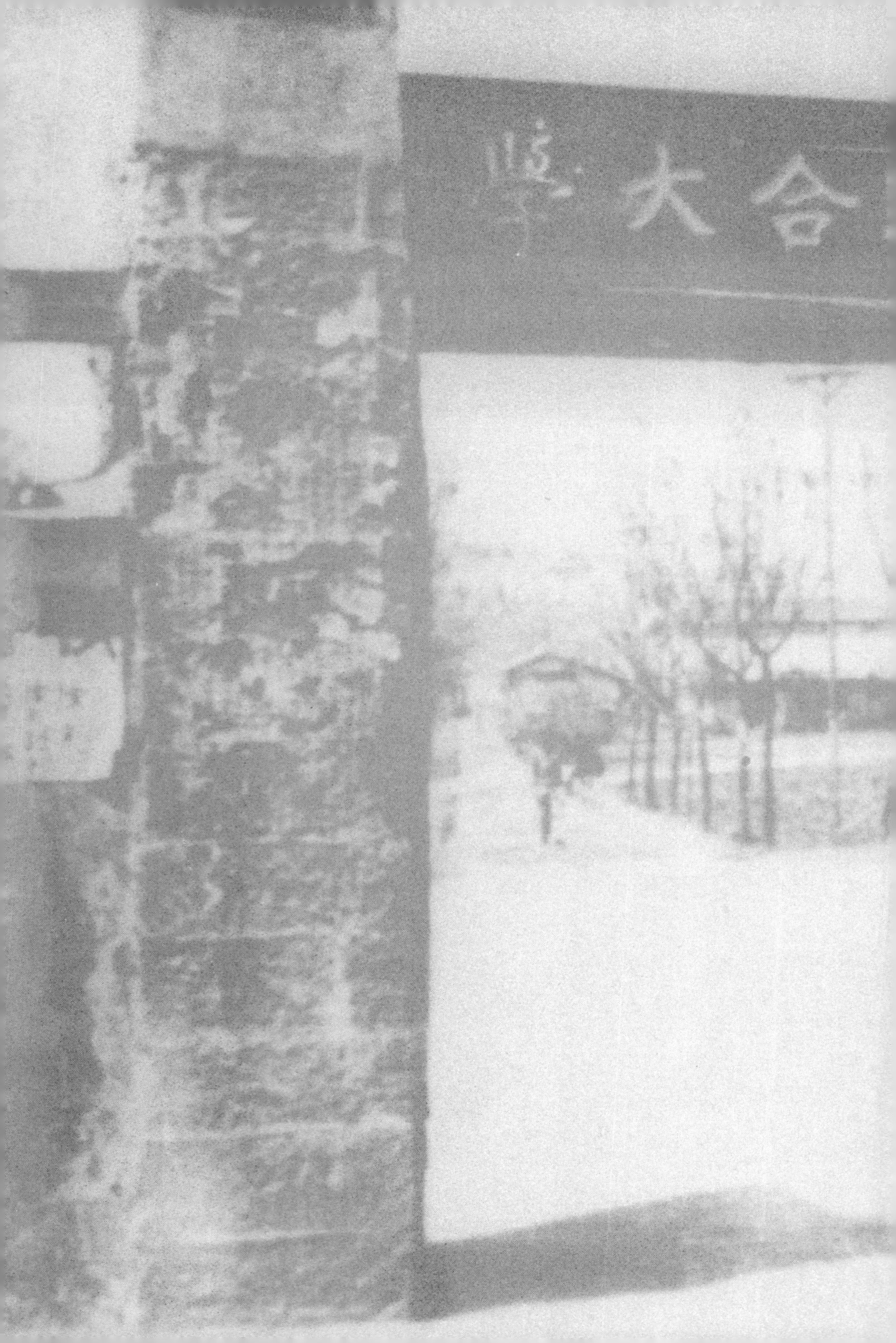
学大合

第七篇 人生境界
人格修养二讲

1937—1946

1937—1946

钱穆：如何完成一个我

一

天地只生了一个一个"人"，并未生成一个一个"我"。因此大家是一人，却未必大家成一我。我之自觉，乃自然人跃进人文世界至要之一关。有人无我，此属原人时代。其时的人类，有"共相"，无别相。有"类性"，无个性。此等景况，看鸟兽草木便见。

"我"之发现，有赖于"人心"之自觉。今日人人皆称"我"，仅可谓人人心中有此一向往，却并非人人有此一实际。仅可谓人人心中俱有此感想，却并非人人尽都到达此境界。故人心必求成一我，而人未必真能成一我，未必能真成一真我。

所谓"真我"者，必使此我可一而不可再。旷宇长宙中，将仅有此一我，此我之所以异于人。唯其旷宇长宙中，将仅有此一我，可一而不可再。故此一我，乃成为旷宇长宙中最可宝贵之一我。除却此一我之外，更不能别有一我，类同于此一我，如是始可谓之为"真我"。

今试问，人生百年，吃饭穿衣，生男育女，尽人皆同，则我之所以为我者又何在？若谓姓名不同，此则不同在名，不在实。若谓面貌不同，此则不同在貌，不在心。若谓境遇不同，此则不同在境，不在质。

当知目前之所谓我,仅乃一种所以完成真我之与料,此乃天地自然赋我以完成真我之一种凭借或器材。所谓我者乃待成,非已成。若果不能凭此天赋完成真我,则百年大限,仍将与禽兽草木而同腐。天地间生生不息,不乏者是人。多一人,少一人,与人生大运何关?何贵于亿兆京垓人中,多有此号称为我之一人?

然我不能离人而成为我。若一意求异于人以见为我,则此我将属于"非人"。我而非人,则将为一怪物,为天地间一不祥之怪物。若人人求转成为我,而不复为一人,此则万异百怪,其可怕将甚于洪水与猛兽。

人既品类互异,则万我全成非我,此我与彼我相抵相消。旷宇长宙中将竟无一我,而人类亦将复归于灭绝。故我之所贵,贵能于人世界中完成其为我,贵在于群性中见个性,贵在于共相中见别相。故我之为我,必既为一己之所独,而又为群众之所同。

二

生人之始,有人无我。其继也,于人中有我之自觉,有我之发现。其时则真得成为我者实不多。或者千年百年而一我,千里百里而一我。唯我之为我,既于人中出现,斯人人尽望能成一我。文化演进,而人中之得成为我者亦日多。此于人中得确然成其为我者,必具特异之品格,特异之德性。今遂目之为人品人格,或称之为天性,列之为人之本德。其实此所谓人品人格与人之天性本德云者,乃指人中之我之所具而言。并非人人都具有此品此格与此德性。然久而久之，遂若人不具此品，合此格，不备此性与德，即不成其为人。就实言之，人本与禽兽相近。其具此高贵之品格德性者，仅属人中之某一我，此乃后起之人，由于"人文化成"而始有。唯既文化演进日深，人人期望各自成一我，故若为人人必如此而后始得谓之人。此种观念，则决非原始人所有。

故人之求成为"我"，必当于人中觅取之，必当于人中之"先我"，即先于我而成其为我者之中觅取之。人当于万我中认识一自我。人当于万我中完成一"自我"。换言之，人当于万"他"中觅"己"。我之真成为我者，当于千品万俦之先我中觅取。此千品万俦之先我，乃所以为完成一我之模型与榜样。此种人样，不仅可求之当世，尤当求之异代。既当择善固执，还当尚友古人。换言之，则人当于历史文化中完成我。此亦是中国古语之所谓"理一分殊"。先我、后我，其为我则一，故曰"理一"。而我又于一切先我之外，自成此一我，故曰"分殊"。

人之嗜好不同，如饮食、衣服、居室、游览，各人所爱好喜悦者，决不尽相同。不仅嗜好各别，才性亦然。或长政治，或擅经济，或近法律，或宜科学。工艺美术，文学哲理，才性互有所近，亦互有所远。各有所长，亦互有所短。苟非遍历异境，则将不见己相。

若求购一皮鞋，材料花色，式样尺度，贵贱精粗，种种有别。必赴通都大邑百货所聚处挑选，庶能适合我心之所欲求。即小可以喻大。今若求在己心中觅认一我，此事更不当草草。当更多觅人样子，多认识先我，始可多所选择。每一行业中，无不有人样，所谓"人样"者，谓必如此而后可供他人作楷模，为其他人人所期求到达之标准。如科学家，是科学界中之人样；如电影明星，是电影界中之人样。其他一切人样，莫不皆然。凡为杰出人，必成为一种人样子。然进一步言，最杰出人，却始是最普通人。因其为人人所期求，为人人之楷模，为人人所挑选其所欲到达之标准，此非最杰出之人而何？此又非最普通之人而何？故俗称此人不成人样子，便无异于说其不是人。可见最标准的便成为最普通的。

然科学家未必人人能做，电影明星亦非人人能当。如此则其人虽杰出，而仍然不普通。必得其人成为尽人所愿挑选之人样，始属最好最高的人样。此一样子，则必然为最杰出者，而同时又必然为最普通者。换言之，此乃一最普通而又最不普通之样子。再换言之，必愈富人性之我，乃始为最可宝贵之我。即愈具普通人性之我，乃为愈伟大而愈特殊之我。

三

在西方，似乎每偏重于各别杰出之我，而忽略了普通广大之我。其最杰出而最不普通者，乃唯上帝。上帝固为人人所想望，然非人人能到达，抑且断无一人能到达上帝之地位。故上帝终属神格，非人格。只耶稣则以人格而上跻神格，乃亦无人能企及。中国人则注重于一种最杰出而又最普通之人格，此种人格，既广大，亦平易，而于广大平易中见杰出。释迦虽云"上天下地，唯我独尊"，然既人皆有佛性，人人皆能成佛，故世界可以有诸佛出世。于是佛亦仍然属于人格，非神格。但人皆有佛性，人人皆可成佛之理论，实畅发大成于中国。中国所尊者曰"圣人"，圣人乃真为最杰出而又最普通，最特殊而又最广大最平易者。故曰"人皆可以为尧舜"。尧舜为中国人理想中最伟大之人格，以其乃一种人人所能到达之人格。

《中庸》有言："尊德性而道问学，致广大而尽精微，极高明而道中庸。"此三语，为中国人教人完成一"我"之最高教训。极高明是最杰出者，道中庸则又为最普通者。若非中庸，即不成其高明。若其人非为人人之所能企及，即其人格仍不得为最伟大。纵伟大而有限，以其非人人所能企及故。必其人格为人人所能企及，乃始为最伟大之人格，故曰极高明而道中庸。

不失为一普通人，故曰"致广大"。唯最普通者，始为最广大者。若科学家，若电影明星，此非尽人所能企及者，因其不普通，故亦不广大。必为人人之所能企及，而又可一不可再，卓然与人异，而确然成其为一我，故曰"致广大而尽精微"。

高明精微，由于其特异之德性。此种特异之德性，必于广大人群之"中庸德性"即普通德性中学问而得。故曰"尊德性而道问学"。问学之对象为广大之中庸阶层。而所为问学以期达成者，厥为我之德性。斯所以为精微，斯所以为高明。最中庸者，又是最高明者。最精微者，又是最广大者。斯所以为难能而可贵，斯所以为平易而近人。

人类中果有此一种品格，果有此一种境界乎？曰：有之。此唯中国人所理想中之"圣人"始有之。圣人乃人性我性各发展到极点，各发展到一理想境界之理想人格之称号。此种人格，为人人所能企及，故为最平等，亦为最自由。既为人人之所能企及，即为人人所愿企及，故为最庄严，亦为最尊贵。然则又何从独成其为我，为可一而不可再之我？曰：此因才性不同，职分不同，时代地域不同，环境所遇不同，故道虽同而德则异。此"德"字乃指人之内心禀赋言，亦指人之处世行业言。道可同而德不必同，故曰："禹、稷、颜回同道，易地则皆然。"易地则皆然，指其道之同，亦即指其德之异。换辞言之，亦可谓是德同而道异。德可同，而道不可同。故曰："孔子，圣之时者也。"其实圣人无不随时可见，因时而异。"同"故见其为一"人"，"异"故见其为一"我"。我与人两者俱至之曰"圣"。

对局下棋，棋势变，则下子之路亦变。唯国手应变无方而至当不可易。若使另换一国手，在此局势下，该亦唯有如此下。我所遇之棋势与弈秋所遇之棋势异，我所下之棋路，则虽弈秋复生，应亦无以易。故曰："先圣后圣，其揆一也。"

四

人既才性不同，则分途异趣，断难一致。人既职分相异，则此时此位，仅唯一我。然论道义，则必有一恰好处。人人各就其位，各有一恰好处，故曰"中庸"。"不偏之谓中"，指其恰好。"不易之谓庸"，指其易地皆然。人来做我，亦只有如此做，应不能再另样做。此我所以最为杰出者,又复为最普通者。尽人皆可为尧舜,并不是说人人皆可如尧舜般做政治领袖、当元首、治国平天下。当换一面看,即如尧舜处我境地,也只能如我般做,这我便与尧舜无异。我譬如尧舜复生。故曰:"言尧之言,行尧之行,斯亦尧而已矣。"这不是教人亦步亦趋模仿尧,乃是我之所言,我之所行,若使尧来当了我,也只有如此言,如此行。何以故,因我之所言所行之恰到好处,无以复易故。

禅家有言,"运水搬柴,即是神通"。阳明良知学者常说,满街都是圣人。运水搬柴也是人生一事业,满街熙熙攘攘,尽是些运水搬柴琐屑事,但人生中不能没有这些事,不能全教人做尧舜,恭己南面,做帝王。我不能做政治上最高领袖,做帝王,此我之异于尧舜处。但我能在人生中尽一些小职分,我能运水搬柴,在街头熙攘往来。若使尧舜来做了我,由他运此水,搬此柴,让他在街头来充当代替我这一分贱役,尧舜却也只能像我般运,像我般搬,照我般来在街头尽此一分职,此则尧舜之无以异我处。如是则我亦便即如尧舜。仰不愧于天,俯不怍于人,反身而诚,乐莫大焉。故君子无入而不自得。其所得者,即是得一个可一不可再,尊贵无与比之"我"。若失了我而得了些别的,纵使你获得了整个宇宙与世界之一切,而失却了自己之存在,试问何尝是有所得?更何所谓自得?"自得"正是得成其为一个我。人必如尧舜般,始是成其为我之可能的最高标准。而尧舜之所以可贵,正在其所得者,为人人之所能得。若人人不能得,唯尧舜可独得之,如做帝王,虽极人世尊荣,而实不足贵。若悬此目标，认为是可贵，而奖励人人以必得之心而群向此种目标而趋赴，此必起斗争，成祸乱。人生将只有机会与幸运，没有正义与大道。

宗教家有耶稣复活之说。若以中国人生哲理言，在中国文化世界中也可另有一套的复活。舜是一纯孝，一大孝人。但舜之家庭却极特殊，父顽母嚚弟傲，此种特殊境遇，可一不可再，所以成其为舜。周公则生在一理想圆满的家庭中，父为文王，母为太姒，兄为武王，处境与舜绝异。但周公也是一纯孝，一大孝人。若使舜能复活，使舜再生，由舜来做了周公，也只有如周公般之孝，不必如舜般来孝，亦不可能如舜般之孝。如是则周公出世，即无异是舜之复活了。舜与周公，各成其一我，都是可一而不可再。而又该是易地皆然的，必如此才成其为圣。但"圣"亦是人类品格中一种，"孝"亦是人类德性中一目。故舜与周公也仅只成其为一个人。因于人类中出了舜与周公，故使后来人认为圣人是一种人格，而孝是一种人性，必合此格，具此性，始得谓之人。故说能在我之特殊地位中，完成此普遍共通之人格与人性者，始为一最可宝贵之我。我虽可一不可再，而实时时能复活，故我虽是一人格，而实已类似于神格。故中国人常以"神圣"并称。中国人常鼓励人做圣人，正如西方人教人信仰上帝，此是双方的人生观与宗教信仰之相异处。

在中国古代格言，又有立德、立功、立言称为"三不朽"之说。不朽即如西方宗教中之所谓永生与所谓复活。然立功有际遇，立言有条件，只有立德，不为际遇条件之所限。因此中国人最看重"立德"。运水搬柴，似乎人人尽能之。既无功可建，亦无言可立。然在运水搬柴的事上亦见德。我若在治国平天下的位分上，一心一意治国平天下，此是大德。我若在运水搬柴的位分上，一心一意运水搬柴，水也运了，柴也搬了。心广体胖，仰不愧俯不怍，职也尽了，心也安了，此也是一种德。纵说是小德，当知大德敦化，小德川流。骥称其德，不称其力。以治国平天下与运水搬柴相较，大小之分，分在位上，分在力上，不分在德上。"位"与"力"人人所异，"德"人人可同。不必舜与周公始得称纯孝，十室之邑，三家村里，同样可以有孝子，即同样可以有大舜与周公。地位不同，力量不同，德性则一。中国的圣人，着重在"德性"上，不着重在地位力量上。伊尹、伯夷、柳下惠，皆似孔子之德，亦皆得称为圣，但境遇不同，地位不同，力量亦不同。孔子尤杰出于三人，故孔子特称为"大圣"。运水搬柴满街熙熙攘攘者，在德性上都可勉自企于圣人之列，只是境遇地位力量有差，但其亦得同成为一我，亦可无愧所生，其他正可略而不论了。

上述的这种圣人之德性，说到尽头，还是在人人德性之"大同"处，而始完成其为圣人之德性。我之所以为我，不在必使我做成一科学家，做成一电影明星。因此等等，未必人人尽能做。我之做成一我，当使我做成一圣人，一"圣我"。此乃尽人能之。故亦唯此始为人生一大理想，唯此始为人生一大目标。

我们又当知，做圣人，不害其同时做科学家或电影明星，乃至街头一运水搬柴人。但做一科学家，或电影明星，乃至在街头运水搬柴者，却未必即是一圣人。因此，此种所谓我，如我是科学家或电影明星等，仍不得谓是理想我之终极境界与最高标格之所在。理想我之终极境界与最高标格，必归属于圣人这一类型。何以故？因唯圣人为尽人所能做。颜渊曰："彼亦人也，我亦人也，有为者亦若是，我何畏彼哉。"

圣人之伟大，正伟大在其和别人差不多。因此人亦必做成一圣人，乃始可说一句"我亦人也"。乃始可说在人中完成了一我。这一悬义将会随着人类文化之演进而日见其真确与普遍。

五

以上所说如何完成一我，系在德性的完成上、品格的完成上说。若从事业与行为的完成上说，则又另成一说法。

我必在人之中成一我，我若离了人，便不再见有我。舜与周公之最高德性之完成在其孝。舜与周公之最高品格成为一孝子。但若没有父母，即不见子的身份，更何从有孝的德性之表现，与孝的品格之完成呢？

当知父子相处，若我是子，则我之所欲完成者，正欲完成我为子之孝，而并不能定要完成父之慈。父之慈，其事在父，不在子。若为子者，一心要父之慈；为父者，一心要子之孝，如是则父子成了对立，因对立而相争，而不和。试问父子不和，那里再会有孝慈？而且子只求父慈，那子便不是一孝子。父只求子孝，那父便不是一慈父。若人人尽要求对方，此只是人生一痛苦。

我为子，我便不问父之慈否，先尽了我之孝。我为父，便不问子之孝否，先尽了我之慈。照常理论，尽其在我是一件省力事，可能事。求其在人，是一件吃力事，未必可能事。人为何不用心在自己身上，做省力的可能事来求完成我。而偏要用心在他人身上，做吃力的不可能事来先求完成了他呢？

人心要求总是相类似。岂有为父者不希望子之孝，为子者不希望父之慈。但这些要求早隔膜了一层。专向膜外去求，求不得，退一步便只有防制。从防制产生了法律。法律好像在人四围筑了一道防御线。但若反身，各向自己身求去，子能孝，为父者决不会反对。父能慈，为子者决不会反对。而子孝可以诱导父之慈；父慈可以诱导子之孝。先"尽其在我"，那便不是法而是"礼"。礼不在防御人，而在"诱导"人。中国圣人则只求做一个四面八方和我有关系的人所希望于我的，而又是我所确然能做的那样一个人。如是则先不需防制别人，而完成了一我。

防制人，不一定能完成我。完成了我，却不必再要去防制人。因此中国圣人常主"循礼"不恃法。孔子说："克己复礼为仁，为仁由己，而由人乎哉？"这是中国观念教人完成为我的大教训。

总合上述两说，在我的事业与行为上，来完成我的德性与品格，这就成为中国人之所谓礼。亦即是中国人之所谓仁。"仁"与"礼"相一，这便是中国观念里所欲完成我之内外两方面。

（原载《民主评论》第3卷第9期，人生问题发凡之二，1952年4月；辑入钱穆：《人生十论》，九州出版社2011年版）

1902—1962

雷海宗：人生的境界
——释大我

　　大我小我本是佛家语，今日用为普通的哲学名词，把个人看为宇宙的缩影，个人就是小我，把宇宙看为个人扩形，宇宙就是大我。我们现在谈大我，就是由人类的立场来看宇宙。这本是古今哲学家谈了几千年的问题，本文不敢自谓能有新见，不过是根据我们今日所有的知识作一个常识的探讨而已。

　　宇宙一词在今日普通是指物质世界的总体而言，但原来此词含意较广："上下四方为宇，古往今来为宙。"宇宙为空间与时间无限连续之意，有机动性，与最近西方的"时空"观念相同。宇，空间，整个的太空，是天文学的领域。宙，时间，有机的发展，是历史学的领域。这两者当然是分不开的，是同一现象的两方面，但为人心思维的便利，两者可分别观察。在空间，在物质方面，是因果的世界，大至天象，小至落叶，无不有前因，无不有后果，无不与整个连续不断的太空息息相关，没有任何的一事一物能够真正消灭，大小的一切都在六合之中永留痕迹。太空是没有意识，没有明显目的，而永远堆积不已的一本大账簿，没有一分一毫的遗漏。在时间，在心灵方面，是意志的世界，高至人类，低至变形虫，无不有与生俱来的欲望，无不有追求不已的目的，鞠躬尽瘁，死而后已，至死而仍有信仰与希望。空间是一笔大账，一个无穷的记忆；时间是一出戏剧，一个无穷的希望。太空与心灵，尤其是人心，是古今哲人所永不能解的两个大迷。康德有一句名言："有两种现象，使人愈想愈发生敬生畏，就是头上的星天与心内的良知。"讲到最后，星天良知是人类一切思维的对象。

星天之大，大而无外，超乎人心所能想象的范围。人眼所能见的星球，不过几千。但实际专就我们直接的星天而言，就是所谓天河，星河，或银河，其中的星辰就有一千万万，整个银河之大，难以道里计。光的速度为每秒钟十万八千英里，须要十万年方能穿过银河。这就是天文学上所谓十万光年的距离。但银河只是"我们自家"的六合，此外天文学家已经清楚发现的尚有三万星河，天文学家知道存在的有十万星河，推定存在的有十万万星河。这十万万星河，平均各有星二百万万，合共有星为"二"后面加写十九个"零"的数目！这就是我们今日所知的世界，是最富于幻想的印度人的"大千世界"也望尘莫及的一种洋洋大观。然而这个推知的世界恐怕绝不代表全部太空。全部的太空究竟有穷或无穷？若说无穷，这根本是人心所不能想象的玄奥。若说有穷，到底大过我们今日所知的多少倍？任何人都可随便猜想，没有人敢下断语。若有穷，既穷之后又为如何的境界？有穷似乎又变为无穷了！并且星球还非太空的唯一天体，星球之外尚有许多残碎的物体、沙粒与气体，好似是制造星球后所剩的残余废料。但废料却非常丰，专就我们的天河而言，其中的废料就足再制一千万万星球之需，可使我们星球的数目加倍！

太空的形象原为浓厚的热气，云雾弥天，实际为无量数的原子运动不已。弥天的云雾膨胀分裂为云块。云块缩为圆球。因中心吸力的关系，圆球缩小，成为星宿。星宿经过相当的时期之后，冷酷死亡，孤悬太空。今日的六合之中，以上的各种程序都同时存在：气体，气体成星，星宿死亡。我们依这万万千千星宿中的一个为生，就是我们的太阳。像太阳这样不太大也不太小的一个星宿，寿命约为一百二十万万年，至今它大概只出生了二十或三十万万年，前途尚有九十或一百万万年，人类短期间尚不致无依无靠！我们与一切的有生之物，直接寄托在太阳的一个行星之上，我们除了确知地球上有生物外，太空中任何其他的角落是否尚有生命，我们完全不知。据今日所知，只有附于一个恒星的行星之上，方能有生命。但太空的星辰，绝大多数是孤星，没有成为太阳系。依概然律推算，在这极少数的太阳系中，又是极少数演化出有生之物。在这极少数赋有生物的行星中，又只有极少数演出有似人类的高等灵物。在无限的太空之中，地球虽不见得是唯一的有生天体，但可能是唯一产生了像人类这种彻底摸索的动物的一个天体。反之，当然也可能在我们的银河中，或另外的银河中，尚有更高于人类的灵物存在，对于宇宙六合的了解力远在我们之上。

若由上面的观点设想，整个的人类虽有二十万万之数，但全人类与每个人在太空中是同样的孤单，同样的渺小，同样的进退失据。英国从前有一个故事，比人类于一个孤岛，比世界为狂风暴雨的严冬，比人生为冬野中孤立的一间温室。鸟在冬夜飞行，忽然穿窗户开放的温室而过，刹那的光明温暖后，就又返回冷酷黑暗的世界。以宇宙为起发点，我们绝难断定人类由何而来，往何处去，有否使命，有否归宿。这是使许多神经灵敏的人感到无穷痛苦的一个大谜。地球与太阳大概同时产生，至今已有二十或三十万万年。过去的时间，大半无生命可言，最低的生物大概是三万万年前才有的。至于初有人类，为时更晚，不过是三十万至五十万年前的事。然而那种所谓人类，并不是我们今日人类的祖先，所谓爪哇猿人，北京猿人，海德堡猿人等等，以及许多可能今日尚未发现遗迹的古人类，都是今日早已消灭的许多各自不同的物种。至于今日人类的成形，只是两万年以前的事，可能尤晚。假如生命有目的，先前的各种人类似乎代表屡次失败的尝试。最后一次的试验就是我们，此次是否成功，只有未来的人类或更高的动物能够判断。

以短促不过一两万年的人生，处在太空一粟的地球之上，而与寿命不可思议的全部六合相较，人类的渺小真是小无可小的。为达到伦理的目的，为培植谦德，这种看法也未可厚非。但反过来讲，这种看法也可说是极不正当的。有生以前的一切，所代表的只是简单的存在，机械的因果，一笔无特殊意义可言的旧账。生命，尤其人类生命，尤其最近一两万年的人类生命，所代表的是复杂的意志，无穷的希望，无限的追求，整个是有意义的。时空无限的宇宙能有意义，那个意义是人类给它的，否则宇宙只是狂风暴雨的黑暗严冬而已。无再高的意义可言。人之所以为人，就是因为他知道自己为动物。其他的动物都无此种知觉，所以永为动物。人类是动物而又超动物，所以为人。由六合而观有生之物，任何有生之物无不渺小。但其他动物都不自知渺小，所以真正渺小，只有人类感到自己渺小，所以伟大。也正因如此，所以人类在一切的有生之物中是唯一有精神上的痛苦与悲哀的。人类力量有限而知识甚高，欲望无穷。小不足道的地球诚然不能满足人类的欲望，但无边的太空又何尝能使人类满意？宇宙尽管大，但人类所希望的，所追求的，较宇宙尤大。他上知天文，下知地理，中知人事，希望由天文，地理，与人事历史之中找到一个使他心满意足的答案。但两万年来答案虽然很多，却没有一个能使他满意。上下四方古往今来的一切，都在人的方寸之中，这一切赋有意义，也就是因为经过了方寸的融化，这就是理学家所谓"宇宙即是吾心，吾心即是宇宙"的道理。人类总想在方寸所造的宇宙中求解脱，求出路。人类对于比较不切实用的天文学与历史学发生浓厚的兴趣，最后的原因在此，这两者是对空间与时间要追问到尽头的学问。追问后所得的解脱与出路，各代不同，但至今尚无一个令人长久满意的解脱方法或最后出路。

　　人类的无穷追求，是否自欺，是否永无达到目标的希望，是否无最后的意义可言？今日的人类，用今日所赋有的理智，对于这个问题恐怕是永无得到可靠答案的可能的。我们如果设身处地，想象一个变形虫的世界；即或假定它有理智，它的世界的简单与渺小，也几乎是我们所难以想象的。再往高处讲，我们试想犬马的世界，它们的世界与人类的世界已有一部的交错点。我们所见的天象，它们或者有时也能看见一部，但印象必非常模糊。地面上的一切，人类所见的它们也都能见，但对它们大概只代表饮食，阻碍，与不相干的触眼物而已。连最初所有的几种原始人类，他们的世界恐怕也比犬马的世界扩大或复杂不了许多。至于今日人类的复杂世界，不只是变形虫与犬马所不能了解，连爪哇人与北京人也不能梦想。同时，我们也可想象较远人类世界为复杂的心境，不是今日人类所能理解的。生命既是宇宙而生，必与宇宙有密切的关系，虽然我们今日无从知道关系何在。看到这一层高于一层的心界，我们如果勉强下一个肯定的猜想，宇宙中大概有不知是一个如何的力量，要自知自觉，要观察自己，要了解自己。生命就是此种力量的表面化。经过种种的试验与逐步的前进，最少在太空的一个角落里有了我们这样的人类，代表一种相当高的自觉力与自知力，人类的一切快乐与痛苦也就由此而来。但人类是否代表自觉生命的最高表现？想到生命史的长久，想到我们降世的短促，使我们难有理由相信地球上将来不会再有高于人类的动物出现，或宇宙的其他角落里没有高于人类的灵物已经出现。这些将来可能会有或他处可能已有的有生之物，对于宇宙人生的了解力必在我们之上，他们的"大我"必更伟大，更清楚。我们不能想象他们方寸之中的世界，正如犬马不能想象我们方寸之中的世界一样。这当然是猜想，甚至是幻想。但人类在今日地球之上是唯一赋有幻想能力的动物，我们为何不可尽量发展我们的幻想？

是幻想，也可说并非完全是幻想。所有的人大概都有一种经验，就是在大体平常的生活过程中，有时忽然有超过普通人生之感。因生命中过度可悲，过度可喜，或过度奇异的遭遇，使日常的人生丧失意义，而有一种超脱一切又明了一切的感觉。伟大的诗品，不朽的艺术，超绝的音乐，都是此种心境下的产物。诗人与艺人是常在此种心境下生活的人，他们的作品能感动我们，也就是为此原因。一般人此种一纵即逝的心境，是生活中最浓厚的段落，只有在此种段落中我们才有超尘之感，好似与宇宙化而为一，明白了宇宙最后的真理。然而此种心境最浓厚最深刻的，是宗教家。所谓宗教家，不是烧香拜佛或做礼拜的宗教信徒，他们不过是利用与误解宗教家的发现而已。真正的宗教家是人类历史上少数的创教圣者，如耶稣、释迦、庄周之类。他们都是生于此世而又超过此世的非常人物。他们并非厌世，而是看此世为无关宏旨，宇宙间另有高尚道理的所在。南北朝隋唐的佛教盛期，中国有许多释子能有此感。禅定修行，不起知情意的作用，一时杂念完全消失，倏然之间一片光明，内不见身心，外不见世界，见山不是山，见水不是水，但见道心，不见外物，最后达到无碍自在，不生不灭的永恒境界，与宇宙化一，明了宇宙人生的一切。这个境界可以意会，不可言传，释家称它为顿悟，为成佛。战国时代的道家也有同样的说法，称为天乐。基督教称此为神化，为与神合一。凡是有此种经验的人，一切怀疑全部消逝，自信已知最后的真理。我们这些无此经验的庸人，若平心静气去观察,对这少数特殊人士的经验当如何看法?无聊的讥笑不必,全部的接受不能,最好是看它为宇宙之中自我表现力可能高于今日的预示。今日的人类绝不代表最高可能的知力与觉力。或进步不已的今日人类,或高于人类的新的灵物,对于宇宙必有大于我们的了解,终有一天有物能彻底明了宇宙,与宇宙化一,小我真正成了大我,大我就是小我。

(原载北平《周论》第 2 卷第 19 期,1948 年 11 月 19 日)

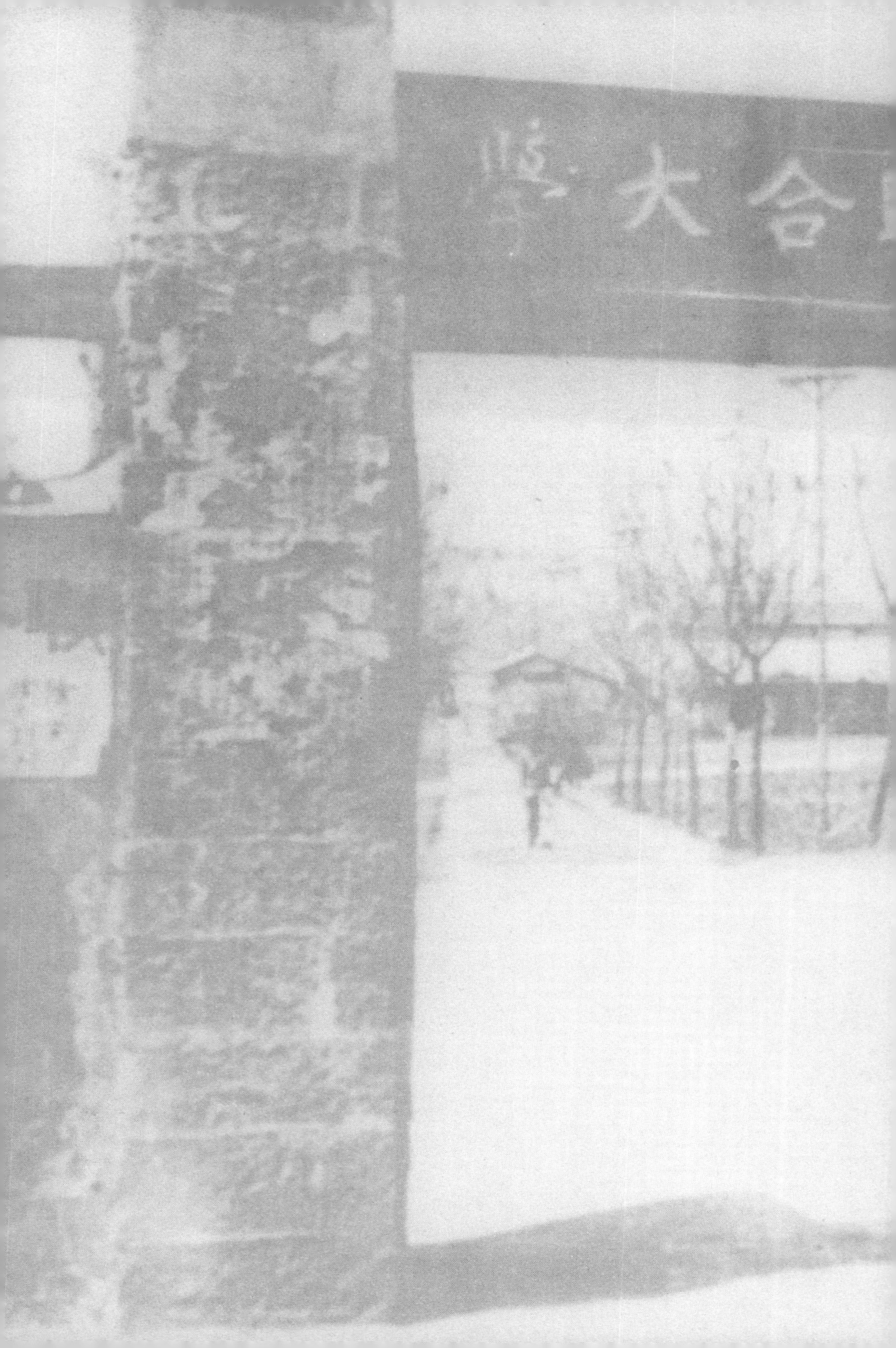
大合

第八篇 生生不息
人文创新四讲

1937—1946

1937—1946

蒋梦麟：中国文化的新陈代谢

文化是个有生命的有机体，它会生长，会发展；也会衰老，会死亡。文化，如果能够不断吸收新的养分，经常保持新陈代谢的作用，则古旧的文化，可以更新，即使衰老了，也还可以复兴。

历史上多少灿烂的文化，如巴比伦文化，迦太基文化，古埃及文化，在人类文化史上，都像昙花般一现就销歇了。但也有若干文化，绵延不断，历久弥新。其间盈虚消长，是值得我们深长思索的。

大凡文化的发展，有两个重要的因素：一个是内在的，基于生活的需要。人类有种种生活的需要，为了满足这些需要，不得不想种种方法来创造，来发明。这是促进文化发展的一个动力。另一个是外来的，基于环境的变迁。环境变迁多半是受外来的影响。就是因为四周环境改变了，为了适应新的环境，就不得不采取新的适应方法。人类如不能适应新的环境，就不能在这环境里生存。我们从历史上看，这两个因素总是交互影响的。

中国文化是少数古文化现在还巍然屹立的一枝。它之所以能够如此，就是因为能不断吸收新的文化与适应新的环境。历史上较早的较显著的一个例子发生在战国。

战国时候的赵武灵王为了国家的生存，不管王公大臣和国内人民的反对，毅然采取了匈奴的服装（胡服）和他们的骑射之术（骑在马上射箭）。胡服和骑射都是外国的东西，他的叔叔公子成对此大表反对。他说：

臣闻中国者，圣贤之所教也，礼乐之所用也，远方之所则效也；今王舍此，而袭远方之服，变古之道，逆人之心，臣愿王熟图之也。

赵武灵王听了这席话，便自己亲自去向他叔叔说明。他说：

吾国东有齐、中山，北有燕、东胡，西有楼烦、秦、韩之边；今无射骑之备，则何以守之哉？先时中山负齐之强兵，侵暴吾地，系累吾民，引水围鄗，微社稷之神灵，则鄗几于不守也。先君丑之。故寡人变服骑射，欲之备四境之难，报中山之怨，而叔顺中国之俗，恶变服之名，以忘鄗事之丑，非寡人之所望也。

上面这段话，把公子成说服了。于是下令变服，习骑射。

胡服骑射的结果，中原出现了两种东西。一种是裤子，一种是骑射。中国人向来不穿裤子。裤子是从胡人那里学来的。我们推想大概在打仗的时候，要骑在马上射箭，没有裤子不大便当。骑射在战术上更是一个重大的改革。以前我们的箭是徒步兵卒，从地面发射的，也有站在战车上发射的。自从胡人那儿学得了骑射以后，战车便少用了，甚至于不用了。这是因为战车太笨重。

在中原平地，没有山的地方，可以横行，可以打仗。但赵国（现在的山西）境内多山，战车在山里无法使用，而以非采取骑射不能抵抗敌人。从此以后，战争的方法起了革命性的改变，也保障了中华民族的生存。

骑射引进以后，马成了非常重要的一种工具。所以有"苜蓿随天马，葡萄逐汉臣"之句。汉武帝在宫外好几千亩地种了苜蓿。天马是指西域来的马。阿拉伯古称天方，从那边来的马称天马。马要用苜蓿来饲养，所以要引进马，同时还要引进苜蓿。这时战车不用了。原来徒步的兵卒，现在已成了马上的骑士。从此军队的活动范围变得既广且远，运用也迅速了。因此战术便整个变了。

虽然胡服骑射是外面来的，但进来以后，就慢慢地变成了我们自己的东西了。我们内部长期发展和适应的结果，到汉武帝时，中国已经繁殖了不少的马，战术也变得高明了，所以能把匈奴逐出去。

汉武帝是一个雄才大略的国君，他一面发展中国的文化，同时发展军略，改进战术，文治武功，都极一时之盛。凭了新发展的战术，引军西向，把匈奴赶得远远的。历史上说："匈奴远行，不知去向。"现在我们知道他们跑到欧洲去了，他们骚扰欧洲四百多年，结果把罗马帝国毁了。

所以外来的文化，如果能够采取适当，并适应本国的环境，是能够帮助解决本国问题的。进来之后，便成了我们自己文化的一部分。再经过相当时期的发展，便可以产生一种更高的新的文化。胡服骑射就是一个很好的例子。

外来的文化,固然可以刺激本国文化的发展;而本国的文化,受了外来的影响,也可以更适应环境。如果食而不化,便不会产生像汉代一样灿烂的文化。所以最危险的事情是只以为我们自己的文化好,对外国来的瞧不上眼。这是很危险的事情,知识不够识见近,往往患这种毛病。譬方最近义和团的事情,西太后以至于北方一班老先生,恨外国的文化,用中国义和团的符咒、刀枪想打外国人,结果一败涂地。我们不是说外国来的都是好的。外国来的东西,如果不能适应中国的需要,当然不会采取。外国来的东西与中国有好处的,是拒绝不了的。

譬如我们的音乐,就是我们现在所称的国乐,大都是从西域外国来的。如琵琶、胡琴、羌笛,好多乐器,都是外国来的。中国原来的音乐,只能在孔庙里听见。许多人都不知我们现在所称的国乐,是受外国影响很大的。唐代的各种宫廷音乐,大都是西域来的。现在日本宫廷里还代我们保存了一部分。我们中国人并不都是守旧的,我们一向很愿意取人之长,补己之短。我们这民族能够这样长久存在,原因就是愿意向外国学习。

又譬如佛教,是从东汉时起,慢慢地进来的,到唐朝大盛。从东汉到宋朝(从2世纪到11世纪)经过八九百年的功夫,佛教变成了中国自己的思想,与中国原有的儒道两家思想一直共存到现在。等到北宋的时候,宋儒起来了。宋儒是我们原有的儒家思想受佛教影响而产生的一种新思想。它把中国自己原有的思想改变了。所以近来把宋儒叫新儒学。

现在我们讲新儒学。我们现在称宋儒明儒之学为新儒学。新儒学有两派：一派以我国原有思想为主，所受佛教思想影响较轻。这一派叫作程朱学派。程指程颢、程颐兄弟，朱即朱熹。另一派以宋之陆象山、明之王阳明为领袖，可以称为陆王派。这派受佛教思想较重，所含我国原来的思想较轻。我们至少可以这样说，陆王派对外来的佛教思想与中国本来的儒家思想是并重的。两派比较，则程朱一派较为侧重儒家思想一些，这是两派的分别。陆王一派到了明朝，佛教思想格外浓厚，这是受了禅宗思想的影响。陆王、程朱两派彼此互相诋毁，互相倾轧。陆象山曾作诗讥讽朱熹，他说："易简工夫终久大，支离事业竟浮沉。"其实陆王与程朱两派，都同受佛教影响，不过轻重之分而已。

明朝末期，西洋耶稣会士来了，他们一面传布耶稣的教义，同时把西洋的科学也传了进来。科学思想与科学方法的传入，影响了清代的学风。有清一代，因为受科学的影响，考证之学，便成了清代学术的中心。

近代西洋文化的输入，初期是由日本转译而来，稍后才直接从西洋输入。自西洋文化直接从欧洲输入，中国文化就开始发生大变动了。这个大变动可以五口通商，割让香港做起点。此后，外国的资本主义，帝国主义，殖民主义都一起汹涌地进来了。中国所受影响，也越来越厉害。1898年戊戌政变，就是康有为和梁启超想帮助光绪皇帝把中国彻底改革，实行西化。但因当时反动的力量太大，政变没有成功。到1900年（*庚子年*）的时候，忽然发生一项反西化的大反动——义和团之乱①,他们想帮助清朝消灭外国人。所谓"扶清灭洋",就是他们的口号。这事闯下了很大的乱子。从此以后,中国的国势,便一天不如一天了。

日本人趁这个机会,用西洋文化来打我们。起初是甲午战争,我们被打败以后,便把台湾割让给日本。此后日本又继续不断向中国侵略。到第一次欧战时,日本人的侵略格外变本加厉。"二十一条"条件,就是在这时候提出来的。后来凡尔赛和会想把青岛让给日本,消息传来,国内大表反对,学生反对得尤其厉害。这是一次纯粹的爱国运动。由这次爱国运动,导出了一次要求文化改革与社会改革的"五四"运动。"五四"运动之后,中国的思想,便起了绝大的变动。日本人一连串的侵略,我们一连串的抵抗。后来革命军北伐,国民政府成立,与日本的冲突越大,到民国廿六年(1937年),日本开始大规模进军侵略我们,等到袭击珍珠港的时候,日本人把世界各国都打上了。一直等到中国八年血战,才在同盟国共同协力下,把这远东侵略国家打败。

所谓中华民族,本来由中国境内的各民族混合而成的。先秦记载,就有东夷西戎南蛮北狄之称。东部地方居住的叫夷,西部的叫戎,南部的叫蛮,北部的叫狄。这是我们历史上常常看见的名字,所谓蛮夷,所谓戎狄,都是外国人的通称。这种民族,不但散居我们国境四周,而且还杂处在我们国境之内。所以在这种状况之下,

---

① 此说法有其历史局限性,本书尊重作者表述,此类问题不一一指出,请读者审慎看待。——编者注

我们只能以文化为中心，来教育他们同化他们。春秋时候，所谓"诸夏而夷狄者则夷狄之，夷狄而诸夏者则诸夏之"，就是这个意思。所谓夷狄，所谓诸夏，不是种族的差别，只是文化的异同。夷狄而接受诸夏文化的，则夷狄也是诸夏，诸夏而采取夷狄文化的，则诸夏也变为夷狄了。夷夏之分，本来如此，后来内部慢慢统一，就成了一个华夏大民族，一个中国统一的民族。

所谓东夷，西戎，南蛮，北狄等称谓，是我们初期历史对外来民族的通称。到了汉朝，凡从外国来的就叫胡，或称夷了。到了唐朝，外面来的就叫作番了。所以我们常常称自己为汉人，称外国人为夷人。唐朝时自己称唐人，称外国为番子。后来我们把自己的国土称中国，旁的国家称外国。所以胡与汉，唐与番，中与外，都是中国与外国之别。

这些夷狄与中国本土民族相接触，外来的文化，与原有的文化，因接触而彼此吸收，外国文化，经过中国吸收，便变为中国文化了。我们前面讲赵武灵王吸收胡人的战术，胡人的骑射。到了汉朝便发展成为一种新的战术。到了唐朝，吸收印度的文化，不但是佛教，还有从佛教带来的美术。印度美术含有希腊的成分，这是亚历山大（Alexander）征服印度边境时带来的。中国美术，尤其是雕刻内容都深受影响的。外来文化的进入有两个途径，其一是由冲突与战争而进来的，其一是由和平的交往而进来的。因为战斗而进来的像胡服骑射，因为文化交往而进来的像佛教，希腊的美术。中国吸收了外国文化以后，经过一个时期的融合，就成了中国文化了。中国文化受它的影响，从此发出光明灿烂的新的文化出来，在历史上班班可考。所以中华民族是吸收外来文化的民族，不是拒绝外来文化的民族。这是我们大家要知道的。能够吸收外来的文化，吸收得适当，而且能够把它适应于中国，这是中国文化进步的一个重要的关键。

以前我写过《西潮》，那是讲外来的文化，所予我们中国的影响，现在我在这本《新潮》里，要讲的是中国文化因受外来文化的影响，自己所生的种种变化。我们从历史上知道每次外来文化输入以后，经过相当时间，一定会产生一种新的文化，这就是进步。

（原载蒋梦麟:《新潮》，台湾传记文学出版社1967年版。标题为编者所加）

1899—1946

闻一多：复古的空气

近来在思想和文学艺术诸方面，复古的空气颇为活跃，这是值得注意的一个现象。就一般民众讲，文化是有惰性的，而农业社会尤其如此。几千年积下来的习惯和观念，几乎成了第二天性，骤然改动，是不舒服的。其实就这群浑浑噩噩的大众说，他们始终是在"古"中没有动过，他们未曾维新，还谈得到什么复古！我们所谓复古空气，自然是专指知识和领导阶级说的。不过农民既几乎占我们人口百分之八十，少数的知识和领导阶级，不会不受他们的影响，所以谈到少数人的复古空气，首先不能不指出那作为他们的背景的大众。至于少数人之间所以发生这种空气，其原因与动机，可以分作四个类型来讲。

（一）一般的说来，复古倾向是一种心理上的自卫机能。自从与外人接触，在物质生活方面，发现事事不如人，这种发现所给予民族精神生活的担负，实在太重了。少数先天脆弱的心灵确乎给它压瘪了，压死了。多数人在这时，自卫机能便发生了作用。本来文学艺术以及哲学就有逃避现实的趋势，而中国的文学艺术与哲学尤其如此。

中国人现实方面的痛苦，这时正好利用它们来补偿。一想到至少在这些方面我们不弱于人，于是便有了安慰。说坏了，这是"鱼处于陆,相濡以湿,相嘘以沫"的自慰的办法。说好了,人就全靠这点不肯绝望的刚强性,才能够活下去,活着奋斗下去。这是紧急关头的一帖定心剂。虽不彻底,却也有些暂时的效用。代表这种心理的人,虽不太强,也不太弱,唯其自知是弱,所以要设法"自卫",但也没有弱到连"自卫"的意志都没有,所以还算相当的强,平心而论,这一类型的复古倾向,是未可厚非的。

（二）另一类型是带有报复意味的自尊心理,凡是与外人直接接触较多,自然也就饱尝屈辱经验的人,一方面因近代知识较丰富,而能虚心承认自己落后,另一方面,因为往往是社会各部门的领袖,所以有他们应有的骄傲和自尊心,然责任又教他们不能不忍重负辱,那种矛盾心理的压迫是够他们受的。压迫愈大,反抗也愈大。一旦机会来了,久经屈辱的自尊心是知道图报复的,于是紧跟着以抗战换来的民族荣誉和国家地位,便是甚嚣尘上的复古空气。前一类型的心理说我们也有不弱于人的地方,这一类型的简直说我们比他们高。这些人本来是强者,自大是强者的本色,民族荣誉和国家地位也实在来得太突然,教人不能不迷惑。依强者们看来,一种自然的解释,是本来我们就不是不如人,荣誉和地位是我们应得的。诚然——但是那种趾高气扬的神情总嫌有些不够大方罢!

（三）第三个类型的复古,与其说是自尊,毋宁说是自卑,不少的外国朋友捧起中国来,直使我们茫然。要晓得西洋的人本性是浪漫好奇的,甚至是怪僻的,不料真有人盲从别人来捧自己,因而也大干起复古的勾当来。实在是这种复古以媚外的心理,也并不少见。

（四）如果第三种人是完全没有自己，第四种人便是完全为自己打算的。有的是以复古来掩饰自己不懂近代知识，多半的老先生们属于这一类，虽则其中少年老成的分子也不在少数。有的正相反，又以复古来掩饰自己不大懂线装书的内容，暴发户的"二毛子"属于这一类，虽则只读洋装书的堂堂学者们也有时未能免俗。至于有人专门搬弄些"假古董"在国际市场上吸收外汇，因而为对外推销的广告用，不得不响应国内的复古运动，那就不好批评了。

复古的心理是分析不完的。大致说来，最显著的不外上述的四类型。其中有比较可取的，有居心完全不可问的。纯粹属于某一类型的大概很少，通常是几种糅合错综起来的一个复杂体。说复古空气是最近新兴的现象，也不合事实。趋势早已在酝酿，不过最近似乎更表面化了一点。为什么最近才表面化？当然与抗战有关。历史在转向，转向时的心理是不会有平静。转得愈急，波动愈大，所以在这抗战期间，一面近代化的呼声最高，一面复古的空气也最浓厚。

就一般的人说，心理的波动，不足怪，但少数的知识和领导分子，却应该早已认清历史，拿定主意，游移虽不致改变历史，但是会延缓历史的进展，须知我们的时间和精力都不容浪费。

我们的民族和文化所以能存在到今天，自然有其生存的道理在，这道理并不像你所想的，在能保存古的，而是正相反，在能吸收新的。历史告诉我们，中国文化并不是一个单纯的，一成不变的文化（*如果是那样的，它就早完了*）。最初东西夷夏两民族，分明代表着两个不同的文化。

如果你站在东方，以夷（*殷人及东夷*）为本位，那便是夷吸收了夏，如果站在西方，以夏（夏、周）为本位，那便是夏吸收了夷。但是这两个文化早已融合到一种程度，使得我们分辨不出谁是主，谁是客来。在血缘上，楚与北方夷夏二族的关系，究竟如何，现在还不知道。无论如何，在文化上，直至战国，他们还是被视为外国人的。逐渐地这一支文化也被吸收了，到了汉朝，南北又成了一家，分不出主客来。究竟谁是我们的"古"？严格地讲，殷的后裔孔子若要复古，文、武、周公就得除外，屈原若要复古，就得否认《三百篇》。从西周到战国，无疑是我们文化史中最光荣的一段，但从没有听说那时的人站在民族的立场上讲复古的。即便依你的说法，先秦北方的夷夏和南方的楚，在民族上还是一家，文化也不过是大同小异，不能和今天的情形相比。那么，打汉末开始的一整部佛教史又怎样呢？宋明人要讲复古，会有他们那"儒表佛里"的理学吗？会有他们那《西厢》、《水浒》吗？还有一部清代的朴学史，也不能不承认是耶稣教士带来的西洋科学精神的赐予。以上都是极显而易见的历史事实，文化史上每放一次光，都是受了外来的刺激，而不是因为死抓着自己固有的东西。

不但中国如此，世界上多少文化都曾经因接触而交流，而放出异彩。凡是限于天然环境，不能与旁人接触，或有接触，而自己太傻太笨，不能，因此就不愿学习旁人的民族，没有不归于灭亡的。天然环境的限制，只要有决心，有勇气，还可以用人力来打开（例如我们的法显，玄奘，义净诸人的故事）。怕的是自己一味固执，不肯虚怀受善。其实哪里是不肯，恐怕还是不能，不会罢！如果是这种情形，那就惨了。我深信我们今天的情形，不属于这一类，然而我仍然有点不放心。佛教思想与老庄本就有些相近，让我们接受佛教思想，比较容易。今天来的西洋思想确乎离我们太远，是不是有人因望而生畏，索性就提倡复古以资抵抗呢？幸而今天喜欢嚷嚷孔学，和哼哼歪诗的人，究竟不算太多，而青年人尤其少。

我得强调的声明，民族主义我们是要的，而且深信是我们复兴的根本。但民族主义不该是文化的闭关主义。我甚至相信正因我们要民族主义，才不应该复古。老实说，民族主义是西洋的产物，我们的所谓"古"里，并没有这东西。谈谈孔学，做做歪诗，结果只有把今天这点民族主义的萌芽整个毁掉完事。其实一个民族的"古"是在他们的血液里，像中国这样一个有悠久历史的民族，要取消它的"古"的成分，并不太容易。难的倒是怎样学习新的，因为我们在上文已经提过，文化是有惰性的，而愈老的文化，惰性也愈大。克服惰性是一件难事啊！

有人说，你太傻了，你忘了"儒表佛里"的理学家的道统是从文、武、周公算起的，而不从释迦牟尼算起，接受西洋科学精神的朴学，仍称为汉学，而不称西学。内容无妨接受人家，外表还得是自己的。这是面子问题，而面子也不能不顾。今天的复古，也可以作如是观。我但愿自己太傻，然而我又担心拥护复古的人们和我一样的傻，傻到真正言行一致。

（原载《云南日报》第 2 版 "星期论文" 栏，1944 年 2 月 20 日）

1890—1956

杨振声：我们要打开一条生路

周虽旧邦，其命维新。

——毛诗

破坏与创造，历史就在这悲剧与喜剧演奏中延续其生命，抚摸着伤痕，谨慎其步伐，冒着危险向前开路。

二次世界大战造成普遍的悲剧，整个世界在痛定思痛中摸索着它的前途，此时也正需要一点喜剧的幽默性、讽刺力，让人类恢复他们平时的理智，然后灵机一闪，在笑的泪光中看出前途一线生路，以赴汤蹈火的精神奔趋之，乃得死里求生，逢凶化吉。

今日整个世界的杌陧不安，联合国会议席上利害的冲突，三次大战暗影的偷袭，都在说明着一件事：我们需要联合起人类的智力来开创一种新文化去处理这个新世界。

"过去种种譬如昨日死"，不是譬如，它真的死亡了：帝国主义的死亡，独裁政体的死亡，资本主义与殖民政策也都在死亡中，因而从那些主义与政策发展出来的文化必然的也有日暮途穷之悲。我们在这里就要一点自我讽刺力与超己的幽默性去撞自己的丧钟，埋葬起过去的陈腐，重新抖擞起精神做这个时代的人。

从我们自己看，这问题便更显然。为什么一切的事实都与我们期望的相反？我们祈祷和平而内战降临，我们需要建设而破坏不已，我们要求政治的清明而昏雾四合，我们要求的是温饱，是健康，是振作，而实现的是贫乏，是饥馑，是疾病，是颓唐。造成这些事实的原因是什么？人口过多？兵灾之余？政府低能？种种切切，指不胜屈。无疑地这都是原因，却都是表面的，而真正的原因却深藏在每一个人的灵魂里，责任应负在每一个人的双肩上，它是整个文化的衰落，历史走上了绝路，我们面临着危亡。

然而我们却不能走回头路，回顾是坟墓，我们也不能停止在危机上，停止是崩溃。我们只有前面一条路。不错，看，那前边满是荆棘与虎狼，崩滩与危岸，然而我们却只有前进的一条路。我们得鼓起全身的力量，像母亲从大火中抢救孩子的勇敢，在万死一生中去打开一条生命之路，来挽救我们国家的危亡。

"无内忧外患者国恒亡"。这也正告诉我们过去史迹的光荣正是患难的赐予。是过去的人在千钧一发的危势中拯救了自己；在踏着死亡开辟出生路，在旧文化的溃烂中培育出新蕾。过去的人创造了他们的历史，今天则是我们的责任。

今日的文艺，不在歌咏过去，那是前人做过的事；也不是把玩现在，那是承平时代文人的幸运。我们却是艰苦的，时代界予我们的责任，我们无法避开这艰辛的工作，我们得参加那开辟生活的一群同向前进。在一切的腐烂中去培植一颗新种子，以眼泪与汗水去抚育它的生长，以自身的毁灭与暴亡去维护它的花果，——那就是我们日夜所祈祷的一个新文化的来临。从它,将发育成一种新人生观,从新人生观造成我们的新国民;也从它,将滋育出的一种人类相处的新道理,新方式,来应付这个"天涯若比邻"的新时代。

这里就需要一种博大的风格,解放自身的桎梏,从个人到国家、到世界。我们要身受整个人类的痛苦,领略整个人类的欲望,文艺也正是最直接的媒介。借着它的感应性,我们不独可以了解一个民族的历史、风俗、生活与性格;我们还可以心领神会地与他们生活在一起,参加他们的宴会与歌舞,共感他们的爱好与憎恶,同情他们的忧乐与企求。了解力的放大,不也就是同情心的放大吗?

我们不独借文艺了解旁人,且必因了解旁人而更认识自己,——认识自己的地位与自己的文艺。这不独是取人之长补己之短,而实是一种融会贯通,从取精用宏中培育一种奇异的花苞。它将放射出异常的光彩,因为它以世界之大为园地,以人类的忧乐为土壤,以人类的智慧为雨露。

前面说过我们不歌咏过去,但却不是遗忘过去。相反地,我们必凭借过去的文化以培育将来的文化,必凭借自己的文化以吸收人家的文化。只要这粒种子有不可遏止的生机,有自身生长的能力,过去的文化纵使是败叶落花也可吸取为养料,化腐朽为神奇。这就全靠那点创新的劲儿。不错,文艺不就是人类自古迄今从未断绝过的一种向上性,一种要求完美的心理,一种无时无刻不在创新的努力下与不屈服中闪耀出的片片灵光?

我们愿意本着这种信心去作几个开辟生路的工人。我们不愿躲避艰险。因为这是我们的自择。我们不作任何其他的工具,因为我们已经答应文艺了;文艺是我们的工具,我们也是文艺的工具,我们不要求任何报偿,因为工作本身的艰苦就是我们的报偿。我们若要求饶恕的话,只要求这责任的本身能够原谅我们的过分或不及。

(原载《大公报》"星期文艺"第 1 期,1946 年 10 月 13 日)

陈铨：盛世文学与末世文学

一

一个时代的盛衰，一种文化的升降，往往可以从当时此地民族精神生活表现的形态探讨出来。文学是民族精神生活表现最鲜明的形态，所以研究文学的现象，对于这一个民族前途的转变，至少可以说出一个大概。季札观乐，知道春秋各国的盛衰，我们假如根据同样的原理，来观察文学，其间蛛丝马迹，一定可以呈现于吾人之前。

要明了目前文学的现象，必须要先分析世界各国文学的历史。自然，过去的历史，和现在将来的事实，不一定完全吻合，然而在历史演进的途程中，有变的成分，也有不变的成分，变的成分，往往翻出无限的新鲜花样，不变的成分，却常常发生奇异的重演。

时代环境是有变化的，人性是没有变化的。孟子说："先立乎其大者，则其小者不能夺也。"假如一位历史家，能够"先立乎其大者"，就是说他先抓住"人性"，那么他就可以得着根本的根本，其他一切支离复杂的现象，就不能动摇他肯定的真理。他就可以根据这一种真理，来衡量过去，说明现在，推测将来。历史家研究过去，主要的使命，就是要同现在和将来发生密切的关系，要不然历史家不过是"古董商"和"书呆子",无论他考据怎样精详,他们的工作,没有理由引起我们的重视。

历史家不但需要一双手,还需要一双眼睛,这一双眼睛,不是帮助手抄笔记,弄古董的眼睛,乃是观察人性,发现原理的"哲学眼睛"。历史家没有哲学眼睛,他一定会被书本和古董压得气都喘不过来,他所看见的只是变的,他永远看不见不变的,他自以为懂历史,其实历史同他根本没有发生任何的关系。

二

盛世文学和末世文学,第一个分别,就是前一种文学的作者,对人生是肯定的,后一种文学的作者,对人生是否定的。人生的意义,本来不可捉摸,然而有一个不可逃避的事实,就是人类不能不有生,不管生命如何短促,不能不度过数十寒暑,这数十寒暑如何度过,每一个人不能不逼迫着采取一定的态度。在一个民族,发皇光大,精力弥漫的时候,每一个分子,都充满了生命,充满了野心,他整个的身心,都投放在不断的活动。他没有工夫来思想人生,他只在活动过程中去饱尝人生。

在这一种时代,大家不感觉生活的无聊,他们的内心也许会有希腊英雄的悲哀,哈孟雷特的疑惑,浮士德的痛苦,但是悲观、疑惑、痛苦,只能深刻化他们对人生尝受的意义,他们的活动,反而因此更趋积极,他们的人格,反而因此更见伟大,他们对人生的态度,始终是肯定的,不是否定的。

一到末世，就不同了。整个的民族，已经没有朝气，他们不积极工作，他们只消极思想，生活在他们是沉闷的、无聊的，怎么样看透一切，享受一切，玩弄一切，是他们努力的方向。他们要聪明，图消遣，他们内心充满了悲哀，世界的空气是压迫的，人生的担子是沉重的，惜花饮酒，吟风弄月，也不过想游戏游戏，消磨此"大无可如何之日也"。

末世文学家的天才，并不一定比盛世文学家低，他们文字的技术，对人情世故的了解，也许远在前者之上，但是他们对人生的态度，大不相同。他们失掉了生活的勇气，严肃的意义，悲观，颓废，沉湎，消遣，他们自己感觉一切无聊，所以别人读他们的作品，也感觉一切无聊；他们自己没有力量接受人生，他们还要非笑鄙视别人接受人生，人类行为中一切光明磊落的行动，都是他们幽默讽刺的资料；他们不崇拜英雄，因为他们自身充满了骄傲；他们要打破道德的观念，因为他们要摆脱一切的束缚；醇酒，女人，自然，艺术，成了解除他们生活痛苦的工具；他们计算一个人生活的时刻，只要每一个时刻，能够充分利用，不让任何事物，萦扰他们的心志，他们也就充分满意了。

三

鉴别盛世文学和末世文学，还有一个标准，就是前一种往往表现人类伟大的精神，后一种从事纤巧的技术。要表现人类伟大的精神，第一步先要承认人生伟大。盛世的文学家，发现人类活动过程中，充满了生命的意义，伟大的使命。他们欢欣、赞美，抱无穷的希望。宇宙是神秘的，人类不虚生的。美丽的自然，壮烈的牺牲，崇高的道德，纯洁的爱情，是他们描写的题材。他们也未尝不悲愁感叹，但是他们时时刻刻缅怀祖先的陈迹，冥想未来的光荣。他们文章的技术，也许粗疏，但是他们的气魄，却是雄浑、奔放。他们的著作是伟大精神的表现，他们已经超出文字的范围。

在另外一方面，末世文学家，根本不承认人生有什么伟大，他们觉得一切都没有意义，没有希望，人类是可怜虫，他的努力，盲目，可笑，白费工夫。人生既然这样，末世文学家还有什么可以描写的呢？他们找不出精彩的题材，他们只好在文学本身上，卖弄他们的技巧。那怕极纤小的题目，他们可以表现惊人的聪明，音节，用字，章法，情致，是它们刻意的地方。"吟成五个字，捋断数行须"，这并不是对艺术严肃的态度，乃是抛弃精神，注重形式自然的结果。

在末世文学家，文章本来是一种游戏，要借游戏来忘怀世界，就不能不在游戏方法上精益求精，但是方法愈精，精神愈少，生活愈无聊。在外表看来，他们似乎已经借文学的帮助，摆脱生活之欲，然而在心灵深处，他们还常常有不可抑制的悲哀，流露于行间字里。

生命是一种力量，力量必须要求发展，没有任何消极的哲学、宗教、艺术、道德，能够压迫它，解脱它。世界上第一流的文学，就是能够提高鼓舞生命力量的文学。文学不是好玩的东西，文学家应当有"崇高的严肃"。末世文学家，根本想逃避人生，他们著作的流行，只能摧毁民族生命的力量，使一个时代有用的天才悲哀颓废，政治军事社会道德，腐化崩溃，终陷于不可收拾之境。六朝的文章，晚明的小品何尝不是精心凝炼之作，然而国家民族，也正是暮途穷途时。如果我们不相信天心，那么人力就大有纠正的必要了。

四

盛世文学与末世文学相关而来第三个分别，虽然不是康德本来的意思，我们不妨借用康德美学的名词来划分，盛世文学多半是"壮美的"，末世文学多半是"幽美的"。

幽美导人入无欲的境界，壮美引人入惊骇的情操，柳暗花明，心怡神静，走霆奔电，骇目动心，幽美和壮美同是艺术上难到的境界，它们对人类发生的效果是不同的。

盛世的文人，气魄雄厚，力量充足，他们喜欢寻求壮美的对象。荷默的史诗，但丁的《神曲》，莎士比亚的悲剧，歌德的《浮士德》，都是文学上壮美的结晶。末世的文人，意志消失，力竭精疲，他们只想在漫漫长夜的生命途程中，寻求一种暂时休息之所，他们喜欢描写的，自然是幽美的目标。鸟啼花落，水绿山青，逸致闲情，敲金戛玉，到了物我皆忘的境界，就是生命源泉枯竭的象征，末世文人的内心暂时得着安静了，然而人生的意义也停止了！

五

我们不愿意讨论盛世文学与末世文学的是非问题。我们只愿意指出盛世文学末世文学对于生命力量的影响。假如一个国家民族，腐化崩溃，在文人心目中，认为不足轻重，自然他会寻求他自己的安身立命的地方。在另一方面来说，假如他的心还没有全死，假如他感觉自己生命还有不可压制的力量，假如他还认为国家民族应当光荣发达，那么他就没有理由，再谈什么"为艺术而艺术"，咬文嚼字，倾全力在技术上下功夫，如历史家不能专门弄过去的古董和书籍，不顾现在和将来一样。

瓦格勒的歌舞剧众世崇拜的时候，尼采忽然发现它是摧毁生命力量的艺术，末世的弦歌；其实瓦格勒的天才气魄，已经超绝常人，比起"吃苦茶"、"忆故乡"引线装书的小品文作家，谈音节究字眼的诗人，不知道高明多少倍？

中华民族现在正经验一个伟大的时代，希望这一个伟大的时代，能够产生一个伟大的盛世的新文学运动。

（原载陈铨：《文学批评的新动向》，正中书局1943年版）

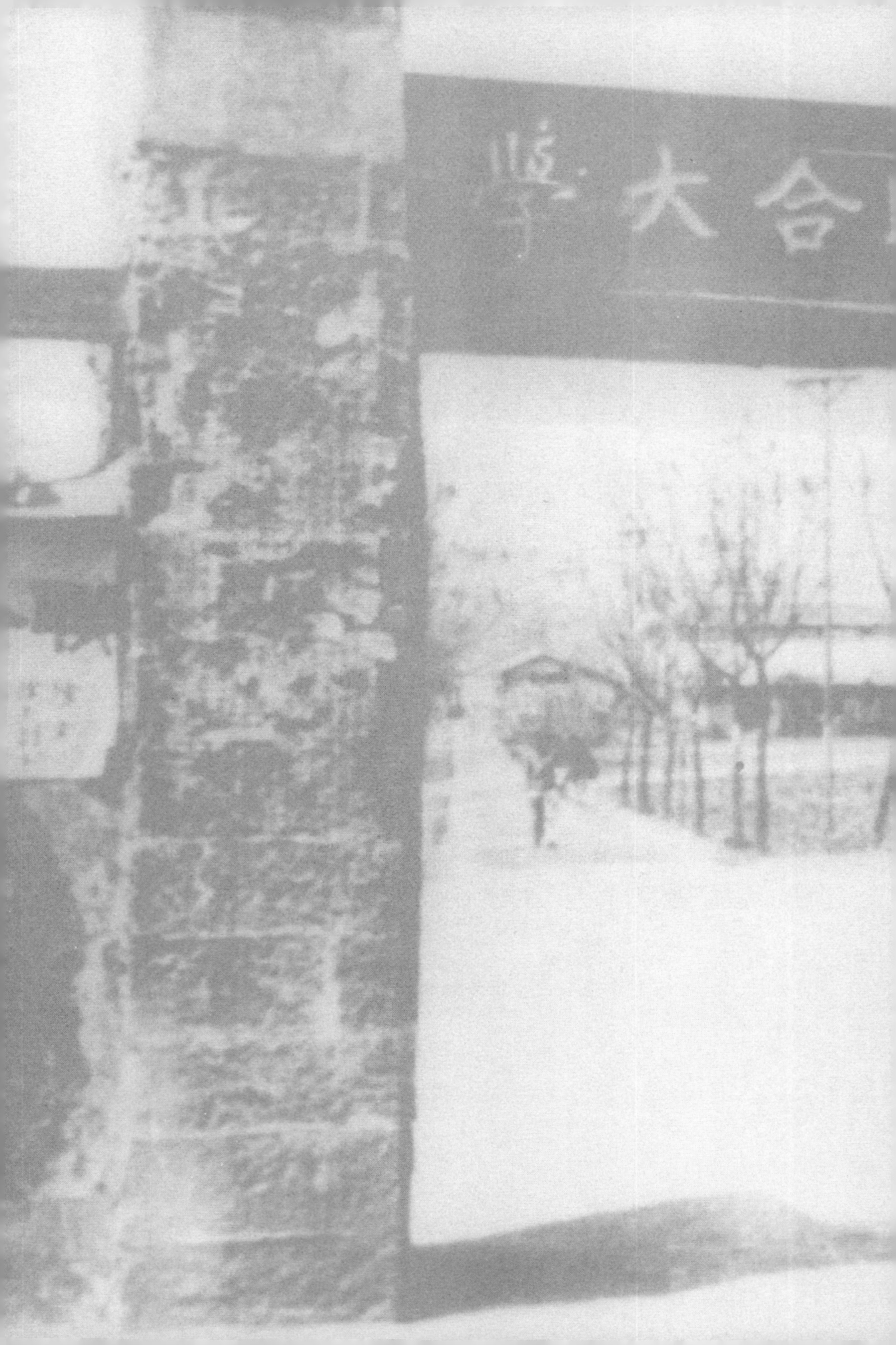

第九篇 大学之道
大学精神六讲

1937—1946

1937—1946

梅贻琦：大学一解

今日中国之大学教育，溯其源流，实自西洋移植而来，顾制度为一事，而精神又为一事。就制度言，中国教育史中固不见有形式相似之组织；就精神言，则文明人类之经验大致相同，而事有可通者。文明人类之生活，要不外两大方面，曰己，曰群，或曰个人，曰社会。而教育之最大的目的，要不外使群中之己与众己所构成之群各得其安所遂生之道，且进以相位相育，相方相苞；则此地无中外，时无古今，无往而不可通者也。

西洋之大学教育已有八九百年之历史，其目的虽鲜有明白揭橥之者，然试一探究，则知其本源所在，实为希腊之人生哲学，而希腊人生哲学之精髓无它，即"一己之修明"是矣（know thyself）。此与我国儒家思想之大本又何尝有异致？孔子于《论语·宪问》曰，"古之学者为己"，而病今之学者舍己以从人。其答子路问君子，曰"修己以敬"，进而曰，"修己以安人"，又进而曰，"修己以安百姓"；夫君子者无它，即学问成熟之人，而教育之最大收获也。曰安人百姓者，则又明示修己为始阶，本身不为目的，其归宿，其最大之效用，为众人与社会之福利，此则较之希腊之人生哲学，又若更进一步，不仅以一己理智方面之修明为己足也。

及至《大学》一篇之作,而学问之最后目的,最大精神,乃益见显著。《大学》一书开章明义之数语即曰,"大学之道,在明明德,在新民,在止于至善"。若论其目,则格物,致知,诚意,正心,修身,属明明德,而齐家,治国,平天下,属新民。《学记》曰,"九年知类通达,强立而不反,谓之大成;夫然后足以化民易俗,近者悦服,而远者怀之,此大学之道也"。知类通达,强立不反二语,可以为明明德之注脚,化民成俗,近悦远怀三语可以为新民之注脚。孟子于《尽心章》,亦言修其身而天下平。荀子论"自知者明,自胜者强"亦不出明明德之范围,而其泛论群居生活之重要,群居生活之不能不有规律,亦无非阐发新民二字之真谛而已。总之,儒家思想之包罗虽广,其于人生哲学与教育理想之重视明明德与新民二大步骤,则始终如一也。

今日之大学教育,骤视之,若与明明德、新民之义不甚相干,然若加深察,则可知今日大学教育之种种措施,始终未能超越此二义之范围,所患者,在体认尚有未尽而实践尚有不力耳。大学课程之设备,即属于教务范围之种种,下自基本学术之传授,上至专门科目之研究,固格物致知之功夫而明明德之一部分也。课程以外之学校生活,即属于训导范围之种种,以及师长持身、治学、接物、待人之一切言行举措,苟于青年不无几分裨益,此种裨益亦必于格致诚正之心理生活见之。至若各种人文科学、社会科学学程之设置,学生课外之团体活动,以及师长以公民之资格对一般社会所有之努力,或为一种知识之准备,或为一种实地工作之预习,或为一种风声之树立，青年一旦学成离校，而于社会有所贡献，要亦不能不资此数者为一部分之挹注。此又大学教育新民之效也。

然则所谓体认未尽实践不力者又何在？明明德或修己功夫中之所谓明德，所谓己，所指乃一人整个之人格，而不是人格之片段。所谓整个之人格，即就比较旧派之心理学者之见解，至少应有知、情、志三个方面，而此三方面者皆有修明之必要。今则不然，大学教育所能措意而略有成就者，仅属知之一方面而已，夫举其一而遗其二，其所收修明之效，因已极有限也。然即就知之一端论之，目前教学方法之效率亦大有尚待扩充者。理智生活之基础为好奇心与求益心，故贵在相当之自动，能有自动之功，斯能收自新之效，所谓举一反三者，举一虽在执教之人，而反三总属学生之事。若今日之教学，恐灌输之功十居七八，而启发之功十不得二三。明明德之义，释以今语，即为自我之认识，为自我知能之认识，此即在智力不甚平庸之学子亦不易为之，故必有执教之人为之启发，为之指引，而执教者之最大能事，亦即至此而尽，过此即须学子自为探索；非执教者所得而助长也。故古之善教人者，《论语》谓之善诱，《学记》谓之善喻。孟子有云"君子深造之以道，欲其自得之也，自得之，则居之安，居之安，则资之深，资之深，则取之左右逢其源，故君子欲其自得之也"，此善诱或善喻之效也。今大学中之教学方法，即仅就知识教育言之，不逮尚远。此体认不足实践不力之一端也。

至意志与情绪二方面，既为寻常教学方法所不及顾，则其所恃者厥有二端，一为教师之树立楷模，二为学子之自谋修养。意志须锻炼，情绪须裁节，为教师者果能于二者均有相当之修养功夫，而于日常生活之中予以自然之流露，则从游之学子无形中有所取法；古人所谓身教，所谓以善先人之教，所指者大抵即为此两方面之品格教育，而与知识之传授不相干也。治学之精神与思想之方法，虽若完全属于理智一方面之心理生活，实则与意志之坚强与情绪之稳称有极密切之关系；治学贵谨严，思想忌偏蔽，要非持志坚定而用情有度之人不办。孟子有曰，"仁义礼智根于心，其生色也，睟然见于面，盎于背，施于四体，四体不言而喻"。曰根于心者，修养之实，曰生于色者，修养之效而自然之流露；设学子所从游者率为此类之教师再假以时日，则濡染所及，观摩所得，亦正复有其不言而喻之功用。《学记》所称之善喻，要亦不能外此。试问今日之大学教育果真具备此条件否乎？曰否。此可于三方面见之。上文不云乎，今日大学教育所能措意者仅为人格之三方面之一，为教师者果能于一己所专长之特科知识，有充分之准备，为明晰之讲授，作尽心与负责之考课，即已为良善之教师，其于学子之意志与情绪生活与此种生活之见于操守者，殆有若秦人之视越人之肥瘠；历年既久，相习成风，即在有识之士，亦复视为固然，不思改作，浸假而以此种责任完全诿诸他人，曰"此乃训育之事，与教学根本无干"。此条件不具备之一方面也。为教师者，自身固未始不为此种学风之产物，其日以孜孜者，专科知识之累积而已，新学说与新实验之传习而已，其于持志养气之道，待人接物之方，固未尝一日讲求也；试问己所未能讲求或无暇讲求者，又何能执以责人？此又一方面也。今日学校环境之内，教师与学生大率自成部落，各有其生活之习惯与时尚，舍教室中讲授之时间而外，几于不相谋面，军兴以还，此风尤甚，即有少数教师，其持养操守足为学生表率而无愧者，亦犹之椟中之玉，斗底之灯，其光辉不达于外，而学子即有切心于观摩取益者，亦自无从问径，此又一方面也。古者学子从师受业，谓之从游，孟子曰，"游于圣人之门者难为言"，间尝思之，游之时义大矣哉。学校犹水也，师生犹鱼也，其行动犹游泳也，大鱼前导，小鱼尾随，是从游也，从游既久，其濡染观摩之效，自不求而至，不为而成。反观今日师生之关系，直一奏技者与看客之关系耳，去从游之义不綦远哉！此则于大学之道，"体认尚有未尽、实践尚有不力"之第二端也。

至学子自身之修养又如何？学子自身之修养为中国教育思想中最基本之部分，亦即儒家哲学之重心所寄。《大学》八目，涉此者五，《论语》《中庸》《孟子》之所反复申论者，亦以此为最大题目。宋元以后之理学，举要言之，一自身修善之哲学耳；其派别之分化虽多，门户之纷呶虽甚，所争者要为修养之方法，而于修养之必要，则靡不同也。我侪以今日之眼光相绳，颇病理学教育之过于重视个人之修养，而于社会国家之需要，反不能多所措意；末流之弊，修身养性几不复为人德育才之门，而成遁世避实之路。然理学教育之所过即为今日学校教育之所不及。今日大学生之生活中最感缺乏之一事即为个人之修养。此又可就下列三方面分别言之：

一曰时间不足。今日大学教育之学程太多，上课太忙，为众所公认之一事，学生于不上课之时间，又例须有多量之"预备"功夫，而所预备者又不出所习学程之范围，于一般之修养邈不相涉。习文史哲学者，与修养功夫尚有几分关系，其习它种理实科目者，无论其为自然科学或社会科学，治木工水作之习一艺耳。习艺愈勤去修养愈远。何以故？曰，无闲暇故。仰观宇宙之大，俯察品类之盛，而自审其一人之生应有之地位，非有闲暇不为也。纵探历史之悠久，文教之累积，横索入我关系之复杂，社会问题之繁变，而思对此悠久与累积者宜如何承袭节取而有所发明，对复杂繁变者宜如何应付而知所排解，非有闲暇不为也。人生莫非学问也，能自作观察、欣赏、沉思、体会者，斯得之。今学程之所能加惠者，充其量，不过此种种自修功夫之资料之补助而已，门径之指点而已，至若资料之咀嚼融化，门径之实践以致升堂入室，博者约之，万殊者一之，则非有充分之自修时间不为功。就今日之情形而言，则咀嚼之时间，且犹不足，无论融化，粗识门径之机会犹或失之，姑无论升堂入室矣。

二曰空间不足。人生不能离群，而自修不能无独，此又近顷大学教育最所忽略之一端。《大学》一书尝极论毋自欺、必慎独之理。不欺人易，不自欺难，与人相处而慎易，独居而慎难。近代之教育，一则曰社会化，再则曰集体化，卒使餐舍悉成营房，学养无非操演，而慎独与不自欺之教亡矣。夫独学无友，则孤陋而寡闻，乃仅就智识之切磋而为言者也；至情绪之制裁，意志之磨砺，则固为我一身一心之事，他人之于我，至多亦只所以相督励、示鉴戒而已。自"慎独"之教亡，而学子乃无复有"独"之机会，亦无复作"独"之企求；无复知人我之间精神上与人际上应有之充分之距离，适当之分寸，浸假而无复和情绪制裁与意志磨练之为何物，即无复和《大学》所称诚意之为何物，充其极，乃至于学问见识一端，亦但知从众而不知从己，但知附和而不敢自作主张，力排众议。晚近学术界中，每多随波逐浪（时人美其名曰"适应潮流"）之徒，而少砥柱中流之辈，由来有渐，实无足怪。《大学》一书，于开章时阐明大学之目的后，即曰，"知止而后有定，定而后能静，静而后能安，安而后能虑，虑而后能得"。今日之青年，一则因时间之不足，再则因空间之缺乏，乃至数年之间，竟不能如绵蛮黄鸟之得一丘隅以为休止。休止之时地既不可得，又遑论定、静、安、虑、得之五步功夫耶？此深可虑而当亟为之计者也。

三曰师友古人之联系之阙失。关于师之一端，上文已具论之，今日之大学青年，在社会化与集体生活化一类口号之空气之中，昕与往还者，有成群之大众，有合伙之伙伴，而无友。曰集体生活，又每苦不能有一和同之集体，或若干不同而和之集体，于是人我相与之际，即一言一动之间，亦不能不多所讳饰顾忌，驯至舍寒暄笑谑与茶果征逐而外，根本不相往来。此目前有志之大学青年所最感苦闷之一端也。夫友所以祛孤陋，增闻见，而辅仁进德者也，个人修养之功，有恃于一己之努力者固半，有赖于友朋之督励者亦半；今则一己之努力既因时空两间之不足而不能有所施展，有如上文所论，而求友之难又如此，又何怪乎成德达材者之不多见也。古人亦友也，孟子有尚友之论，后人有尚友之录，其对象皆古人也。今人与年龄相若之同学中既无可相友者，有志者自犹可于古人中求之。然求之又苦不易。史学之必修课程太少，普通之大学生往往仅修习通史一两门而止，此不易一也。时人对于史学与一般过去之经验每不重视，甚者且以为革故鼎新之精神，即在完全抹杀已往，而创造未来，前人之言行，时移世迁，即不复有分毫参考之价值，此不易二也。即在专考史学之人，又往往用纯粹物观之态度以事研究，驯至古人之言行举措，其所累积之典章制度，成为一堆毫无生气之古物，与古生物学家所研究之化石骨殖无殊，此种研究之态度，非无其甚大之价值，然设过于偏注，则史学之与人生将不复有所联系，此不易三也。有此三不易，于是前哲所再三申说之"以人鉴人"之原则将日趋湮没，而"如对古人"之青年修养之一道亦曰即于荒芜不治矣。学子自身之不能多所修养，是近代教育对于大学之道体认尚有未尽、实践尚有不力之第三端也。

　　以上三端，所论皆为明德一方面之体认未尽与实践不力，然则新民一方面又如何？大学新民之效，厥有二端。一为大学生新民工作之准备；二为大学校对社会秩序与民族文化所能建树之风气。于此二端，今日之大学教育体认亦有未尽，而实践亦有不力也。试分论之。

　　大学有新民之道，则大学生者负新民工作之实际责任者也。此种实际之责任，因事先必有充分之准备，相当之实验或见习，而大学四年，即所以为此准备与实习而设，亦自无烦赘说。然此种准备与实习果尽合情理乎？则显然又为别一问题。明德功夫即为新民功夫之最根本之准备，而此则已大有不能尽如人意者在，上文已具论之矣。然准备之缺乏犹不止此。今人言教育者，动称通与专之二原则。故一则曰大学生应有通识，又应有专识，再则曰大学卒业之人应为一通才，亦应为一专家，故在大学期间之准备，应为通专并重。此论固甚是，然有不尽妥者，亦有未易行者。此论亦固可以略救近时过于重视专科之弊，然犹未能充量发挥大学应有之功能。窃以为大学期内，通专虽应兼顾，而重心所寄，应在通而不在专，换言之，即须一反目前重视专科之倾向，方足以语于新民之效。夫社会生活大于社会事业，事业不过为人生之一部分，其足以辅翼人生，推进人生，固为事实，然不能谓全部人生即寄寓于事业也。通识，一般生活之准备也；专识，特种事业之准备也。通识之用，不止润身而已，亦所以自通于人也，信如此论，则通识为本，而专识为末，社会所需要者，通才为大，而专家次之，以无通才为基础之专家临民，其结果不为新民，而为扰民。此通专并重未为恰当之说也。大学四年而已，以四年之短期间，而既须有通识之准备，又须有专识之准备，而二者之间又不能有所轩轾，即在上智，亦力有未逮，况中资以下乎？并重之说所以不易行者此也。偏重专科之弊，既在所必革，而并重之说又窒碍难行，则通重于专之原则尚矣。

　　难之者曰，大学而不重专门，则事业人才将焉出？曰，此未作通盘观察之论也。大学虽重要，究不为教育之全部，造就通才虽为大学应有之任务，而造就专才则固别有机构在。一曰大学之研究院。学子即成通才，而于学问之某一部门，有特殊之兴趣，与特高之推理能力，而将以研究为长期或终身事业者可以曰研究院。二曰高级之专门学校。艺术之天分特高，而审美之兴趣特厚者可曰艺术学校，躯干刚劲，动作活泼，技术之智能强，而理论之兴趣较薄者可入技术学校。三曰社会事业本身之训练。事业人才之造就，由于学识者半，由于经验者亦半，而经验之重要，且在学识之上，尤以社会方面之事业人才所谓经济长才者为甚，尤以在今日大学教育下所能产生之此种人才为甚。今日大学所授之社会科学知识，或失之理论过多，不切实际，或失诸凭空虚构，不近人情，或失诸西洋之资料太多，不适国情民性；学子一旦毕业而参加事业，往往发见学用不相呼应，而不得不于所谓"经验之学校"中，别谋所以自处之道，及其有成，而能对社会有所贡献，则泰半自经验之学校得来，而与所从卒业之大学不甚相干，以至于甚不相干。至此始恍然于普通大学教育所真能造就者，不过一出身而已，一资格而已。

　　出身诚是也，资格亦诚是也。我辈从事大学教育者，诚能执通才之一原则，而曰，才不通则身不得出，社会亦诚能执同一之原则，而曰，无通识之准备者，不能取得参加社会事业之资格，则所谓出身与资格者，固未尝不为绝有意识之名词也。大学八目，明德之一部分至身修而止，新民之一部分自身修而始，曰出身者，亦曰身已修，德已明，可以出而从事于新民而已矣，夫亦岂易言哉？不论一人一身之修明之程度，不问其通识之有无多寡，而但以一纸文凭为出身之标识者，斯失之矣。

通识之授受不足，为今日大学教育之一大通病，固已渐为有识者所公认，然不足者果何在，则言之者尚少。大学第一年不分院系，是根据通之原则者也，至第二年而分院系，则其所据为专之原则。通则一年，而专乃三年，此不足之最大原因而显而易见者。今日而言学问，不能出自然科学，社会科学，与人文科学三大部门；曰通识者，亦曰学子对此三大部门，均有相当准备而已，分而言之，则对每门有充分之了解，合而言之，则于三者之间，能识其会通之所在，而恍然于宇宙之大，品类之多，历史之久，文教之繁，要必有其一以贯之道，要必有其相为因缘与依倚之理，此则所谓通也。今学习仅及期年而分院分系，而许其进入专门之学，于是从事于一者，不知二与三为何物，或仅得二与三之一知半解，与道听途说者初无二致；学者之选习另一部门或院系之学程也，亦先存一"限于规定，聊复选习"之不获已之态度，日久而执教者亦曰，"聊复有此规定尔，固不敢从此期学子之必成为通才也"。近年以来，西方之从事于大学教育者，亦尝计虑及此，而设为补救之法矣。其大要不出二途。一为展缓分院分系之年限，有自第三学年始者；二为第一学年中增设"通论"之学程。窃以为此二途者俱有未足，然亦颇有可供攻错之价值；可为前途改革学程支配之张本。大学所以宏造就，其所造就者为粗制滥造之专家乎，抑为比较周见洽闻、本末兼赅、博而能约之通士乎？胥于此种改革卜之矣。大学亦所以新民，吾侪于新民之义诚欲作进一步之体认与实践，欲使大学出身之人，不借新民之名，而作扰民之实，亦胥以此种改革为入手之方。

然大学之新民之效，初不待大学生之学成与参加事业而始见也。学府之机构，自身亦正复有其新民之功用，就其所在地言之，大学俨然为一方教化之重镇，而就其声教所暨者言之，则充其极可以为国家文化之中心，可以为国际思潮交流与朝宗之汇点（近人有译英文 focus 一字为汇点者，兹从之）。即就西洋大学发展之初期而论，14世纪末年与15世纪初年，欧洲中古文化史有三大运动焉，而此三大运动者均自大学发之。一为东西两教皇之争，其终于平息而教权复归于一者，法之巴黎大学领导之功也；二为魏克文夫（Wyclif）之宗教思想革新运动，孕育而拥护之者英之牛津大学也；三为郝斯（John Hus）之宗教改革运动，郝氏与惠氏之运动均为16世纪初年马丁·路得宗教改革之先声，而孕育与拥护之者，布希米亚（战前为捷克地）之蒲拉赫（Prague）大学也。大学机构自身正复有其新民之效，此殆最为彰明较著之若干例证。

间尝思之，大学机构之所以生新民之效者，盖又不出二途。一曰为社会之倡导与表率，其在平时，表率之力为多，及处非常，则倡导之功为大。上文所举之例证，盖属于倡导一方面者也。二曰新文化因素之孕育涵养与简练揣摩。而此二途者又各有其凭借。表率之效之凭借为师生之人格与其言行举止。此为最显而易见者。一地之有一大学，犹一校之有教师也，学生以教师为表率，地方则以学府为表率，古人谓一乡有一善士，则一乡化之，况学府者应为四方善士之一大总汇乎？设一校之师生率为文质彬彬之人，其出而与社会周旋也，路之人亦得指而目之曰，"是某校教师也，是某校生徒也",而其所由指认之事物为语默进退之间所自然流露之一种风度,则始而为学校环境以内少数人之所独有者,终将为一地方所共有,而成为一种风气;教化云者,教在学校环境以内,而化则达于学校环境以外,然则学校新民之效,固不待学生出校而始见也明矣。

新文化因素之孕育所凭借者又为何物?师生之德行才智,图书实验,大学之设备,可无论矣。所不可不论者为自由探讨之风气。宋儒安定胡先生有曰:"艮言思不出其位,正以戒在位者也。若夫学者,则无所不思,无所不言,以其无责,可以行其志也;若云思不出其位,是自弃于浅陋之学也。"此语最当。所谓无所不思,无所不言,以今语释之,即学术自由(academic freedom)而已矣。今人颇有以自由主义为诟病者,是未察自由主义之真谛者也。夫自由主义(liberalism)与荡放主义(libertinism)不同,自由主义与个人主义,或乐利的个人主义,亦截然不为一事。假自由之名,而行荡放之实者,斯病矣。大学致力于知、情、志之陶冶者也,以言知,则有博约之原则在,以言情,则有裁节之原则在,以言志,则有持养之原则存,秉此三者而求其所谓"无所不思,无所不言",则荡放之弊又安从而乘之?此犹仅就学者一身内在之制裁而言之耳,若自新民之需要言之,则学术自由之重要,更有不言而自明者在。新民之大业,非旦夕可期也,既非旦夕可期,则与此种事业最有关系之大学教育,与从事于此种教育之人,其所以自处之地位,势不能不超越几分现实,其注意之所集中,势不能为一时一地之所限止,其所期望之成就,势不能为若干可以计日而待之近功。职是之故，其"无所不思"之中，必有一部分为不合时宜之思，其"无所不言"之中，亦必有一部分为不合时宜之言；亦正唯其所思所言，不尽合时宜，乃或不合于将来，而新文化之因素胥于是生，进步之机缘，胥于是启，而新民之大业，亦胥于是奠其基矣。

"大学之道，在明明德，在新民，在止于至善。"至善之界说难言也，姑舍而不论。然明明德与新民二大目的固不难了解而实行者。然洵如上文所论，则今日之大学教育，于明明德一方面，了解犹颇有未尽，践履犹颇有不力者，而不尽不力者，要有三端，于新民一方面亦然，其不尽力者要有二端。不尽者尽之，不力者力之，是今日大学教育之要图也，是"大学一解"之所为作也。

（原载《清华学报》第13卷第1期，1941年4月）

1876—1951

张伯苓：学行合一

上期周刊登了陶知行先生为本校教职员演讲的一篇稿子，题目是《教学合一》，大家想都看过了。陶先生的意思，说教学应当合一。他的理由是：（一）先生的责任在教学，在教学生学；（二）教的法子必须根据于学的法子；（三）先生不只是教学生学，并且同时自己也要学。我对于他第一个理由还有些意见，陈先生已约略地写了几句登在周刊上。现在，用这几十分钟，我再和大家讲讲。

我的意思，以为以前的"教书"、"教学生"，固然是不对；但是"教学生学"就能说是已经尽了教之能事了吗？这个，据我看还是不够，应该再进一步，教学生行。中国古代的教育的特点，教学生行也可算是一个。我现在可以举几个例，来证明孔子的"教学生行"。

《论语·学而》章有几句话：

子曰：弟子，入则孝，出则弟，谨而信，泛爱众，而亲仁。行有余力，则以学文。

这里所谓的"孝"、"弟"、"谨"、"信"、"爱众"、"亲仁"，不都是关于"行"的方面的吗？你看他底下接一句说，"行有余力，则以学文"。他对于"行"，是何等重视！反观现在的知识阶级里的人，多半是学有余力，则以求行；只顾求学求文，反把"行"一方面视为次要，甚且毫不注意。这是什么道理呢？难道说古人须讲"行"，而今人可以不顾吗？

再看《中庸》的一段话：

博学之，审问之，慎思之，明辨之，笃行之。

这几句话将我们求学的步骤指点得清清楚楚。我们要博学，但是仅仅听受得很多，而不加以讨虑，他人怎样说，我们怎样听，没有丝毫怀疑、思索和辨明的功夫，那又有什么益处？所以那"审问"、"慎思"、"明辨"三步是必须的了。这几步功夫都有了之后，可以说声"知道了"就算完事吗？仅仅"知道了"有多大好处？所以"明辨之"之后，接着就是"笃行之"。着重还是在一个"行"字。

再举一个例来说吧，《论语·雍也》篇说：

哀公问："弟子孰为好学"？孔子对曰："有颜回者好学，不迁怒，不贰过……"

哀公问的是谁好学，孔子答了颜回好学，似乎就可接说"不幸短命死矣"。可是他却插入"不迁怒，不贰过"两句，这是论他的"行"

的。由此可见孔子心目中的好学,乃学行并重,而不是死捧书本的。

有些人以为"教学生行"很困难,在现在这个时代,无从着手。譬如你教代数,教他行 X 呢?还是行 Y 呢?并且,现在学科这么繁多,顾功课还来不及呢!诚然,现在的社会,比从前的复杂得多。一个人的知识,也应当比前人的多,才能处在社会里头。所以"知"的方面的科学等等,应当多多教授。但是,仅仅得了许多的知识就能满足了吗?"学"的一方面即使十全十备,而"行"的一方面丝毫不注意,这样能算是个完人吗?这当然不对。所以,我以为最低限度,即使"行"不比"学"更重要,也应当"学"、"行"并重,不可偏废。

学行并重,我们知道是应该的了。但是,怎么"行"呢?是否教工程学的除了课本上的知识而外,还教学生实地练习就叫作"行"?这个,并不是我所谓的"行",也不是古人所谓的"行"。我所谓的"行",是行为道德。提起道德,我又有些意见。近来一般人以为人类是动物的一种,他能够生存,也当然不免有欲望。可是一人能力有限,要合多少人,才能使生活的欲望满足,在这共同的努力的关系上,发生出公共的道德信条。这种说法,是从利害上着眼的,而不是从是非上着眼的。现在的人,可以说他们是智者,因为"仁者安仁,智者利仁",他们都是从利害方法去观察的。这个,固然也是一时的潮流所趋,不易避免。但是我们既然觉出他的错误,就应该力自拯拔。像《论语》里曾子所说:"吾日三省吾身:为人谋而不忠乎?与朋友交而不信乎?传不习乎?"那么自己监督着自己；对于学的一方面，也同样的重视努力，使学行两方平均发展。世界上的人全能如此，那么，现在的那些奇形怪状的事情，早就不致发现，而我们的生活也早就安宁而美满了。

时间匆促，不能多说。现在，让我把我的意思总结起来说吧：现在社会上的变迁很大，而多流于偏废，只重物质，不重道德。尽管"学富五车"，而行为可以丝毫不顾。这种错误，我们既已觉察出来，就应极力矫正，学行并重，才可免畸形发展的弊病。所以，现在的教育者，不但是不能以"教书"、"教学生"为满足，即使他能"教学生学"，还没有尽他的教之能事。他应该更进一步，"教学生行"。"行"些什么？简言之，就是行做人之道。这样，才能算是好的教育。

（本文是张伯苓在南开学校高中周会上的演讲，由蔡昭明、张志基笔录。原载《南开周刊》第 1 卷第 16 号，1925 年 12 月 17 日）

1891—1962

胡适：赠与今年的大学毕业生

这一两个星期里，各地的大学都有毕业的班次，都有很多的毕业生离开学校去开始他们的成人事业。学生的生活是一种享有特殊优待的生活，不妨幼稚一点，不妨吵吵闹闹，社会都能纵容他们，不肯严格地要他们负行为的责任。现在他们要撑起自己的肩膀来挑他们自己的担子了。在这个国难最紧急的年头，他们的担子真不轻！我们祝他们的成功，同时也不忍不依据我们自己的经验，赠与他们几句送行的赠言，——虽未必是救命毫毛，也许作个防身的锦囊罢！

你们毕业之后，可走的路不出这几条：绝少数的人还可以在国内或国外的研究院继续做学术研究；少数的人可以寻着相当的职业；此外还有做官、办党、革命三条路；此外就是在家享福或者失业闲居了。第一条继续求学之路，我们可以不讨论。走其余几条路的人，都不能没有堕落的危险。堕落的方式很多，总括起来，约有这两大类：

第一是容易抛弃学生时代的求知识的欲望。你们到了实际社会里，往往所用非所学，往往所学全无用处，往往可以完全用不着学问，而一样可以胡乱混饭吃，混官做。在这种环境里，即使向来抱有求知识学问的决心的人，也不免心灰意懒，把求知的欲望渐渐冷淡下去。况且学问是要有相当的设备的；书籍，实验室，师友的切磋指导，闲暇的工夫，都不是一个平常要糊口养家的人所能容易办到的。没有做学问的环境，又谁能怪我们抛弃学问呢？

第二是容易抛弃学生时代的理想的人生的追求。少年人初次与冷酷的社会接触，容易感觉理想与事实相去太远，容易发生悲观和失望。多年怀抱的人生理想，改造的热诚，奋斗的勇气，到此时候，好像全不是那么一回事。渺小的个人在那强烈的社会炉火里，往往经不起长时期的烤炼就熔化了，一点高尚的理想不久就幻灭了。抱着改造社会的梦想而来，往往是弃甲曳兵而走，或者做了恶势力的俘虏。你在那俘虏牢狱里，回想那少年气壮时代的种种理想主义，好像都成了自误误人的迷梦！从此以后，你就甘心放弃理想人生的追求，甘心做现成社会的顺民了。

要防御这两方面的堕落，一面要保持我们求知识的欲望，一面要保持我们对于理想人生的追求。有什么好法子呢？依我个人的观察和经验，有三种防身的药方是值得一试的。

第一个方子只有一句话："总得时时寻一两个值得研究的问题！"问题是知识学问的老祖宗；古今来一切知识的产生与积聚，都是因为要解答问题，——要解答实用上的困难或理论上的疑难。所谓"为知识而求知识"，其实也只是一种好奇心追求某种问题的解答，不过因为那种问题的性质不必是直接应用的，人们就觉得这是"无所为"的求知识了。我们出学校之后，离开了做学问的环境，如果没有一个两个值得解答的疑难问题在脑子里盘旋，就很难继续保持追求学问的热心。可是，如果你有了一个真有趣的问题天天逗你去想它，天天引诱你去解决它，天天对你挑衅笑你无可奈何它，——这时候，你就会同恋爱一个女子发了疯一样，坐也坐不下，睡也睡不安，没工夫也得偷出工夫去陪她，没钱也得撙衣节食去巴结她。没有书，你自会变卖家私去买书；没有仪器，你自会典押衣服去置办仪器；没有师友，你自会不远千里去寻师访友。你只要能时时有疑难问题来逼你用脑子，你自然会保持发展你对学问的兴趣，即使在最贫乏的智识环境中，你也会慢慢地聚起一个小图书馆来，或者设置起一所小实验室来。所以我说：第一要寻问题。脑子里没有问题之日，就是你的智识生活寿终正寝之时！古人说，"待文王而兴者，凡民也。若夫豪杰之士，虽无文王犹兴"。试想伽利略和牛顿有多少藏书？有多少仪器？他们不过是有问题而已。有了问题之后，他们自会造出仪器来解答他们的问题。没有问题的人们，关在图书馆里也不会用书，锁在实验室里也不会有什么发现。

第二个方子也只有一句话："总得多发展一点非职业的兴趣。"离开学校之后，大家总得寻个吃饭的职业。可是你寻得的职业未必就是你所学的，或者未必是你所心喜的，或者是你所学而实在和你的性情不相近的。在这种状况之下，工作就往往成了苦工，就不感觉兴趣了。为糊口而做那种非"性之所近而力之所能"的工作，就很难保持求知的兴趣和生活的理想主义。最好的救济方法只有多多发展职业以外的正当兴趣与活动。一个人应该有他的职业，又应该有他的非职业的玩意儿，可以叫作业余活动。凡一个人用他的闲暇来做的事业，都是他的业余活动。往往他的业余活动比他的职业还更重要，因为一个人的前程往往全靠他怎样用他的闲暇时间。他用他的闲暇来打麻将，他就成个赌徒；你用你的闲暇来做社会服务，你也许成个社会改革者；或者你用你的闲暇去研究历史，你也许成个史学家。你的闲暇往往定你的终身。英国19世纪的两个哲人，弥尔[①]终身做东印度公司的秘书，然而他的业余工作使他在哲学上、经济学上、政治思想史上都占一个很高的位置；斯宾塞（Spencer）是一个测量工程师，然而他的业余工作使他成为前世纪晚期世界思想界的一个重镇。古来成大学问的人，几乎没有一个不是善用他的闲暇时间的。特别在这个组织不健全的中国社会，职业不容易适合我们性情，我们要想生活不苦痛或不堕落，只有多方发展业余的兴趣，使我们的精神有所寄托，使我们的剩余精力有所施展。有了这种心爱的玩意儿，你就做六个钟头的抹桌子工夫也不会感觉烦闷了，因为你知道，抹了六点钟的桌子之后，你可以回家去做你的化学研究，或画完你的大幅山水，或写你的小说戏曲，或继续你的历史考据，或做你的社会改革事业。你有了这种称心如意的活动，生活就不枯寂了，精神也就不会烦闷了。

第三个方子也只有一句话："你总得有一点信心。"我们生当这个不幸的时代，眼中所见，耳中所闻，无非是叫我们悲观失望的。特别是在这个年头毕业的你们，眼见自己的国家民族沉沦到这步田地，眼看世界只是强权的世界，望极天边好像看不见一线的光明，——在这个年头不发狂自杀，已算是万幸了，怎么还能够希望保持一点内心的镇定和理想的信任呢？我要对你们说：这时候正是

---

① 今译穆勒。——编者注

我们要培养我们的信心的时候!只要我们有信心,我们还有救。古人说:"信心(faith)可以移山。"又说:"只要功夫深,生铁磨成绣花针。"你不信吗?当拿破仑的军队征服普鲁士占据柏林的时候,有一位穷教授叫作菲希特①的,天天在讲堂上劝他的国人要有信心,要信仰他们的民族是有世界的特殊使命的,是必定要复兴的。菲希特死的时候(1814年),谁也不能预料德意志统一帝国何时可以实现。然而不满五十年,新的统一的德意志帝国居然实现了。

一个国家的强弱盛衰,都不是偶然的,都不能逃出因果的铁律的。我们今日所受的苦痛和耻辱,都只是过去种种恶因种下的恶果。我们要收将来的善果,必须努力种现在的新因。一粒一粒地种,必有满仓满屋的收获,这是我们今日应该有的信心。

我们要深信:今日的失败,都由于过去的不努力。

我们要深信:今日的努力,必定有将来的大收成。

佛典里有一句话:"福不唐捐。"唐捐就是白白地丢了,我们也应该说:"功不唐捐!"没有一点努力是会白白地丢了的。在我们看不见想不到的时候,在我们看不见想不到的方向,你瞧!你下的种子早已生根发叶开花结果了!

你不信吗?法国被普鲁士打败之后,割了两省地,赔了五十万万法郎的赔款。这时候有一位刻苦的科学家巴斯德终日埋头在他的实验室里做他的化学试验和微菌学研究。他是一个最爱国的人,然而他深信只有科学可以救国。他用一生的精力证明了

---

① 今译费希特。——编者注

三个科学问题：（1）每一种发酵作用都是由于一种微菌的发展；（2）每一种传染病都是由于一种微菌在生物体中的发展；（3）传染病的微菌，在特殊的培养之下，可以减轻毒力，使它从病菌变成防病的药苗。——这三个问题，在表面上似乎都和救国大事业没有多大的关系。然而从第一个问题的证明，巴斯德定出做醋酿酒的新法，使全国的酒醋业每年减除极大的损失。从第二个问题的证明，巴斯德教全国的蚕丝业怎样选种防病，教全国的畜牧农家怎样防止牛羊瘟疫，又教全世界的医学界怎样注重消毒以灭除外科手术的死亡率。从第三个问题的证明，巴斯德发明了牲畜的脾热瘟的疗治药苗，每年替法国农家减除了二千万法郎的大损失；又发明了疯狗咬毒的治疗法，救济了无数的生命。所以英国的科学家赫胥黎（Huxley）在皇家学会里称颂巴斯德的功绩道："法国给了德国五十万万法郎的赔款，巴斯德先生一个人研究科学的成绩足够还清这一笔赔款了。"

巴斯德对于科学有绝大的信心，所以他在国家蒙奇辱大难的时候，终不肯抛弃他的显微镜与实验室。他绝不想他的显微镜底下能偿还五十万万法郎的赔款，然而在他看不见想不到的时候，他已收获了科学救国的奇迹了。

朋友们，在你最悲观最失望的时候，那正是你必须鼓起坚强的信心的时候。你要深信：天下没有白费的努力。成功不必在我，而功力必不唐捐。

（原载《独立评论》第 7 号，1932 年 7 月 3 日）

1902—1962

雷海宗：大学之使命

不仅现在在大学读书的人，几乎所有的人，都有一个共同的态度，那就是说把入大学视为是当然的事，在习惯上，很少有人去研究大学的目的或使命。本人（雷先生自称）在做大学生的时候亦曾忽略这个问题，不过这种忽略是错误的，我们虽然不能在一个最短时间获得一个理想的答案，但至少我们该去研究它，推断它。

大学的使命是什么？我有我的一个想法，一个根据。我的想法与根据是以我从前做大学生的经验作背景的。

在谈大学之使命之前，我们必须对"大学"这个名词有个充分的了解与认识。

近代大学之历史很短，人类自开化以来，各时代都有与高等教育有关系的办法与制度。这些办法与制度中所产生的机构，我们可以勉强称它为大学，但是这个大学与今日的大学是大相径庭，西风东渐之后，中国才有了今日的大学，那本是近年的事。

翻开历史，距今二千五百年以前的春秋时代，已经有人开始私人讲学的方法，孔子、墨子是其代表。此外还有很多讲学馆，战国时代齐国之"稷下"就是广泛的讲学馆。这个讲学馆虽然是官办，但是讲学却甚自由，去听讲的人也很自由，其规定的办法也很随便。

讲学者来到之后，没有一定讲学的日期，讲两个月亦可，讲两年也可，绝对没有派系观念，对于某种学术的探讨可以赞成，也可以反驳。据历史上记载，当时稷下听讲者常有千人之众。但这个稷下虽具有大学的风格，却未系统化、具体化。后来汉朝有太学，到了宋朝有书院，这些学校已具有大学的规模。

在西洋，希腊罗马时代也是注重私人讲学，雅典城中有苏格拉底、亚里斯多德、柏拉图三大学者经常在讲学。他们三人死后，他们的弟子继续这种工作，而成为系统化，于是完成了近代大学的雏形。

今日的大学制度是从11世纪的欧洲演变而来，在当时是为了特殊的需要，差不多各等大学都是教会所办，目的是训练一批传教士，与近日的训练团、训练班等相似。之后，欧洲有新的哲学，所谓书院哲学 scholasticism 产生，风气为之一变，在起初教会常常去反对，但是他们自己有系统、有思想，许多青年都对于新思想发生了兴趣，旧的学校已经不能满足他们，因此，才有簇新的大学出现。后来教会也只有承认，同时也常常拿出一部分钱去办大学。11世纪到18世纪，大学就在这个情形下维持着，但很少有私人出资办大学，差不多都是半官立的大学。19世纪初叶，许多豪富、资本家才开始捐款设立大学，有的在政府注册，有的根本不注册。私立大学在欧洲很普遍，在美国更形发达，著名的哥伦比亚大学就是私立大学之一。

从整个人类史去看，这种大学机构，究竟它有什么使命，我们可以分成两方面去看，一个是知识方面，一个是人的方面。自知识学术方面言：

一、历代积累知识之保存

知识是无穷的，无止境的，没有一个人，或一个时代能了解可能了解的知识，文化越进步，知识越广泛，今日世界上所有的知识，绝非一二人可能全部吸收，因此，大学的使命就是去接受、去保存这些知识，只靠个人努力是难以达此目的，要使学问系统化，为了保存要使其制度化！保存知识的方法有：

（一）集合各种专门人才，每人都有其专长，集合在一起可以互相研讨、鼓励，作更进一步的研究，这是属于人的结合。

（二）搜集各种知识学问的图书，一则帮助人参考，再则帮助人备忘，这就是大学中图书馆的重要。在古希腊时代，亚里斯多德曾被人誉为活的百科全书，然而在今日就是这种情形已不可能，但是每个学者至少要是一部百科全书的一章，一页。大学的教授应当常常和图书馆的书籍紧密合作。

二、新知识的发现

如果一个大学只能保存过去的学问，那还不够，因为那样就不会有进步。中国的汉代以后，过于缺乏创造的精神，因此，两千年来，中国文化几陷入了停顿。大学的使命是对于过去要保存，对于目前、对于将来要有新的发现。

（一）对于新的事实去研究，对于新的道理要积极去发现，不管是社会科学，抑自然科学。

（二）对于旧的学说要加以新的解释与观察，因而可发现出从前所不知道的知识。以前的东西我们不能说是错误，但是如果在今天给它一个新的研究与解释，我们可以知道的更彻底。因为这个缘故，大学中有许多设备，理工科有实验室，文法科有研究室，我们充分地去利用这些设备，不但可以保存旧的，而且可以帮助我们有新的发现。

三、旧知识与新发现之传授与传扩

专能保存与发现仍嫌不足，要能够传授与传播。大学中有教授，其传授的对象是学生，但只是大学生才有被授的权利，在精神上未免自私，因此还要传播出去，无论是旧的学问与新的理论。

（一）尽量地出版专门著作与刊物与通俗的著作及刊物。

（二）有系统的演讲与广播。

这两项办法因为中国的大学受物质条件的限制，不能完全做到，但是，我们希望将来能好起来。

以上所述各点完全是大学在学术方面的使命。其次再谈对人的使命，换言之，在大学中，对人的训练其最高目的是什么？

大学教育该把每个人训练成功一个"全人"，或者说一个"通人"。在大学中我们常常注意到训练专家，专家在近代文化中是必要的，因为近代知识太广泛，没有人能将所有的知识完全吸收，每个人只能有专门的某一部分学问,但是我们要更进一步,该力求成为"全人"或"通人",那就是说一个专家除了要有专门的学识外,还该有高尚的人格与更广泛的学问。以前有人曾误解"通人"的意义,他们以为"通人"是样样精通,而又样样稀松,其实这种解释是错误的。知识是一个整体,知识是对于整个人生宇宙的认识,然而为了方便起见,可以分工合作,每人去担当研究一部分的工作,这是个必然而不得已的必然现象。在理想中,十个专家可把一个学问分成十份,每人去研究一份,既精通之后,十个人再互相集合一起彼此讲述,如此,一个人非但有了一种专门学识,同时又可以了解其他各部门的学问。今天的一般专家最容易犯的一个毛病就是变成"偏家"!原因就是他们了解的不全、不通。如果有了高尚人格的涵养,有了渊博的学问的话,就不至于陷入了偏见。只有通人才有一个辽阔的眼光,今天的许多专家一讲他专门以外的话,就陷入了离题太远的毛病,而且常常闹出许多笑话。作"通人"并非一个简单的事,虽然没有一个大学是能自豪地说能把每一个学生都训练成通人,但每个人在大学中必须要养成一个"通人"的习惯与基础,亦即在自己的专门学识外能养成一个对所有学问都发生兴趣的习惯。多读外系的书,多与外系教授学生相处,这样就不难成为一个"全人"、一个"通人"。

我们应该还有一个良好的性格,与道德的训练,最基本的就是我们要有一个谦和的性格。人人都不能否认,求学问的人一定要谦和,但今天一般求学的人最大的毛病就是不谦和。中国古代有所谓"文人相轻",西方也有一句俗语所谓"知识的骄傲"(intellectual pride),这些话都是证明了一般做学问人太容易高傲、不谦和,尤其是知识太偏的人容易有这个毛病,如果变成"通人"则不致如此。知识学术上作"通人"之后,再加上谦虚的人格则可作"全人"。"全人"可以继续进步,否则不会有进步,因为"不谦和"阻止了你!

(雷海宗讲,奉弼世记。

原载《北方杂志》第2卷第7期,1947年2月)

1896—1950

傅斯年：贡献大学于宇宙的精神

如果问办大学是为什么？我要说办大学为的是学术，为的是青年，为的是中国和世界的文化，这中间不包括工具主义，所以大学才有他的自尊性。这中间是专求真理，不包括利用大学作为人挤人的工具。

一、专求真理

由日本的台北帝大变为中国的"国立"台湾大学，虽然物质上进步很少，但精神的改变，意义重大。台湾省既然回到祖国的怀抱，则台湾大学应该以寻求真理为目的，以人类尊严为人格，以扩充知识、利用天然、增厚民生为工作的目标。所以这个大学在物质上虽然是二十多年了，在精神上却只有四年，自然应该拿今天作为我们的校庆。

诸位同学，我们全校没有一个共同集合的场所，我同诸位同学共同谈话的机会很少，以今天借机会贡献几个意见，也可以说这是我对于诸位的一种希望或要求。

诸位应该做到的第一件事，是敦品。敦品又可以说为"敦厚品行"。一个社会里品行好的人多，自然这个社会健全，好的人少，自然这个社会危险。

青年是领导下一时代的，他们的品行在下一个时代的影响必然很大。大凡人与人相处，许多事情，与其责备人家，毋宁责备自己，责备自己的第一件事是自己是不是守信。

在我们这个大学里这个观念尤其重要，因为不能立信，决不能求真理，外国有一句俗语，叫作"intellectual honesty"，可以翻译作"知识的诚实"，就是说，我们一旦觉得我们做错了我们要承认，我们做个实验有毛病，自己不能转过来说他很好，要没有这个精神，学问是不能进步的，发明是没有的。

二、立信是根本

所以立信是做人、做学问一切的根本，也是组织社会组织国家一切的根本。我今年虽是五十多岁的人，但是岂能无过，大过且有，何况小过，所以很希望跟诸位共同努力，假如我有说话靠不住的地方，开空头支票的地方，务盼诸位向我说明，如果中间出于误会，我当解释明白，如果我有失信的地方，我必立即改正。

第二件希望诸位的是励学。诸位要想一想，在这个苦难的时候，能有这样一个环境，已经算是很有福气了！这个遭遇，这个环境，是万万不可辜负的。

在我这样年龄，一年就是一年，在诸位这样年龄，一年有十年之用，将来一辈子靠着大学的这几年，这是万万不可把它放松的。这些年来，大学里最坏的风气，是把拿到大学毕业证书当作第一件重要的事，其实在大学里得到学问乃是最重要的事，得到证书乃是很次要的事。假如一班三十个人毕业，三十年后各人情形不同，这是靠他的证书吗？

诸位现在或者不感觉到现在在大学的时光如何宝贵，离了大学，在社会上做了几年事，便会觉得，也许到那时候觉得晚了。现在我们学校的同学有三千一百多人，国家为你们花的钱实在不能算少，这是不可以辜负的；诸位先生教书指导的辛苦，又是不可以辜负的；诸位将来的前途，更是不可以忽略的；诸位由学术的培养达到人格培养，尤其是不可以忽略的。须知人格不是一个空的名词，乃是一个积累的东西，积累人格，需要学问和思想的成分很多。

三、文明先觉者

第三件我希望诸位的是爱国。这一点本来不必说，大家的本能如此。但是到了重要关头，更应该看得清楚。

现在世界上的文明和政权，实在可以说操在白种人手里，在亚洲，印度人虽然黑面孔，但他在语言上、种族上，仍然是白种人，所以中国现在实在是非白种人的文化担负者。我们这一百年来，受尽各种帝国主义的折磨，小的不必说，大的如英国帝国主义、日本帝国主义、帝俄和苏联的帝国主义，折磨到现在，越来越凶，更是危险。前两个已无力量。后一个却正在厉害动作中。我们现在要看清我们的面孔，想到我们的祖先，怀念我们的文化，在今天是绝不能屈服的。

　　第四件希望是爱人。爱国有时不够，还须爱人。爱国有时失于空洞，虽然并不一定如此，至于爱人，却是步步着实，天天可行的。在青年人培植爱人的观念是很容易的。在大街上看到受苦的人我们要帮他，在学校里看到有困难的人我们要帮他。从这一种行为做起，便可以把爱人的观念扩大到极度。无论一个人的资质怎么样，每人都有做到释迦牟尼或耶稣基督或林肯或国父孙中山先生的机会，至少分到他们的精神。

　　以上所说的四件事，敦品、励学、爱国、爱人，或者有人觉的不过老生常谈，但老生常谈有何不好？只看你能做到几分。

　　附带向诸位说一件事：一个大学必须大家要办好，才能办得好。绝不是校长要办好，便可以办好的。我所谓大家者包括全校教职员学生工友在内。诸位同学们勤学好善，先生们自然感觉到鼓励，先生们学而不厌，诲人不倦，诸位也自然得到启发，大家一齐向学术进步上走，这个大学自然成为第一流的大学，大家若是马马虎虎的过日子，这个学校绝对没有希望。

四、使学校进步

　　我希望我们全校有一个意志，这个意志就是：使学校进步。

　　在这个意志上我希望全校合作，我尤其希望诸位同学对于学校一切事情随时告诉我，诸位有什么难处可以随时找我，我们彼此的心理上应该是一家人，没有话不可谈的，目的是使得我们的学校一天一天进步,诸位在学校里一天比一天有意义。这样才可以使得我们的大学成为宇宙间的一个有意义的分子。

最后借用斯宾诺沙的一句格言:我们贡献这个大学于宇宙的精神。

(原载《国立台湾大学校刊》第 4、5 期)

1909—1969

吴晗：联大精神

国立西南联合大学今天在庆祝抗战以来最后一次的校庆，在这有特殊意义——充分表现出团结、联合精神，值得当前一切政党、全体人民学习的精神——的日子，我们于此谨申贺意。联大校庆应该为中国人民纪念的意义，扼要的说有三点：

第一，八年以来的西南联合大学校史，在中国人民斗争的进步的光明的一面说，也就象征了同年龄的抗战史。联大是抗战的产物，八年来饱经挫折，受尽流离颠沛之苦，从北平天津而流亡到长沙，而昆明、蒙自中间，且曾在四川叙永一度设立分校。即就昆明而言，校址也经过若干次的转徙，一度在工校，一度在昆师，一度在农校，最后才形成当前以旧昆中为基础，横跨北城，半郊半市，带上拓东路工学院的稳定局面。同时，联大本身在抗战阵营中，始终坚守岗位，用最大的努力尽其任务。在长沙，在昆明，在敌人疯狂的轰炸下，在敌人入侵的威胁下，仍然弦歌不辍，作育人才，八年来没有停过一天课，挺起胸膛，咬紧牙根，在极端简陋的设备，极端困难的环境下，造就了以千计以万计的青年，以其所学，为祖国服务。就其动荡和艰苦的情形说，象征了每一个在斗争中，在不断进步中，坚贞卓绝，不屈不挠，再接再厉的中国人民的生活，也就是中华人民在受苦难的缩影。

联大的精神是战斗精神。

第二，如联合大学命名所昭示，西南联合大学的组成分子是北平的国立北京大学，国立清华大学，天津私立南开大学。这三个大学本身各有其悠长的历史，有其独特的校风，北大以自由，清华以谨严，南开以活泼著称。在战争爆发后，三校合并为一，虽然三校各自保留其单一的行政机构和研究所，但是就联大而论，却完全做到团体一致，完全做到联合一致的精神，三校的教员职员，同时是联大的教员职员，学生除开少数联合以前所招收，因战争而休学，隔了一些时候复学，仍算作三校原来的学生外，其他一律是联字号的，无分彼此和畛域。其次，学校行政方面，由教授会议决定治校原则，由教授会议所产生的校务会议负责计划，由三校首长所组成的常务委员会负责执行、处理日常校务。三校间当然也有时不免争执，闹一点小纠纷、小意气，但是这些小别扭并不会妨害团结，更不会破坏联合，大家的注意力都集中在大处，无论如何，要做到联合大学的合理的进步的发展，团结之中固然有斗争，斗争也推动整体前进，尤其重要的是在团结联合的坚强基础上，和外界的恶势力斗争。在这情形下，三校原有的机构，类似三个政党，联合大学是这三个政党以民主的方式所产生的联合政府。联大教授会议是西南联合大学的立法制宪机构，学生自治会是联合学生的自治机构，类似民主国家的两院，两院休会期间的执行机构是校务会议和学生理事会，谁都可以说话，谁都得服从决议。这制度保证了联合，巩固了联合。三校的校风,在长期的团结联合中,融合贯通,也造成了联大的新校风,自由、谨严、活泼兼而有之的联大校风。

联大的精神是团结精神。

第三,受了战争的洗礼,流亡和轰炸的锻炼,原来养尊处优惯的三校师生,在这八年中,过惯缩紧裤带,肘穿肩露的战时生活,从象牙塔走到十字街头,从十字街头跌进贫民窟,也就是说联大生活在人民中,联大的大多数成员都成为真正人民的一员了。物质的困苦铸成精神的坚强,阶层的转变也自然消除了过去和人民隔离的鸿沟,他们不但接近人民,而且道道地地生活在人民中,体验、明白了人民大众的痛苦、遭遇。于是对现实的不满、控诉,要求改革的言论和行动,成为一股有力的洪流,从联大冲出,造成有力的舆论,促使全国和世界人民的注意。他们敢说、敢写、敢哭,也敢笑、敢骂。正义的呼声和行动,继承了光荣的五四而更发扬光大。民主堡垒的声誉蒸蒸日上,真够得上说是"贫贱不能移,威武不能屈"的地步。

联大不但是进取性的民主堡垒,为民请命,实现自由和民主的生活。并且也是民主生活的实验园地。在学校范围以内,壁报墙上张贴满了民主的刊物,也有不少针锋相对立场相反的刊物。教师中有属于民主同盟的,有国民党员,也有无党无派的人物,各人就自己所见说话,谁也不会干涉谁,更说不上刀枪相见。往往在同一时间,大会堂的时事晚会在畅论新型的民主,另一会场则正在举行党团的集会。发表、演说、集会,这几种自由,在校内算是充分实现了。

联大的精神是民主精神。

西南联合大学的为社会所尊重，为学术界所尊重，奠基在它的精神——战斗的，团结的，民主的精神上。

今天是联大的最后一次校庆。今后，三校都要复员到平津，西南联合大学即将成为历史上的名词了。我们，除了由衷的庆贺以外，提出两点希望，作为贺礼：

第一，当前的国是，必须团结，必须从缔造联合政府下手，来解决当前的危机，建设自由、进步、民主的新中国，这是全国人民一致的要求，也是时代所赋予的任务。联大所表现的团结，联合的精神和成就，正是当前国是的借镜和先导，并且是成功的实例，值得现存各政党学习，值得全国人民学习。

第二，三校复员以后，除开继续在学术的岗位上作领导以外，我们虔诚地盼求，不要放弃，而且更要积极地发扬联大的战斗、团结、民主的精神，在人民的立场上，作人民的代言人，为民请命，实现自由、进步、民主的新中国！

（原载《民主周刊》第 2 卷第 14 期，1945 年 11 月 1 日。原文未署名，但据翌年同日发表的《校庆献辞》，本文作者系吴晗）

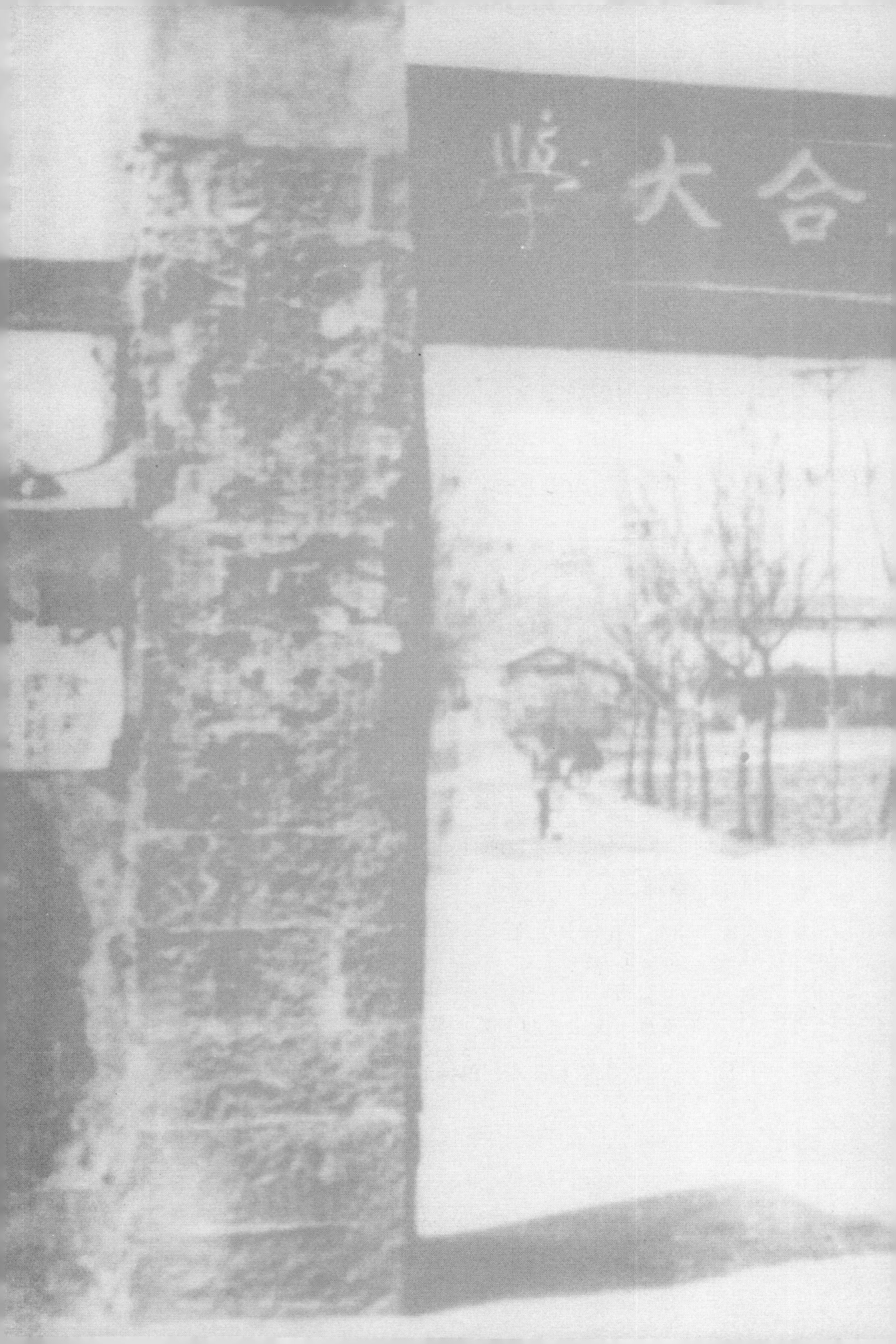

第十篇 人文楷模

践履笃行四讲

1937—1946

1937—1946

1899—1981

郑天挺：梅贻琦先生和西南联大

我和梅贻琦先生在昆明西南联大才熟识起来。

1937年"七七"事变起，平、津各大学不能开学。当时北京大学、清华大学和南开大学三校校长均在南京，决定在长沙设临时大学（*文法学院设在南岳*），由三校校长和教育部派代表组成委员会领导校务，使三校师生先行上课。1938年2月迁到昆明，改称西南联合大学（*文法学院在蒙自一学期*）。由三校校长任常务委员，部中不再派代表，校务由常委共同负责。联大设有理、文、法、工、师范五个学院。下分各系，大致仍用三校旧制，稍加合并，如地质、地理、气象合为一系；历史、社会合为一系。联大行政上设教务、总务、训导三处。三位处长和五位院长均列席常务委员会，每周开常委会一次。除训导长外均由三校教授担任。联大成立后，三校不再招生。三校学生均为联大学生，联大学生均为三校校友。三校学生学号仍旧，但按校名分别加 P、T、N 字于前，以避重复。联大学生用 A 字。四种符号对内对外全无差别。三校在昆明各设办事处，各有其校务会议，各有其院长、系主任和教务长（北大仍称课业长）、秘书长。三校教授由三校自聘，通知联大加聘、排课、发薪。三校旧生的注册、选课和毕业，由三校决定。三校各设研究所，招收研究生，不属联大范围。联大因教学需要，除了三校参加的人员外，还聘有联大教授和其他教学人员。联大和三校的教职员工同样待遇。联大有教授会，联大和三校教授全体参加。除重大事件外，大学毕业要经教授会通过。联大这种体制一直维持到抗战胜利的第二年——1946年三校复员，前后八年。

联大初成立，南开大学张伯苓校长对北大蒋梦麟校长说，"我的表你带着"，这是天津俗语"你作我代表"的意思。蒋梦麟对梅贻琦校长说，"联大校务还请月涵先生多负责"。三位校长以梅贻琦先生年纪较轻，他毅然担负起这一重任，公正负责，有时教务长或总务长缺员，他就自己暂兼，认真负责，受到尊敬。蒋梦麟校长常说，在联大我不管就是管，这是实话；从而奠定了三校在联大八年合作的基础。

三校都是著名专家学者荟萃的地方。各校有各校的光荣历史，各校有各校的校风，也各有其不同的经济条件。经过长沙临大五个月共赴国难的考验和三千五百里步行入滇的艰苦卓绝锻炼，树立了联大的新气象，人人怀有牺牲个人、维持合作的思想。联大每一个人，都是互相尊重，互相关怀，谁也不干涉谁，谁也不打谁的主意。学术上、思想上、政治上、经济上、校风上，莫不如此。后期，外间虽有压力，谣言不时流布，校内始终是团结的。抗战胜利，还在昆明上课一年，除了个别有任务的几个人复员外，全部留在昆明，这也是了不起的。在联大八年患难的岁月里，梅校长始终艰苦与共，是大家经常提到的。

1941年4月，清华大学在昆明拓东路联大工学院举行三十周年校庆，张伯苓校长自重庆告诉南开办事处的黄子坚说，清华和南开是"通家之好"，得从丰的庆祝。于是黄子坚在会上大作"通家"的解释，指出清华的梅校长是南开第一班的高才生。接着，冯友兰上台说，要是叙起"通家之好"来，北大和清华的通家关系也不落后，北大文学院长（指胡适）是清华人，我是清华文学院长，出身北大，此外还有其他很多人。两人发言之后，会场异常活跃，纷纷举出三校出身人物相互支援的情形。但是，几乎所有的人都感到联大的三校团结，远远超过了三校通家关系之上。

在联大成立前，三校就有过协作。除了互相兼课和学术上协作之外，行政上也有协作。那时，大学都是单独招生。考生一般要投考几个大学，异常疲劳。就在1937年暑假，清华和北大共同宣布联合招考新生，共同出题，共同考试，分别录取。试场设在故宫。得到故宫博物院领导的同意，考试桌椅都已运进去，社会上传为"殿试"，后因卢沟桥炮响给冲垮了。这是校际协作的先声。

抗战期间，物价飞腾，供应缺困，联大同人生活极为清苦。梅校长在常委会建议一定要保证全校师生不致断粮，按月每户需有一石六斗米的实物。于是租车派人到邻近各县购运。这工作是艰苦的，危险的。幸而不久得到在行政部门工作的三校校友的支援，维持到胜利。这又是一桩大协作。

在昆明生活极端困难的时候，清华大学利用工学院暂时不需用的设备设立清华服务社，从事生产，用它的盈余补助清华同人生活。这事本与外校无关。梅校长顾念联大和北大、南开同人同在贫困，年终送给大家相当于一个月工资的馈赠，从而看出梅校长的公正无私。

梅贻琦校长生活朴素，他的那件深灰色的长袍在四季皆春的昆明，是大家天天看得见的。1941年7月，我和梅贻琦、罗常培两先生在成都准备转重庆回昆明，梅校长联系成飞机票，恰好又得到搭乘邮政汽车的机会。邮车是当时成渝公路上最可靠的交通工具。梅校长觉得邮车只比飞机晚到一天，既可以三个人不分散，还可以为公家节约两百多元，于是坚决退了飞机票。这种宁可自己劳顿一些而为公家节约的精神，是可贵的，俭朴正是他的廉洁的支柱。

梅校长在工作中，对事有主张，对人有礼貌。遇到问题，总是先问旁人："你看怎样办好？"当得到回答，如果是同意，就会说："我看就这样办吧！"如不同意，就会说，我看还是怎样怎样办的好，或我看如果那样办，就会如何如何，或者说，"我看我们再考虑考虑"。他从无疾言愠色，所以大家愿意和他讨论。

1939年10月，吴文藻、谢冰心两位先生为了躲避空袭，移住呈贡小山上，他们伉俪都是"朋友第一"的人，一次约梅校长、杨振声和我，还有其他几位到呈贡作了三天短期休假。1941年5月，我又和梅贻琦、罗常培两先生到叙永联大分校和李庄北大文科研究分所看望，并参观武大、川大。归程中饱尝抗战后方轰炸、水灾和旅途中意想不到的困扰，耽搁了三个月。途中罗有一次大发雷霆，虽然不是大事，但若处理不好，彼此发生隔阂，不但影响友谊，也会波及一些方面的关系。梅先生等罗火性发过，慢条斯理地说："我倒想过跟你一起（发火），但那也无济于事啊。"语词神情与诚恳的态度，使得罗气全消了。这两次旅行，使我加深了对梅先生的认识。

梅贻琦先生不喜多说话，但偶一发言，总是简单扼要，条理分明，而且有风趣。他谈过1900年八国联军侵入天津时市民的情况，也谈过京剧演员的表演艺术，也谈过满族服装和健康的关系。这些都是在他专业以外不常接触的事物，反映出他对社会观察的精细和敏锐。

在昆明梅贻琦先生住在西仓坡清华办事处楼上左厢（大约是北房），和梅祖彦同屋。一晚有同事接他出去开会，正好没有电。临出，梅先生把煤油灯移在外屋桌上，将灯芯捻到极小，并把火柴盒放在灯旁，怕灯灭了，祖彦回来找不到。从这一小事看出他对下一代多么关心，做事多么细致有条理。

梅校长喜欢饮绍兴酒，但很有节制。偶尔过量，就用右肘支着头，倚在桌边，闭目养一下神，然后再饮，从来不醉。朋友们都称赞他的酒德。这正是他的修养的表现。

最后，我想再谈一段联大的故事。当时，昆明是与国外交通的唯一通道，许多朋友经过总要到联大和三校看看。梅校长有时也要用家庭便饭招待。记得每当聚餐快要终了的时候，梅夫人——韩咏华女士总是笑吟吟地亲捧一大盘甜食进来,上面有鲜艳的花纹环绕四个红字——"一定胜利",殷勤地说:"请再尝尝得胜糕,我们一定胜利。"这时大家一齐站起来致谢,齐称:"一定胜利,一定胜利!"这正是我们当时一致的信念,也是联大事业的象征。

(原载全国政协文史资料研究委员会编:《文化史料丛刊》第4辑,文史资料出版社1983年版)

1891—1962

胡适：张伯苓先生传

"我没有特殊的才干，我也没有学得甚么特别方面的高深技能。我一生努力所得的一点成就，完全由于一件简单的事实，就是我对于教育具有信心和兴趣。"

以上是张伯苓述说的他自己。他时常喜好引用一位韩国朋友对他的观察和曾说过的："张伯苓是一个很简单的人，他不会摹仿同时代的出色人物的巧妙作法，但他脚踏实地并且工作极勤，在他的事业上获得成功。"

在他仅只二十二岁时从五个学生的一家私塾办起，到1917年他四十一岁时，他的中学已经有一千个学生。1936年他六十岁，南开学校——这时包括男女中学、小学部、大学部和研究所——一共有三千学生。

在1937年日本人破坏了天津南开学校时，他业已在重庆设立了一个新的中学，在几年之后便又发展成为全国规模最大的中学，全体学生一千六百人。

一、海军学兵

张伯苓1876年4月5日生在天津。他的父亲是一位有才干的学者，喜好音乐并且会享受生活。他是一位很有成就的弹琵琶名家又是一位精骑术的射箭好手。把一份颇不小的家业消耗在生活享乐之后，张老先生迫不得已去教小学生维持生活。他续弦后的长子伯苓，就是生在这穷困时期。做父亲的认为自己的一生完全失败，决心给自己的孩子一个良好的教育和严厉的道德纪律。

在十三岁时，张伯苓受他父亲的教导作文很好，考取了北洋水师学堂。当时这学校是由一些出名的英国留学生办理的，内有严复（后来翻译亚当·斯密，赫胥黎，密勒，斯宾塞等英国学者的著作）、伍光建（后来曾著了不少科学书籍并翻译大仲马和吉彭等人的著作）。因为年幼和国文成绩好，伯苓先生被取入航海班。他极其用功并且常常考试得第一。在他敬爱的教师中间有一位苏格兰人名叫麦克黎师，他讲解功课极清楚，而且对于学生极关切，给张伯苓一个永久的印象。

在水师学堂五年之后，1894年张伯苓毕业时在全班考第一名。他那年十八岁。

但那一年，中国的海军在第一次中日战争时大败，并且被摧毁了。再没有军舰供他受较深的训练。他只得回家等候一年，才又得去到海军练习舰"同济"号上当了三年学兵军官。伯苓先生就是在"同济"舰上亲身经历到中国国耻最难忘的一次意外事件，并且最后使得他决心脱离海军，献身教育事业。

二、在三种国旗下

中国被日本战败以后的那些年，欧洲的帝国用武力争着和日本在中国取得领土的割让。俄、德、英法各得到一块领土，遂在中国划定了他们的"势力范围"。到处公开的时常谈论到"瓜分中国"。

在山东的威海卫，年轻的张伯苓最强烈难忘的体验到中国的奇耻大辱。威海卫的中国海军根据地是在1895年被日本占领。这时由日本交还中国，而随后又转让给英国。"同济"舰被中国政府派去从日本人手里收回这军港，并且第二天再转交给英国。

张伯苓曾说："我正在那里，并且我看见威海卫的旗子两天之内换了三次。我看见龙旗替下来太阳旗，第二天我又看见龙旗被英国旗代替了。悲楚和愤怒使我深思。我得到一种坚强的信念：中国想在现代世界生存，唯有赖一种能够制造一代新国民的新教育。我决心把我的生命用在教育救国的事业上。"

三、严氏家馆

在"同济"舰上一位年轻军官心中自然形成的这种决心，就是当时全国普遍要求变法的那种大激动的回声和反响，在那值得纪念的1898年，造成了"戊戌政变"，这种运动的领袖劝服了年幼的清朝皇帝光绪，颁下许多诏令，取消旧的积弊并施行新政。这个老帝国像是终于被外来的侵略和自趋灭亡的危机惊醒了几世纪长久的安逸。有一时期，看着像是很可能由政府的领导，和皇帝的赞助，完成久已需要的革新。

但这些错误的希望，不久就被愚昧的慈禧太后所领导的反动势力所粉碎。光绪皇帝被她囚起，政变的首领六君子被杀，许多别人被充军，并且取消了所有的新法的诏令。

1898年变法失败卸却官职的开明官吏中，有一位学者严修，他是天津人，也是伯苓先生令尊的好友。那年十月，严先生约请当时廿二岁并且新从军舰上退伍放弃海军生涯的张伯苓，到他家里来当私塾老师，教他同他朋友的子弟们"西学"。张伯苓很高兴的接受，并且就从教五个学生开始他终身的教育使命。

张伯苓同严范孙先生的结识与合作，自从南开初创立时起，就是一件很美满的事体。范孙先生是中国旧道德传统和学识渊博最可敬佩的代表人物。他是一位学者、藏书家、诗人、哲学家，最有公德心的爱国志士。他对教育的信念，对于新时代新学识的虚心接受，和他在天津地方直隶全省（即河北省）的道德名望，给年轻的张伯苓在创立远大的教育事业上有莫大的助力。

已故的范源濂先生——民国初年曾当过教育总长，1918年陪同范孙先生去美国考察教育——曾对我讲过范孙先生的一段故事。美国政府当时因为刚有一位著名的中国著作家在美国西部被一个中国的恐怖党人行刺，遂派了一位密探尾随着考察的中国教育家们。虽然严先生不会讲英语，这位美国密探员却深受他的沉静和生活朴素所感动。在考察的旅程完了时，他对范先生说道："我曾被派随从过许多来美参观的外国名人，但我从未见过像你们的严先生更可敬爱的人物！"

就是在这样的一位主人的家里，张伯苓开始他的只有五个学生的第一所学堂，这就叫严馆。三年后，又有一位天津的名人王奎章约请张伯苓每天下午到他家里教他的六个子弟。这就是王馆。

我的朋友陶孟和——中央研究院社会研究所所长——就是严馆时代的一个学生。他对我讲伯苓先生的教学法,即使早在那个时期,就很可以称作"现代教育"。他是一位很好的"西学"教师——英文、算学和自然科学。他对学生们的体操很注重。他从在上水师学堂时记得的哑铃和体操用棍棒,画出图样让木匠定做了,给他的学生们练习。他同学生们在一起玩,并且教给他们各种操练和室外运动,如像骑自行车、跳高、跳远、踢足球。陶孟和还记得他的第一次用扑克牌做游戏和弹子戏,就是从张伯苓先生学会的。这种承认科学和体育在教育上的地位,这种师生间自由而民主的共同教学和游戏,显露出年轻的张老师,是中国现代教育的一位创立者。

四、南开的诞生

1903年,严范孙先生同张伯苓往日本考察中学和大学教育。伯苓先生带回来许多教育和科学器具给他的学校使用。他同范孙先生对于日本教育的迅速发达印象很深。回国以后,他们决心把私塾扩充成一个完备的中学堂。

那个中学名叫私立第一中学堂,是1904年秋季开办,一共有七十三个学生同四位教师,校址借用严宅的一部分房屋,每月经费二百两银子,由严、王两家平均分担。为了造就师资又立了一个特别班,从先前的两家私塾挑选年龄较大功课较好的学生,一半时间教书,一半时间自己进修。陶孟和就是这特别班的学生之一,他毕业后又去日本、英国读书，他是中国社会学研究的一位先驱和领导者。

1906年一位有钱的朋友捐给这个新学堂十二亩地，就在天津的西南城角，当地叫它南开。随后进行募款在这地上修建校舍。1907年新校舍落成迁入，随改名为南开中学。这个名字和他的创办人在中国的教育史上将永远占一显赫的地位。

随后三十年中，南开学校的经历是一个迅速而有计划的发展和进步。1910同1911年，这个学校开始得到地方和省府的经济补助。私人的捐赠年年增加。1920年——民国九年——江西督军李纯死时的遗嘱中，把他财产的一部分，约五十万元，捐给南开做基金。中国基金会和中英庚子赔款委员会，都是对南开的重要捐助者。纽约的罗氏基金团曾慨助南开大学的建筑和设备经费，并且支持经济研究所。南开从两英亩地开始，这些年中已经买得附近约一百英亩的地方，建设起广大的校舍。

张伯苓早就梦想在他的中学基础上设立一个大学。民国初年几次试办不曾成功，这个梦想在1919年——民国八年——终得实现。南开大学正式成立，共分文、理、商三科。民国九年（1920年）又添设矿科。经济研究所是民国廿年添设的，化工研究所是民国二十一年设立的。

女子中学部是民国十二年（1923年）成立，民国十七年（1928年）又添设了实验小学。

因此在民国二十一年（1932年），南开学校分设五部：大学部、研究所、男中部、女中部、小学部。在被日军破坏的前几年共有学生三千人。

这样迅速的扩展,主要是由于张伯苓的不凡的领导能力。他常对他的朋友们说一个教育机构应当总在欠账,并且一个学校的主持人若到年终在银行的存折上还有余款,他必是一位吝啬人,失去了拿钱办事的机会。他开始时甚么也没有,而他绝不怕为学校花费比预算还多的钱数。他总在计划扩充新的方案。经费缺乏从来不曾阻止他梦想更奇更大的计划。他对于未来永远是乐观的。他说:"我有骗我自己的办法。"那就是他的一种说法。他能够使自己相信一切事体到头终会顺利的。而且所有的事体到最后确都成为顺利,他永远能得到为进行他的新计划所希望的援助。

五、他的教育信条

民国三十三年(1944年),张伯苓在他的一篇自传里说道:"南开学校是产生在中国的国难中。因此它的目标是改革旧的生活习惯,并训练救国的青年。"他把中国的积弊总结为五类:(一)体力软弱和健康不良,(二)迷信和缺乏科学知识,(三)经济的贫穷,(四)不团结和太缺乏共同的生活与活动,(五)自私。

为了纠正这些弱点,伯苓先生计划出他的五项教育改革。新教育目的必须能增进个人的体格强壮。它必须以现代科学的方法训练青年。它须使学生们有组织并积极参加团体生活与合作精神。它必须给学生们有活力的道德训练。最后,它必须培植每个学生为他的国家服务的能力。

这些事情如今似乎很平凡。但是伯苓先生竟能实在使这些理想成为他的学校生活的主要成分，真是他的伟大成就。例如，毫无疑问的，在全国非教会学校中，南开的体育是最出名最成功的。伯苓先生的运动健将们在华北、全国，和远东运动会上曾获得极大的荣誉。自从 1910 年起，他总是被聘为一切重大运动会的总裁判。他一生对体育的兴趣，和他不断的宣讲运动员精神在一切比赛中的重要性，造就出南开运动员的优秀标准。

　　南开在训练团体活动与合作精神上，也很享盛名。南开学生的课外活动最出名的是新剧团。早在 1909 年，张伯苓就鼓励他的学生演戏。他曾给学生们编一个新剧并指导舞台设计和表演；而且使外界观众吃惊并纷纷谈论的是，戏里的主角竟由校长本人扮演！后来，他的多才的弟弟张彭春——他曾在哥伦比亚大学研究文学和戏剧——在这方面负起领导责任。好几出南开的"新剧"，在舞台上公演是很成功的。在张彭春博士的导演之下，几出欧洲的名剧，包括易卜生的《傀儡家庭》和《国民公敌》，演出甚为成功，并且受到观众的热烈欢迎。演易卜生名剧的一个学生万家宝，他的笔名曹禺，已经成为中国今日最出名的剧作家之一。

　　在德育和爱国思想的教导方面，伯苓先生个人的领袖能力实占重要的地位，特别是在早年全体学生还不太多的时期。在每星期三的下午，他必召集全体学生在一起同他们谈论人生问题和国家世界大事。他几乎对每个学生的名字都知道，并且尽力给学生们个别的教导。

　　1908 年，他第一次游历美国和英国，并研究那两国的教育制度。他本人的真诚，他同基督教的朋友们的长久结识，和他最近的观察英美社会及人民的生活，使他对基督教抱着绝大信心，认为基督教是一伟大尽善的力量。1909年，他从英、美回来，他受洗礼做了基督教徒。那年他三十三岁。

但是我的朋友张伯苓，决不是一位严肃的道学家。他很有幽默感。他的一个学生凌冰博士——曾一度任中国驻古巴公使——喜欢讲这段关于他第一次遇见他的先生的故事。凌君当年是从河南来的一个年轻孩子，他来到张校长的办公室请求入中学。门房让他候着，因为校长正在操场教导他的足球队。半点钟之后，凌君望见一位满头是汗高身量的人，穿着带泥土的长皮靴，走进办公室。这就是伟大的张伯苓！他立刻看出这个来访的少年脸上的惊讶表情。他笑着问他几个问题，并让他坐下写一篇短的作文，题目是一句中国的古格言"师道尊严"。这样的幽默使这年轻的投考生镇静下来作文，说明他理想中的老师应当是怎样的庄严和可敬。张校长看一看那篇作文说道："好！好！准你入第五班。"

张伯苓从始至终是一位爱国者。他一生的使命就是教育救国。他把他的教育学说总括起来作为他的校训："公能"，就是为公共服务的精神，和能拼作事业的才干。一切的教育和一切的训练，都要求写这两本目标：为公的精神和替社会国家工作能称职胜任。

六、战时的打击

因为张伯苓是一位爱国的教育家，他对于日本在东北的侵略行为很担忧。民国十六年他去东三省作一次考察旅行。回来以后他在大学部成立了一个东北问题研究会，并且派一批教授前去调查东北的情形和问题。

民国三十年（1941年）日本侵占了东三省，并且自从二十二年（1933年）以后日本侵华的战争迫近了平津一带。具有爱国思想传统的张伯苓的学校，时常和敌人发生直接摩擦。在南开大学和中学部之间，就是日本在天津驻军的司令部。然而张伯苓说道："在民国廿六年七月平津陷落以前，华北的学生爱国运动却大多是我们南开学生领头。"

就因为这种爱国的领导地位，南开学校和大学部在民国二十六年7月29日及30日被日军有计划的破坏了。连着两天，日本的轰炸机低飞着对南开的校舍施以摧毁。这不幸的消息传到当时在南京的张伯苓。蒋委员长对他说道："南开业已为中国牺牲了。只要中国存在，南开也会存在。"

南开学校被毁之后不久，张伯苓遭受到一次重大的个人损失，就是他的爱子锡祜，驾飞机去往前线时，在江西碰到山上而死。三年前锡祜从中央航空学校毕业。在举行毕业典礼时，蒋委员长以校长身份致辞，伯苓先生代表毕业生的家长，讲了一篇很激昂的演说。当他听说他儿子的死讯，他沉默片刻之后说道："我早已把这个孩子献给国家。他业已尽了他的责任。"

南开被日军摧毁早已为张伯苓和他的同人们预先料到。民国二十四年（1935年）他去四川旅行并游历该省的城市。几个月以后南开中学的教务主任被派往四川，看看能否在华西建立一个分校。在重庆附近的一个地址被选定了；建筑工程开始。这个新校在民国二十五年（1936年）9月开学，名叫南渝中学。这学校的建筑和设备经费的第一位捐助人就是蒋委员长。

民国二十七（1938年）年经南开校友会的请求，这个新校改名为重庆南开中学。

平津陷落后，教育部要求南开大学和清华、北大在湖南长沙成立第一个"联合大学"。民国二十六年（1937年）长沙校址被敌人炸毁，三校奉政府命令迁往云南昆明，在那里成立"西南联大"，共经七年之久。

七、"南开会存在的"

但伯苓先生的多半时间是留在重庆的南开中学。经济研究所于民国二十八年（1939年）在重庆恢复起来。南开小学是二十九年（1940年）开办。在民国二十八年二十九年日本飞机轰炸重庆最猛烈时，新南开的校舍曾被炸三次。二十九年8月曾有三十枚炸弹落在校内。但被炸毁的房屋很快就修复，课业从未间断。

爱国家的张伯苓自然对于中国的政治发展向来极关心。但过去曾有许多次他谢绝了政界的高官，如教育部长和天津市长等职位，因为他要使自己专心一意去实行他的南开的教育理想。

只有抗战才把他拉入了政治生活，作了众所仰望的一个领袖。自从民国二十七年国民参政会成立，他被推举出来，先为议长，后来推定为主席团中的一员。他对于这个团体有极大的信心,认为是中国民主议会的一个试验。除掉生大病以外,他从未在参政会开会缺席一次,每两周召开一次的驻会委员会,也从不例外。他很少发言;他却时常使会场中因他那"有力的"出席,而感到他的影响。在外表上显著的是教育家风度,他却愿意教导他的每个学生关心政治,虽然他们不一定去做官。

在这九年的抗战期间,南开大学是受政府补助,但南开中学仍是私立。最近政府在西南联大的三个学校复校平津以后,仍然继续补助。但张伯苓一生都是相信并鼓励教育事业由私人方面扶持。他愿意继续往那个方向努力,他的中学仍保持私立。民国三十四年(1945年)10月日本正式投降后不久,南开中学主任和收复后的天津市市长同坐飞机回天津筹备复校。重庆南开中学将仍继续它在战时的光荣纪录。不论南开是私立或由公家补助,正像蒋主席曾允许过的,"只要中国存在,南开也会存在"。

年届七十的张伯苓先生,为他的南开仍怀着远大的理想。他对他的同事和校友们说道:"当我回顾南开过去的勇敢奋斗史,并且我向前望到复兴的重大任务时,我望见充满光明希望的一个远大前途。南开的工作没有尽头,而且它的发展也没有限量。让我们用以往那样的勇气和毅力一同工作,并努力使南开在我们国家当前的建设期间,担当比以往更重大的使命。"

(原为英文,发表在 China Magazine,1946年1月出版。本文据1947年11月发行的《前线日报》李子英译文)

吴晗：闻一多先生传

天真，任性，诚恳，勇敢，无所恐惧，爱人民甚于爱他自己，这些特征，结合成为为民主奋斗，为民主献身的名诗人，名学者，名教授，青年导师闻一多先生。

一多先生的一生永远在追求真理，也永远在否定自己。到晚年他找到了，大喝一声，在这里了！锲而不舍，竟以身殉。

这真理就是民主。

走到真理的路只有一条，生活在人民中，为人民服务。

一多先生的早年以新诗人著称于世，他写诗特别讲究格律，和一些朋友，办诗周刊，举行读诗会，参加《新月》月刊，著有《死水》《红烛》和长诗《奇迹》，在文坛上被目为"新月派"，在新文化运动中起了启蒙作用。

中年以后，绝笔不写诗了，不但不写，简直不看。

晚年，不但更喜欢读诗，而且特别喜欢田间的诗，他推许田间是明天的诗人，是人民的鼓手。

他认为只有反映人民的苦痛，赞颂人民的功绩，描画人民的生活的诗，才是真正的诗，活的诗，这时代所需要的诗。

真正的诗是严肃的、战斗的，是打击不义、消灭黑暗最有力的武器。

他是西南联合大学新诗社的导师，诗朗诵会的主持人。成天有一批年青的新诗人，新鼓手，追随着包围着这位十几年不写诗的老诗人。

从田间的诗里，他发现了苏联大众诗人玛雅可夫斯基，跳了起来，狂喜地说："诗在这里了！"

他完全否定了早年的自己，在说服朋友参加民主运动的时候，甚至不惜现身说法："怕什么，我早年还是'新月派'呢！"

一多先生的一生是一首美丽的而又壮烈的诗。

中年一变而埋头于古经典的研究，特别是在云南蒙自的一年，发愤得忘寝废食。他研究《易经》，研究《诗经》，研究《楚辞》，旁及庄子、乐府、唐诗，更进而研究古文字学、音韵学、古代神话、绘画、古民俗学，对《楚辞》所费功力独深。著有《楚辞校补》、《周易义证类纂》、《诗经今译》、《庄子内篇校记》、《乐府诗笺》、《杜甫年谱》、《唐诗杂论》等专著，和专门论文若干篇。

晚年特别喜欢瞿秋白和鲁迅，案头经常放着《海上述林》和鲁迅的著作。

他会毫不掩饰地向朋友、向学生说："我错了，鲁迅是对的。"

他认为今天只有两种人，一种是奴隶，一种是奴隶主，后一种又是他们的外国主子的代理人。

他指出今天的中国，人民被蒙住了眼睛，被封住了嘴巴，被僵化了头脑，血汗被榨取，谷子儿子被征发，层层的压迫，层层的剥削，不是奴隶是什么？

应该是奴隶翻身的时候了！

他要编一本新诗选，选载现代歌咏奴隶翻身的新诗。

之后，要用同样的观点，写一本中国文学史。

他喜欢屈原，推崇屈原，他指出屈原的身份是奴隶，但是是一个不肯屈服，始终在战斗，不忘记翻身的奴隶。

他把学术思想和现实联系起来，他所研究、探讨的是有血有肉、活生生的学问。

一个纯粹的诗人，第一流的学者，爱美，推崇浪漫派，中年虽然归于平实，还是成天在故纸堆中摸索，自得其乐的人，突然，又一变而走上追求民主的道路，战斗的生活。

说突然，其实并不突然。

正当五四运动的时候，一多先生在清华学校读书，因为文笔好，被推选为学生会书记，用笔参加战斗，尽了他一份力量。

民国十一年（1922年）到美国留学，学文学和美术。回国后，历任中央大学、武汉大学、青岛大学、清华大学、艺术专科学校、西南联合大学教授，把全部时间贡献给学术研究，绝口不谈政治，正如他自己所说，被关入象牙之塔了。

八年抗战，薪水的百分之九十六被征发去了，一家八口，无法过日子，两夫妇捉襟露肘，儿女啼饥号寒。住的从有卫生设备的洋房独院到荒村茅舍，吃的从八肴六肴降为一碗豆腐渣，生活的穷困到了极度，从象牙之塔一撵撵到十字街头。

然而，穷困还是折磨不了他，正如暗杀吓唬不退他一样。

使他彻头彻脑转变，重新回到革命战斗的道路的是人民。这几年来他生活在人民中，成为人民的一员，明白并且体会了人民的苦痛和需要。

正如一头发怒的狮子，他大吼了！

他喊出人民的苦痛，他指出解救的方法。

他用嘴，用笔唱出了石壕吏，画出了流民图。

他在喊："我们今天第一要停止内战，第二还是停止内战！一直要喊到内战彻底的全面停止才不喊。"

他在喊："我们今天第一是要民主，第二是要民主，第三还是要民主！非民主不能救人民，非民主不能救中国！"

一个人喊不中用，领导了学生来喊。

光是学生喊不中用，领导了更多的青年来喊。

光是一些人喊不中用，他加入了中国民主同盟，领导人民来喊。

于是学生、社会青年、大学教授、文化学术工作者、工人，万口一声在昆明喊出了要和平要团结要民主的呼声。

跟着是宣言、通电、抗议、呼吁、大规模的时事晚会、演讲会，以及美术展览会、新诗朗诵会、文艺座谈会、营火会、舞蹈、话剧，各文化部门全被动员了，以至几千人几万人的大游行，一而再，再而三，轰轰烈烈，大地在撼动了，全国在响应了，法西斯在发抖了！

飘拂的长髯，炯炯的眸子，破烂的长袍，带着一根白藤手杖，出现在每一个集会中，每一次游行中。

激昂的情调，生动紧凑的讲词，使每一个听讲人，增加了信心，增加了勇气。

他提倡新诗，提倡的是为人民歌唱的新诗。

他鼓励学术研究，鼓励的是指出人民苦痛根源的研究。

可是他自己呢？一个真正的鼓手，没有时间写诗，更没有时间做研究工作。

他用诗一般的语言，丰富的内容，在喊：前进！前进啊！只有前进！

7月15日这一天，在云南大学李公朴先生追悼会讲演以后，下午5时30分，被反人民反民主的法西斯暴徒狙杀在他所住宿舍的门前，死在他的岗位上。

三年前，有人说他被解聘了，他照常工作。

两年前，有人要暗算他，他照常工作。

几天前，传说他是被暗杀的第二号，他说我早已准备这一天！加紧工作。

一多先生死了，为反内战而死，为争取和平而死，为呼吁团结而死，为民主而死！

他无所恐惧，恐惧的是指使暗杀他的那些人。

在为民主殉身以前三小时，在最后一次讲演中，一多先生愤怒地指出："反动派，你看见一个倒了，可也看得见千百个继起的！"

是的，我们要含泪奉告一多先生在天之灵，继起的不是千百个，而是以万计百万计的全中国人民！

一多先生名家骅，进清华学校时更名多，又加为一多，湖北浠水人，享年仅四十八岁。

（原载李闻二烈士纪念委员会编：《人民英烈：李公朴、闻一多先生遇刺纪实》，1946年版）

1906—1968

李广田：最完整的人格
——悼朱佩弦先生

佩弦①先生离开我们已整整七天了。在这七天之内，时时听到有人在谈论佩弦先生，也看到不少纪念佩弦先生的文字。至于我自己呢，却一直在沉默中，漫说要我自己提笔说话，即使有人向我问起佩弦先生的事，我也几乎无话可说。我在沉默中充满了伤痛。假如说话可以解除伤痛，我是应当说话的，然而我的话竟不知从何说起！

在别人的谈话中，以及在别人的文字中，大都提到佩弦先生是一个最完整的人。我觉得这话很对，但可惜说得太笼统。我愿意抑制自己的感情，试论佩弦先生的为人。

佩弦先生为人处世，无时无地不见出他那坦白而诚挚的天性，对一般人如此，对朋友如此；对晚辈，对青年人，尤其如此。凡是和朱先生相识，且关系较深的，无不为他的至情所感。你同他交情越深，就越感到他那毫无保留的诚挚与坦白。你总感觉到他在处处

---

① 即朱自清先生的字。——编者注

为你打算，有很多事，仿佛你自己还没有想到，他却早已替你安排好了。他既像一个良师，又像一个挚友，既像一个父亲，又像一个兄长。他对于任何人都毫不虚伪，他也不对任何人在表面上表示热情，然而他是充满了热情的，他的热情就包含在他的温厚与谦恭里。

正由于他这样的至情，才产生了他的至文。《背影》一书，出版于1928年，二十年来，一直是一般青年人所最爱读的作品。其中《背影》一篇，论行数不满五十行，论字数不过一千五百言，它之所以能够历久传诵而有感人至深的力量，当然并非凭借了什么宏伟的结构和华赡的文字，而只是凭了它的老实，凭了其中所表达的真情。这种表面上看起来简单朴素，而实际上却能发生极大的感动力的文章，最可以作为朱先生的代表作品。因为这样的作品，也正好代表了作者之为人。由于这篇短文被选为中学国文教材，在中学生心目中，朱自清三个字已经和《背影》成为不可分的一体。当朱先生逝世之后的第三天，我得到天津的来信，那写信人是一个中学的国文教师，他说："起初，传言说朱先生去世了，简直不敢相信，因为在最近离平之前还看见朱先生，而且还听了先生很多勉励的话，及至跑到外边，看见一群小学生，在争着抢着地看一张当天的报纸，其中有一个并且惊叹着对我说：'老师，作《背影》的朱自清先生死了！'我这才相信消息是真的，而且，看了小孩子们那种怆皇悲戚的神情，自己竟无言地落下泪来。"《背影》一文的影响于此可见。而且，我们也可以想象：有上千上万的幼稚心灵都将为这个《背影》的作者而暗自哀伤的吧！在另一本散文集《你我》中，有《给亡妇》一文，那文字与《背影》自然迥异；然而作为朱先生的至情表现则与《背影》相同。据一位教过女子中学的朋友说，她每次给学生讲这篇文字，讲到最后，总听到学生中间一片唏嘘声，有多少女孩子已暗暗把眼睛擦搓得通红了。在《给亡妇》的最后，他低低地呼唤着那亡妇的名字，写道：

我们想告诉你，五个孩子都好，我们一定尽心教养他们，让他们对得起死了的母亲你！谦，好好儿放心安睡吧，你。

我们的心立时就沉了下来，立时就感到黯然，而我们也就很自然地想到朱先生身后的陈夫人和几个幼小的孩子，以朱先生之至情，我们若千遍万遍地祝祷他"好好儿放心安睡吧"，不知道他可能紧紧地闭上眼睛？

凡是认识朱先生的，同朱先生共过事的，都承认朱先生是最"认真"的人。他大事认真，小事也认真；自己的私事认真，别人或公众的事他更认真。他有客必见，有信必回，他开会上课绝不迟到早退。凡是公家的东西，他绝不许别人乱用，即使是一张信笺，一个信封。学校里在他大门前存了几车沙土，大概是为修墙或铺路用的，他的小女儿要取一点儿去玩玩，他说不许，因为那是公家的。闻一多先生遗著的编辑，自始至终，他交代得清清楚楚。他主持清华大学中国文学系，一切事情都井井有条，凡比较重要的事项都要征询他人的意见，或用开会方式尽情讨论。如无开会机会，他一定个别访问，把不同的意见汇集起来，然后作为定案。即使不必讨论的事情，拟办的或已办的，他大都告诉一声。这一切表现在日常生活中的认真精神，也正是他的热爱真理的一方面。没有一个爱真理的人而不是在处理日常事情上十分认真的。在朱先生，由于他的至情，由于他一贯的认真精神，他就自然地接近真理，拥抱真理。从抗战末期，以至最近，朱先生在思想上的变化是非常显著的，虽然由于体弱多病，像他自己所说的，他不能像年轻人那样迅速的进步，他说愿意给他较多的时间，他可以慢慢地赶上去，然而事实上他比青年人的道路走得更其踏实。因为他的变化既非一步跨过，也非趑趄不前，走三步退两步，而是虚心自省，一步一个脚印地走上去的。他并没有参加什么暴风雨一样的行动，然而他对于这类行动总是全力支持的，最少也是在不知不觉中发生力量的，除了担心青年人有所牺牲外，他可以说并无什么顾虑。他也没有什么激昂慷慨的言论，然而就在他那些老老实实的讲演与文字中，真理已一再地放了光，而且将一直发光下去。

复员以来，佩弦先生出版了很多新书，如《新诗杂话》、《语文零拾》、《诗言志辨》、《标准与尺度》和《论雅俗共赏》等。其中固然有些旧作，但新写的实在更多。他在《标准与尺度》的《自序》里说：

复员以来，事情忙了，心情也变了，我得多写些，写得快些，随便些，容易懂些……经过这一年来的训练，我的笔也许放开了些。

不久以前，一位青年向我说，他觉得我的文章还是简省字句，不过不难懂。训练大概是有效验的。

　　就在这简单的说明里，我们也可以窥见朱先生的若干方面。他是谦虚的，他承认自己在受训练。他觉得自己有对大家说话的责任，而且要多说，快说，说得浅显，因为他热爱真理，他把握了真理，他愿意从各方面解释这些真理，发扬这些真理。凡是真心有话说的当然愿意说话，而因此他的笔自然也就放开了；凡是思想得到解放的，文字也就自然得到解放。不过这里也还藏着一个可哀的事实，朱先生以一身而负着一个很重的家累，职业上的薪俸不足以维持一家的生活，为了升斗所需，于是也就不得不快写，不得不多写了。但无论怎样多写，快写，却从没有乱写，因为他是认真的，因为他所写的是真理。他是作家、批评家、学者，然而他最近一两年来所发表的意见却不限于文学或所谓纯学术一方面的，这只要翻翻《标准与尺度》和《论雅俗共赏》就可以知道。在《标准与尺度》中有一篇叫作《论气节》，其中有一段说：

　　知识阶级开头凭着集团的力量勇猛直前，打倒种种传统，那时候是敢作敢为一股气。可是这个集团并不大，在中国尤其如此，力量到底有限，而与民众打成一片又不容易，于是碰到集中的武力，甚至加上外来的压力，就抵挡不住。而一方面广大的民众抬头要饭吃，他们也没法满足这些饥饿的民众。他们于是失去了领导的地位，逗留在这夹缝中间，渐渐感觉着不自由，闹了个"四大金刚悬空八只脚"。他们于是只能保守着自己，这也算是节吧！也想缓缓地落下地去，可是气不足，得等着瞧。可是这里是偏于中年一代。青年一代的知识分子却不如此，他们无视传统的"气节"，特别是那种消极的"节"，替代的是"正义感"，接着"正义感"的是"行动"，其实"正义感"是合并了"气"和"节"，"行动"还是"气"。这是他们的新的做人的尺度。等到这个尺度成为标准，知识阶级大概是还要变质的罢？

在这里，朱先生不但阐明了知识分子的地位之变迁，尤其可贵的，是指出并肯定了青年知识分子的新气节，新的做人尺度。这些话自然可以鼓励青年群，但他的话却不只是为了鼓励别人而说的，这里有他自己的实感，而且有他自己对于现阶段历史性质及现代人的时代任务之确认。而在同书的《论吃饭》中就提出了更明快的论点，他说：

可是法律不外乎人情，没饭吃要吃饭是人情，人情不是法律和官儿压得下的。没饭吃会饿死，严刑峻罚大不了也只是个死，这是一群人，群就是力量：谁怕谁！

"谁怕谁！"一点也不错，温柔敦厚的朱先生竟说出了这样坚决的话。他在《闻一多先生怎样走着中国文学的道路》（《闻一多全集·序》）中，曾引用闻先生自己的话说："我只觉得自己是座没有爆发的火山。"其实，朱先生自己又何尝不是一样。关于中国当前的情形，他在《论吃饭》中接着说：

抗战胜利后的中国，想不到吃饭更难，没饭吃的也更多了。到了今天一般人民真是不得了，再也忍不住了，吃不饱甚至没饭吃，什么礼仪什么文化都说不上。这日子就是不知道吃饭权的也会起来行动了，知道了吃饭权的，更怎么能够不起来行动，要求这种"免于匮乏的自由"呢？于是学生写出"饥饿事大，读书事小"的标语，工人喊出"我们要吃饭"的口号。这是我们历史上第一回一般人民公开的承认了吃饭第一。

只读过朱先生前一期作品的人，或者只看到了朱先生德行学问的某一方面的人，可能不相信这是朱先生的话，然而这确是朱先生说的，而且说得那么好，那么切实，那么勇壮，这自然是时代使然，然而这也靠了主观的力量，主观的正义感和自觉心，也就是靠了朱先生的至情和对于真理的爱好。至于他对于今天的文学的意见，那就更其明快而显然。朱先生并不是历史家，然而近年来所写的文字中却大都有一个史的观点，不论是谈语文的，谈文学思潮的，或是谈一般文化的，大半是先作一历史的演述，从简要的演述中，揭发出历史的真相，然后就自然地得出结论，指出方向，也就肯定了当前的任务。在《新诗杂话》的第一篇《新诗的进步》中,他承认"从新诗运动的开始,就有社会主义倾向的诗"。《语文零拾》中有一篇《历史在战斗中》,他推崇杂文,说:"时代的路向渐渐分明,集体的要求渐渐强大,现实的力量渐渐逼紧,于是杂文便成了春天的第一只燕子。"在《标准与尺度》中有《文学的标准与尺度》一文,说"社会主义"是今天的尺度,"文学终于要配合上那新的'民主'的尺度向前迈进的"。又说:"特权阶级垮台以后,才见到广度。从前有所谓雅俗之分,现在也还有低级趣味,就是从高度深度来比较的。可是现在渐渐强调广度,去配合着高度深度,普及同时也是提高,这才是新的'民主'的尺度。"在《论雅俗共赏》一书中有《论朗诵诗》一文,他说:"朗诵诗是群众的诗,是集体的诗。写作者虽然是个人,可是他的出发点是群众,他只是群众的代言人。……朗诵诗要能够表达出大家的憎恨、喜爱、需要和愿望。……朗诵诗直接与现实生活接触,它是宣传的工具,战斗的武器,而宣传与战斗正是行动与工作。……它活在行动里,在行动里完整,在行动里完成。这也是朗诵诗之所以为新诗中的新诗。"这一切,只说明一件事,就是:朱先生说话的立场乃是人民的立场,正如他在《论雅俗共赏》的序里所说的,而最急切的目的则为新的"民主"文化,新的"民主"文学。为人民,争民主,这是今天的真理,这也就是朱先生近年来所写文字中的主要内容。

朱先生有至情,可并不一天到晚缠绵悱恻;他爱真理,也并不逢人说教;他严肃而认真,却绝不板起铁面孔,叫人不敢亲近,只感到枯燥无味。他是极风趣的,他的风趣之所以可爱可贵,正是因为他的有至情,爱真理,严肃而认真。

1941年我到昆明后,在大街上遇到的第一个熟人就是朱先生。假如不是他老远地脱帽打招呼,我简直不敢认他,因为他穿了一件很奇怪的大衣,后来才知道那是赶马的人所披的毛毡,样子像蓑衣,也像斗篷,颜色却像水牛皮。我当时想笑却不好意思,他却很得意地告诉我一个大消息:太平洋战争已经爆发,中国的抗战已成了世界大战的一环,前途十分乐观。以后我在街上时时注意,却不见有第二个人是肯于或敢于穿这种怪大衣。有一次在西南联大的广场上开文艺晚会,几千听众都随便地坐在草地上。朱先生的讲题是《"五四"以来的散文》。他说:"什么是散文呢?像诸位这样的坐法就是散文的坐法了。"他自己不笑,会场上却哄然大笑起来,朱先生每次演讲都引起这样的笑声。在他的文字中,更是到处充满了风趣。在散文集《你我》中,有一篇《看花》,中间有这样一段:

至于领略花的趣味,那是以后的事:夏天的早晨,我们那地方有乡下的姑娘在各处街巷,沿门叫着"卖栀子花来。"栀子花不是什么商品,但我喜欢那白而晕黄的颜色和那肥肥的个儿,正和那些卖花的姑娘有着相似的韵味。栀子花的香,浓而不烈,清而不淡,也是我乐意的。我这样便爱起花来了。也许有人会问,"你爱的不是花吧?"这个我自己其实也不大弄得清楚,只好存而不论了。

"也许有人会问",其实没有谁问,只是作者自己在体会那种意味罢了。在同集中还有《谈抽烟》、《择偶记》等,都是同样富有风趣的作品。这类文字看起来容易,作起来却相当吃力,即如《谈抽烟》,据朱先生在《自序》中说,才八百字却花了两个下午,所以这风趣的形成也还是出于严肃认真。近年来,朱先生所写的文字大都是非常沉重的,不似前一期那么轻松,然而其中也还是充满着风趣,譬如《论雅俗共赏》一书中的《论书生的酸气》、《论老实话》等,都在严肃中见出一种令人啼笑皆非的、满含着同情、慈心与正义感的风趣。1947 年 2 月,他的《新诗杂话》出版了。这本书的编定在 1944 年 10 月,书稿交出后便石沉大海,中间一度传说稿子已经被书店失落了。朱先生常常提到这件事,现出非常伤心的神色,以为这本书再也不会与世人相见了,不料事隔三年有余,书竟然出版了。他喜出望外,在目录后的空页上题道:

盼望了三年多,担心了三年多,今天总算见到了这本书!辛辛苦苦写出的这些随笔,总算没有丢向东海大洋!真是高兴!一天里翻了足有十来遍,改了一些错字。我不讳言我"爱不释手"。"邂逅相遇,适我愿兮!"说是"敝帚自珍"也罢,"舐犊情深"也罢,我认了。

1948 年 1 月 23 日晚记

在这短短的题字里一连用了四个惊叹号,第一行上边盖了一个

"邂逅斋"的闲印,最后一行下边盖了一个"佩弦藏书之钤",大概太高兴,高兴得手忙脚乱,第二个图章竟然倒置了。

朱先生总在不断地进步中。他不但赶着时代向前走,也推着时代向前走;他不但随同青年人向前走,也领导青年人向前走。然而,无论如何,他的体力,他的健康却一天一天地向后退了,他终于退向病床,退向死亡。现在,朱先生,我们的领导人,我们的同伴,我们敬爱的先生和朋友,却剩下了一把骨灰!这又岂止是个人的损失,岂止是少数人的损失,岂止是文艺界或学术界的损失而已呢?假如中国真正"胜利"过,假如中国没有内战也没有"戡乱",假如中国已经民主,已经和平,假如朱先生生活得好,生活得如意,他何至于这样地死去!假如朱先生体力好,假如朱先生能够得到天寿,朱先生对于新文学、新文化、新社会的贡献将是无限的,这由他过去的成绩可以证明,由他近年的转变与进步更可以证明。朱先生在过去尽了他的力,在今天也尽了他的力,如果他活到将来,在新的社会中,将更有他的大用。然而,朱先生竟然这样地死去了!从我去年夏天来到清华大学之后,就看见朱先生的书案玻璃下压着两句诗,是朱先生自己的笔迹,下面写着"近人句"三个字,到8月13日朱先生大葬之后,我从城外广济寺冒雨回到清华,陪朱先生的两个孩子回到朱先生的寓所,看见朱先生的草帽和手杖还挂在过道的墙上,我只疑心朱先生尚未离开他的书房。走进书房,我又看见朱先生书案上那两句题诗:

但得夕阳无限好，

何须惆怅近黄昏。

从这两句诗，也约略可以窥见朱先生近年来的心境。假如人生五十也可以算作夕阳西下的话，朱先生的夕阳晚景真可谓"无限好"，然而谁又想得到，黄昏倏忽而逝，突然降临的黑夜就把一切给淹没了！

1948 年 8 月 19 日深夜，清华园

（原载《观察》第 5 卷第 2 期，1948 年 9 月）

后　记

西南联大作为近代以来扎根中国大地办教育的一个典范，其历史功绩已载入史册，她所蕴含的精神至今仍熠熠生辉。目前，社会各界关注西南联大者越来越多，有关西南联大的研究渐成"显学"。历史是时代前行最好的坐标，我们走得再远都不能忘记来时的路。多年来，西南联大博物馆坚定当好西南联大精神的守护者、传承者和实践者，持续不断地挖掘、整理和利用西南联大历史资料，在此基础上进行展览展示、宣传教育、研究阐释等诸多工作，传承和弘扬西南联大精神，讲好西南联大教育救国故事。

"西南联大名师课"丛书是西南联大博物馆与东方出版社共同策划、勠力打造的挖掘、整理西南联大历史资料的一项成果。在整套丛书的编纂过程中，西南联大博物馆的李红英、朱俊、铁发宪、祝牧、张沁、王欢、李娅、姚波、马艺萌等老师参加了各册的选编、审校工作，博物馆其他同志也为编纂提供了保障支持，这是本套丛书顺利面世的重要保障。

高山仰止，景行行止。西南联大名家荟萃，大师们的学识博大精深。编纂这套丛书，我们一方面深感意义重大，另一方面也感到责任重大。由于时间仓促、水平有限，本丛书难免存在遗漏或不当之处，尚望联大校友及其亲属、专家学者和读者朋友批评指正。还有少量作者的亲属未联系上,敬请见到本套丛书后发邮件至1071217111@qq.com,与我们取得联系,我们将按照国家相关规定支付稿酬、奉送样书。

编　者